臺灣經學叢刊

臺灣學者論經學研究方法

紀要卷

上冊

蔣秋華、張文朝　主編

主編序

　　本書乃主編張文朝在二〇二二年執行中央研究院中國文哲研究所「學術研究群」所提出的計畫成果。當時（二〇二一年）的計畫書提到：

　　經學的研究，自古至今未曾間斷過，所產生的研究成果難以數計。然而，就研究方法的研究，卻無一系統性的提出方案，殊為遺憾。自古以來中國的經書訓詁（解釋）自有一套脈絡，如：詁、訓、傳、注、箋、疏、音義、集解、章句、補、徵引等，名稱雖多，實則大多在解釋經文的字、辭、句的音義。但是，在西方學問注重方法的學術體系下，有人認為中國沒有學問，有人認為雖有學問但沒有方法，不一而足。致使國內學者生吞活剝西方為學方法者有之，甚至認同中國學問確實沒有方法者，亦大有人在。

　　因此，主編邀請臺灣學界從事經學研究的學者，分批進行十三經的研究方法研討，提出各自對十三經研究方法的高見，特別關注以下各點，即：

一、清代以前的傳統研究方法
二、民國以來參考西方的研究方法
三、有別以往，自己的新方法

其目的在於：

一、破除經學沒有研究方法的僻說
二、系統地理出十三經研究方法
三、以此十三經研究方法分享學界
四、運用此十三經研究方法，發展符合當代社會需求的議題

此計畫於二〇二二年執行，共舉辦了九場。實際執行的場次、經別、時間如下表：

場次	經　別	時　間	
第一場	孝經、爾雅	4/21（四）	13：30-16：30
第二場	論語、孟子、四書	4/28（四）	13：30-16：30
第三場	易經	5/31（二）	13：30-16：30
第四場	尚書	6/28（二）	14：00-16：30
第五場	詩經	7/28（四）	13：30-16：30
第六場	三禮、儀禮、周禮、禮記	8/23（二）	13：30-17：30
第七場	左傳	9/16（五）	13：30-17：30
第八場	公羊傳、穀梁傳	9/23（五）	13：30-16：20
第九場	經學史	10/8（六）	13：30-17：30

由於受到 COVID-19 疫情的影響，以視訊座談會方式進行，為使參與者所論有所聚焦，所以請發表者事先備好「發言稿」，待發表者報告完畢後，開放參與者間的互相討論，接著開放線上參與者的提問及發表者的回應。

參與各場主持人、發表人、網上參與人數等資訊，如下表：

場次	經別	主持人／發表人	網上人數
第一場	孝經、爾雅	蔣秋華／ （1）呂妙芬 （2）林協成 （3）林保全 （4）莊雅州 （5）盧國屏 （6）顏世鉉	76人
第二場	論語、孟子、四書	蔣秋華／ （7）吳孟謙 （8）吳冠宏 （9）金培懿 （10）陳逢源 （11）黃瑩暖	68人
第三場	易經	蔣秋華／ （12）孫劍秋 （13）陳威瑨 （14）陳睿宏 （15）黃忠天 （16）楊自平 （17）賴貴三 （18）羅聖堡	94人
第四場	尚書	楊晉龍／ （19）曹美秀 （20）許華峰 （21）陳恆嵩 （22）黃冠雲	87人

場次	經別	主持人／發表人	網上人數
		（23）蔡根祥 （24）蔣秋華	
第五場	詩經	張文朝／ （25）車行健 （26）賀廣如 （27）黃忠慎 （28）楊晉龍 （29）簡良如	100人
第六場	三禮（儀禮、周禮、禮記）	蔣秋華／ （30）林素英 （31）林素娟 （32）孫致文 （33）彭美玲 （34）程克雅 （35）鄭雯馨 （36）鄭憲仁	76人
第七場	左傳	蔣秋華／ （37）張高評 （38）馮曉庭 （39）黃聖松 （40）劉德明 （41）蔡妙真	106人
第八場	公羊傳、穀梁傳	蔣秋華／ （42）吳智雄 （43）宋惠如 （44）楊濟襄 （45）簡逸光	77人

場次	經別	主持人／發表人	網上人數
第九場	經學史	蔣秋華／ （46）李威熊 （47）車行健 （48）張高評 （49）莊雅州 （50）黃忠慎 （51）賴貴三	96人

就發表人而言，可以說已涵蓋臺灣學界從事研究經學之大部分，他們所擁有的學識都有所師承；也都長期研究，自然有所自得；又都從事教學工作，因此也必然有所傳授。簡言之，此成果或可視為臺灣經學研究方法的普遍觀點。

　　本書之出版，得主編中央研究院中國文哲研究所蔣秋華老師的校閱、中央研究院中國文哲研究所盧啟聰博士、國立高雄師範大學經學研究所張琬瑩教授及其高足簡宏恩、國立彰化師範大學國文學系簡承禾教授及其高足劉軒廷、黃昱銘等費神整理，於此謹申謝忱。

張文朝

二〇二四年八月一日誌於

中央研究院中國文哲研究所七〇七研究室

目次

主編序……………………………………………張文朝　1

上冊

《孝經》、《爾雅》的研究方法……………………………　1
《論》、《孟》、《四書》的研究方法………………………55
《易經》的研究方法………………………………………111
《尚書》的研究方法………………………………………179
《詩經》的研究方法………………………………………251

下冊

三禮的研究方法……………………………………………　1
《左傳》的研究方法………………………………………69
《公羊》、《穀梁》的研究方法……………………………139
經學史的研究方法…………………………………………201

《孝經》、《爾雅》的研究方法

主持人：蔣秋華（中央研究院中國文哲研究所）
發表人：
　　　　呂妙芬（中央研究院近代史研究所）
　　　　林協成（中國文化大學中國文學系中國文學組）
　　　　林保全（國立清華大學華文研究所）
　　　　莊雅州（國立中正大學中國文學系）
　　　　盧國屏（淡江大學中國文學學系）
　　　　顏世鉉（中央研究院歷史語言研究所）
整理者：簡承禾（國立彰化師範大學國文學系助理教授）

蔣秋華：

　　大家好，我是中研院文哲所蔣秋華，線上所有來賓大家好。在臺灣疫情愈來愈嚴峻的情況下，很多的活動還是要採取視訊的方式。

　　今天，是由文哲所經學文獻組所舉辦的「經學的研究方法」工作坊。這個工作坊的執行，是希望廣邀學者來談傳統十三經，分享他們的研究過程、心得，以及研究方法。因此我們分成幾個場次來討論。今天是第一場，談「《孝經》與《爾雅》的研究方法」，這裡邀請了六位教授來分享他們的心得。進行的順序是先談《孝經》，接著是《爾雅》。分別由幾位老師來報告，報告結束後，我們再一起針對《孝經》、《爾雅》二經來交流、討論。

　　《孝經》部分，我們邀請兩位學者報告，第一位是國立清華大學

華文研究所林保全教授，第二位是中研院近史所呂妙芬教授。呂教授先前擔任所長，最近剛卸下行政職。非常感謝兩位教授。現在我們先請林教授來為我們報告他的心得。

林保全：

主持人及與會老師午安，今天很榮幸可以參加這場座談會。我今天主要講的是《孝經》這個部分，雖然我的研究領域是在經學與宋代學術史，並不專門研究《孝經》這部典籍及其相關發展。因此在這場演講中，也不一定能形成完整而有系統的論述。不過，我們在研究經學的過程中，或多或少，都會接觸到十三經的文本，所以就我所涉及到的層面進行整理，並且與各位老師分享。如果有不成熟的地方，還請師長們不吝指教。

我今天會分兩個主軸來講：第一個是「《孝經》文本特質及其所影響下的研究方法」，第二個是「朱子《孝經刊誤》研究方法背後的經學觀念」，而這也是回到我自己的研究主軸：朱子學、宋代學術；我想藉由朱熹（1130-1200）《孝經刊誤》的研究方法，來探討它背後呈現出來的經學觀念。

首先，我們看《孝經》文本。《孝經》雖然是以「孝」作為記述的核心，但「孝」的記述卻不僅僅限於《孝經》而已，而是散落在各經典之中，例如：《論語》，孔子（前551-前479）與弟子討論各種德行時，「孝」亦包含在其中，較為重要的大約有十餘則左右。另外，《大戴禮記》與《小戴禮記》也滿多的。像是《大戴禮記》中，〈保傅〉、〈曾子本孝〉、〈曾子立孝〉、〈曾子大孝〉、〈衛將軍文子〉等，較為重要的大約有四十餘則左右。至於《小戴禮記》，則有〈曲禮〉、〈檀弓〉、〈曾子問〉、〈禮運〉、〈內則〉、〈文王世子〉、〈祭義〉、〈坊記〉等，較為重要的大約有七十餘則左右。其餘五經，例如：《尚

書》大約八則左右,《詩經》大約十三則左右,《儀禮》大約十一則左右,《左傳》扣除名稱如「孝公」等,大約有十五則左右。所以經典記載的「孝德」、「孝行」是非常多元的。因為「孝德」與「孝行」在儒家之中,被視為人類德性或情感的表現,所以就廣泛地在各種經典中被記述下來,或在禮樂制度中呈現出來。不過,我們要釐清的一點就是,所有的經典大致上都經過孔子整理,我們現在看到孔子整理的六經所呈現出來的「孝」,是否就是孔子之前的原貌,我們不能確定,但是至少我們依據的是孔子整理過的經典,而這些記載都其來有自,非孔子所自創。因此,我們也不能否認「孝德」、「孝行」的觀念與行為在西周時代就已經成形了。

「孝」的記述會因為經典文本的主題不同而有所側重,例如說《論語》,若將「仁」視為《論語》記述的核心主軸,而「孝」即可收攝於「仁」當中。如果是禮書,像是《儀禮》、《大戴禮記》、《小戴禮記》,記述以禮樂文化及制度為主軸,因此「孝」的相關敘述就會與禮樂文化、制度彼此互涉。

接著以《論語》為例,像是:孟懿子(?-前481)問孝,子曰:「無違。」(〈為政〉)樊遲問孝,孔子就告訴他細項:「生,事之以禮;死,葬之以禮,祭之以禮。」(〈為政〉)所以「無違」是大方向、大原則的回答;至於「生,事之以禮;死,葬之以禮,祭之以禮」,就是細項的答覆。至於:孟武伯問孝,子曰:「父母唯其疾之憂。」(〈為政〉)又例如:子游(前506-前443)問孝,子曰:「今之孝者,是謂能養。至於犬馬,皆能有養,不敬,何以別乎?」(〈為政〉)都代表著「孝」其實是有不特定向的行為表現,面對不同人倫,用於不同場域,都會有不同的表現。所以在「仁」的意義上,才有定向的解釋。

再譬如以禮類的經典為例，其例子又更多，像是「鄉飲酒之禮」與「父母之喪」。「鄉飲酒之禮」:「六十者坐，五十者立侍，以聽政役，所以明尊長也。六十者三豆，七十者四豆，八十者五豆，九十者六豆，所以明養老也。民知尊長養老，而後乃能入孝弟。民入孝弟，出尊長養老，而後成教，成教而後國可安也。君子之所謂孝者，非家至而日見之也；合諸鄉射，教之鄉飲酒之禮，而孝弟之行立矣。」（《禮記·鄉飲酒義》）可以看出「孝行」能跟「鄉飲酒禮」結合，透過儀式與演練讓「孝行」得到推廣，而在推廣的過程中，又可以使人浸潤學習而有孺慕與潛移默化的效果，所以它是一種多元的學習與模仿。「君子之所謂孝者，非家至而日見之也。」也是《孝經·廣至德章》其中一段，所以文字上有雷同的部分。

接著「父母之喪，衰冠繩纓菅屨，三日而食粥，三月而沐，期十三月而練冠，三年而祥。比終茲三節者，仁者可以觀其愛焉，知者可以觀其理焉，強者可以觀其志焉。禮以治之，義以正之，孝子弟弟貞婦，皆可得而察焉」（《禮記·喪服四制》），也是具有上述的特質，同樣都是要人在儀式的參與過程中，體盡孝心與孝行。綜合上面文字來看，孝的行為，不僅僅只是居家為孝而已，更需要藉由禮樂制度的操演與施行，使其在公開場域的展演過程中，去展示孝道、孝行，達到從禮樂儀式的參與過程中，去體驗、實踐並完成自我的孝心與孝行，同時也是藉由演示、教育及學習的場域中，從而掌握成為孝悌之人的關鍵。

至於三年喪的核心精神，來自於子女在人倫上的酬報，而設計則源自於人倫上的孝心。所以禮類的經典以禮樂文化及制度為記述主軸，而孝的相關敘述就會與禮樂互涉，但並不限於禮樂文化制度。

所以就《孝經》本身的內部文獻而言：一、沒有更高位階的核心項目與之收攝，例如我們看《孝經》，它已經突顯出「孝」這個德

目,「孝」已經作為最高的陳述主旨,因此無法像讀《論語》那樣去追問,「孝」的根源動力為何呢?所以無法深層地、進階地去探討它根源動力的來源。二、未與禮樂制度深入的互涉,這並不是說《孝經》沒有講到禮樂,像〈喪親章〉有講到喪禮的部分,但是它大多數是在展示該有的「孝行」為何?理想的「孝行」為何?可是看《大戴禮記》、《小戴禮記》或《儀禮》,它們會更深入討論如何施行「禮」,才是最完美、最圓滿的行為,而《禮記》的文獻比較多,所以更能呈現出「孝行」該怎麼做的指引方向。三、本身未能自己形成一套內在的系統,也正因為如此,所以《孝經》反而必須藉由其他經典的存在,才能形成一套系統,或者是反過來成為其他經典系統的外部證據。四、對於《孝經》文本本身的開發或探究其微言大義而言,是較難以自成一體系(一經一體系)。舉其他經為例來說,《易經》有《易經》的體系,《尚書》有《尚書》的體系,《左傳》有《左傳》的體系;一個是記事體系,一個是記言體系。《孝經》雖然是以「孝」成為關鍵核心,但是無法就「孝」本身開發其「微言大義」。

雖然《孝經》沒有辦法開發它的「微言大義」,但是《孝經》的安排仍有它內部的系列條件,像是〈開宗明義〉以下的〈天子〉、〈諸侯〉、〈卿大夫〉、〈士〉,是說明「內聖外王」的階段與過程。故而在「內聖」方面,呈現「孝」在各種身份別中該有的具體實踐例證,像是天子、諸侯、卿大夫、士、庶人身份階級該怎麼實踐「孝道」。至於「外王」方面,「孝」的具體實踐或成功的完成,將成為人文化成的基礎,或者是完成治國、平天下的條件。唯有完成「孝」,才能人文化成;唯有完成「孝」,才能齊家、治國、平天下。所以整合來說,《孝經》有自己的系列條件,它是以「孝」來貫通「內聖」與「外王」。

不過,如果要再細部地去追究,仍然會遇到很具體的問題。即「孝」在各種身份別中該有的具體實踐例證,最後還是可以統攝於

《論語》的「正名」或「仁」的自覺。再者,「孝」的具體實踐或成功的完成,將成為人文化成的基礎或者是完成治國平天下的條件。《孝經》提出來最重要的典範就是「移孝作忠」,這種概念也可以在其他經典見及,像是《大戴禮記·曾子立事》「事父可以事君,事兄可以事師長」,這是可以移轉、類推的方式完成;《大戴禮記·曾子立孝》「孝子善事君,弟弟善事長,君子一孝一弟,可謂知終矣」,《禮記·祭統》「外則順於君長,內則以孝於親」,這些也都是可以移轉、推移、類推。但是都沒有提到「忠」的概念,這裡雖然提到「順」,然而「順」與「忠」的概念還是不一樣。因而最終還是會遇到一個問題,當「君不君」的時候,是否還對君王盡忠呢?《論語》、《孟子》文獻中常碰到這樣的情況,在正名的觀念下,「君君、臣臣、父父、子子」,當「君不君」,則臣還要「臣」嗎?就「移孝作忠」來說,「君不君」的話,還要作「忠」嗎?所以這背後還有深刻的含義可以去探討。

只是就《孝經》這部文本的性質而言,它比較著重於「孝」的具體行為為何?從指導、指引的角度讓人操作,使人們可見到「孝」的方向性。所以簡單總結以下兩點:一、從經學史的角度而言,《孝經》文本的本身,因為無法獨自形成自己的一套系統,也無法與其他經典的特點獨立區別開來,所以單純研究《孝經》文本本身,很大的阻力是來自於文本本身的性質,較難發揮新的義理。二、反過來看,儒家所主張的諸德項目,除了「禮」有匯聚成書之外,就是《孝經》這部書。如果不只看文本內容的話,則《孝經》的成書,以及進入六藝、經部的現象來看,思索《孝經》外部的政治、教化功能與意義,將遠大於探索其內部文獻的義理。無論如何,五經、六藝的文獻內涵,往往具有高度抽象性思維,要有一定的年齡才能進入思辨的領域,而不是幼童、幼兒就能夠讀懂的文本;《孝經》則傾向指導、指

引，文字也相較單純，雖然較少抽象性思維，卻也呈現出其成為教育的基礎。故而六經、六藝的入門，其中之一是以《孝經》作為起始點，是非常恰當的。以上是《孝經》文本的部分。

　　接著我要討論朱子《孝經刊誤》的研究方法，《孝經刊誤》是朱子整理《孝經》時的文本。《四庫全書總目提要》：「取古文《孝經》分為經一章，傳十四章，刪舊文二百二十三字。……是朱子詆毀此書，已非一日，特不欲自居於改經，故託之胡宏、汪應辰耳。歐陽修《詩本義》曰：『刪詩云者，非止全篇刪去也，或篇刪其章，或章刪其句，或句刪其字。』引〈唐棣〉、〈君子偕老〉、〈節南山〉三詩為證。朱子蓋陰用是例也。」這裡我有個疑惑，朱子真的是取古文刪經嗎？首先，我們主要是討論朱子《孝經刊誤》的處理原則與方法：一者分立經傳，分經一章，傳十四章。二者更改章次，既不取今文十八章，也不是古文二十二章，而是重新釐定新的次序。三者刪除文字，刪「子曰」者二則、刪引《書》者一則、刪引《詩》者四則。我們來看一下他如何具體處理。

　　今本《孝經》，即《十三經注疏》本。古文《孝經》在南朝梁時失傳，後來從日本流傳回來，收在鮑廷博（1728-1814）《知不足齋叢書》中。今文《孝經》分十八章，古文《孝經》分二十二章，多了〈閨門章〉、〈孝優劣章〉等，分章與今文不一樣。朱子最主要的整理方式，認為有「經」的文本存在於前六章，往下才是重新整理成其所謂「傳」的部分，「傳」與「經」則相呼應。朱子認為「經」的部分，是孔子與曾子（前505-前432）關於「孝」的問答，他說：「疑所謂《孝經》者，其本文止如此，其下則或者雜引傳記，以釋經文，乃《孝經》之傳也。竊嘗考之，傳文固多傅會，而經文亦不免有離析增加之失。」又說：「蓋經之首，統論孝之終始，中乃敷陳天子、諸侯、卿大夫、士、庶人之孝，而其末結之曰：『故自天子以下，至於

庶人，孝無終始而患不及者，未之有也。」其首尾相應，次第相承，文勢連屬，脈絡通貫，同是一時之言，無可疑者，而後人妄分以為六、七章。」（今文作六章，古文作七章。）往下朱子又說明，「經」有部分多出的文字，要予以刪除。所以朱子又說：「又增『子曰』及引《詩》、《書》之文，以雜乎其間，使其文意分斷間隔，而讀者不復得見聖言全體大義，為害不細。故今定此六、七章者，合為一章，而刪去『子曰』者二，引《書》者一，引《詩》者四，凡六十一字，以復經文之舊。」以下用表格陳出朱子的整理方式：

表一　今文本《孝經》

	今文本《孝經》		
1	開宗明義章第一 仲尼居，曾子侍。子曰：……。 曾子避席曰：……。子曰：……。 〈大雅〉云：……。	10	紀孝行章第十 子曰：……。
2	天子章第二 子曰：……。〈甫刑〉云：……。	11	五刑章第十一 子曰：……。
3	諸侯章第三 ……。《詩》云：……。	12	廣要道章第十二 子曰：……。
4	卿大夫章第四 ……。《詩》云：……。	13	廣至德章第十三 子曰：……。《詩》云：……。
5	士章第五 ……。《詩》云：……。	14	廣揚名章第十四 子曰：……。
6	庶人章第六 （無子曰、無引《詩》《書》）	15	諫諍章第十五 曾子曰：……。子曰：……。
7	三才章第七 曾子曰：……。子曰：……。 《詩》云：……。	16	感應章第十六 子曰：……。《詩》云：……。

	今文本《孝經》		
8	孝治章第八 子曰：……。《詩》云：……。	17	事君章第十七 子曰：……。《詩》云：……。
9	聖治章第九 曾子曰：……。子曰：……。 《詩》云：……。	18	喪親章第十八 子曰：……。

表二　古文本《孝經》

	古文本《孝經》		
1	開宗明誼章第一 仲尼閒居，曾子侍坐。子曰： ……。曾子辟席曰：……。子 曰：……。〈大雅〉云：……。	12	孝優劣章第十二 子曰：……。《詩》云：……。
2	天子章第二 子曰：……。〈呂刑〉云：……。	13	紀孝行章第十三 子曰：……。
3	諸侯章第三 子曰：……。《詩》云：……。	14	五刑章第十四 子曰：……。
4	卿大夫章第四 子曰：……。《詩》云：……。	15	廣要道章第十五 子曰：……。
5	士章第五 子曰：……。《詩》云：……。	16	廣至德章第十六 子曰：……。《詩》云：……。
6	庶人章第六 子曰：……。	17	感應章第十七 子曰：……。《詩》云：……。
7	孝平章第七 子曰：……。	18	廣揚名章第十八 子曰：……。
8	三才章第八 曾子曰：……。子曰：……。 《詩》云：……。	19	閨門章第十九 子曰：……。

古文本《孝經》			
9	孝治章第九 子曰：……。《詩》云：……。	20	諫諍章第二十 曾子曰：……。子曰：……。
10	聖治章第十 曾子曰：……。	21	事君章第二十一 子曰：……。《詩》云：……。
11	父母生績章第十一 子曰：……。	22	喪親章第二十二 子曰：……。

表三　朱子《孝經刊誤》

朱子《孝經刊誤》		
1	開宗明義章第一 仲尼居，曾子侍。子曰：……。 曾子避席曰：……。子曰：……。 ~~《大雅》云：……。~~	傳一～九、傳十一
2	天子章第二 ~~子曰：……。《甫刑》云：……。~~	傳十
3	諸侯章第三 ……。~~《詩》云：……。~~	無
4	卿大夫章第四 ……。~~《詩》云：……。~~	無
5	士章第五 ……。~~《詩》云：……。~~	傳十一、傳十二（古文，依傳十一繫之後）
6	庶人章第六 ~~子曰：……。~~ （今文經，無子曰、無引《詩》《書》） （古文經有子曰）	無
		傳十三
		傳十四

從表三朱子《孝經刊誤》可見其整理方式：刪去《詩經》四條，《尚書》一條以及〈天子〉、〈庶人〉兩章的「子曰」。這是針對今文《孝經》的部分，但是問題在於古文《孝經》。從表二古文《孝經》可見「子曰」都是非常規整地呈現在每章的開首；但是今文《孝經》就不一樣，在第一、二章開頭有「子曰」，往下〈諸侯〉、〈卿大夫〉、〈士〉、〈庶人〉諸章都沒有「子曰」，一直到〈孝治章〉才又重新出現「子曰」了。如果說朱子取的是古文《孝經》作為刪改底本的話，則刪改「子曰」的部分，就不僅止於兩則而已，從〈諸侯章〉至〈庶人章〉中間章節出現的「子曰」也應該一併刪除。所以在這種情況下，我們很難認定朱子只取古文《孝經》作為刪改的底本。我要強調的是，朱子或許不是只取古文經或只取今文經作為單一的刪改底本，他有可能是看過兩個版本以後，找出一個版本出來，他不一定只拿古文作為唯一底本。

表四　各版本〈緇衣〉之比較

簡本章序	郭店簡／上博簡〈緇衣〉	今本〈緇衣〉	今本章序
1	夫子曰／《詩》云	子曰／〈大雅〉曰	2
2	子曰／《詩》云	子曰／《詩》云	11
3	子曰／《詩》云、〈尹誥〉云	子曰／〈尹吉〉曰、《詩》云	10
4	子曰／〈大雅〉云、〈小雅〉云	子曰／《詩》云、〈小雅〉曰	12
5	子曰／《詩》云、〈君牙〉云	子曰／《詩》云、〈君雅〉曰	17
6	子曰／《詩》云	子曰／《詩》云	6
7	子曰／《詩》云、〈呂刑〉云	子曰／《詩》云、〈甫刑〉曰、〈大雅〉曰	5
8	子曰／《詩》云	子曰	4

簡本章序	郭店簡／上博簡〈緇衣〉	今本〈緇衣〉	今本章序
9	子曰／《詩》云	子曰／《詩》云	9
10	子曰／《詩》云、〈君陳〉云	子曰／《詩》云、〈君陳〉曰	15
11	子曰／〈祭公之顧命〉云	子曰／〈顧命〉曰	14
12	子曰／《詩》云、〈呂刑〉云	子曰／〈甫刑〉曰	3
13	子曰／〈康誥〉云、〈呂刑〉云	子曰／〈康誥〉曰、〈甫刑〉曰	13
14	子曰／《詩》云	子曰／《詩》云 子曰／《詩》云、〈大雅〉曰	7+8
15	子曰／《詩》云		7
16	子曰／《詩》云		8
17	子曰／〈大雅〉云、〈小雅〉云、〈君奭〉云	子曰／《詩》云、〈小雅〉曰、〈君奭〉曰	24
18	子曰／《詩》云、〈君陳〉云	子曰／〈君陳〉曰、《詩》云	19
19	子曰／《詩》云	子曰／〈葛覃〉曰	23
20	子曰／《詩》云	子曰／《詩》云	22
21	子曰／《詩》云	子曰／《詩》云	20
22	子曰／《詩》云	子曰／《詩》云	21
23	子曰／《詩》云	子曰／《詩》云、〈兌命〉曰、《易》曰	25
		子言之曰	1
		子曰／〈太甲〉曰、〈兌命〉曰、〈太甲〉曰、〈尹吉〉曰	16
		子曰	18

至於依朱子替《孝經》分經、分傳的處理思考方式而言，就表一今文《孝經》來說，前六章是「經」的部分，所以不可能中間夾雜「子曰」，所以勢必刪去，因為朱子認為「經」是一段完整的敘述，既有邏

輯且內容完整,所以這六章出現的「子曰」、「《書》云」、「《詩》云」都必須刪去。然而我們要思考的是,照朱子的作法,真的是《孝經》原本的樣貌或情況嗎?因為從《郭店簡》、《上博簡》〈緇衣〉各章引《詩》、《書》的情況來看,它們都非常規整地在開首出現「子曰」、「《詩》云」、「《書》云」。以此類推,為什麼《孝經》就不能有這樣的現象呢?顯然朱子沒有考慮到這個問題,他是存有比較理想性的經學思考。朱子認為經學的文章風格是非常嚴謹、嚴格的,所以總是有「分經」、「分傳」的現象。既然如此,則「經」就更加嚴謹,所以裡面就不會有多餘的文字,而「多餘的文字」有時候是來自於朱子自己的想像,而不是先秦、兩漢真實文本的形象。因此,即使我們看今本的〈緇衣〉,在開首時仍有出現「子曰」、「《詩》云」、「《書》云」,這都可以成為互證的材料。整體而言,朱子「分經」、「分傳」是很特別的想法,他在〈大學章句〉與〈中庸章句〉也是強調「分經」、「分傳」;像是〈大學章句〉就強調「經一章」、「傳十章」,而且是非常嚴整,而「傳」是逐字逐段地對應前面「經」的解釋。雖然〈中庸章句〉沒有分「經」與「傳」,但是第一章類似於總則、總綱,而往下的各章都是在闡釋、解說第一章的總則、總綱,也是一種規整化的做法。所以朱子對經學有強烈規整化、系統化的想法,可是這種想法不見得就是先秦「經」、「傳」的概念。照理說,先秦所謂「經」、「傳」通常是別本單行,是兩種各自獨立的文本與文獻;可是在朱子的觀念下,「經」、「傳」是在內部本就合在一起的雙重文獻,「經」裡面自身又有「傳」。雖然後來文獻的演變,「經」、「傳」是編在一起,但這是集結合併在一起的觀念,卻不是像朱子認為的這篇文章本文自有「經」、又自有「傳」的著述方式。這是我要釐清的觀念。

　　以上是我的想法,有些想法不成系統,也不太成熟,再請師長不吝指教,謝謝。

蔣秋華：

好，謝謝林教授的報告。林教授的報告主要分成兩個部分。第一部分是就《孝經》文本的特性來談，就其內容、功用予以介紹，同時指出它的局限性，必須要與其他經書搭配，但是《孝經》本身在政治、文化多面的影響是相當大的。另一部分是談朱子《孝經刊誤》如何改經？朱子「分經」、「分傳」並且刪改部分文字，呈現出朱子自己的構思。非常謝謝林教授的演講。接著我們請呂妙芬教授來為我們報告。

呂妙芬：

首先非常謝謝文哲所經學文獻組的邀請，很高興能參與今天的座談會。其實我不是專門研究經學，而是研究明、清思想史，幾年前我做過與《孝經》有關的學術史研究，稍微比較多看《孝經》及相關研究，這裡與大家分享多年前閱讀的心得。

我認為經學的研究方法與目的，是與這門學問的性質如何，以及人們怎麼看待經書的性質有關。傳統認為經學是最重要、最崇高的一門學問，經書是承載聖人之道，經學研究就是要瞭解神聖的聖人之道，經書被當作極為重要，甚至是具有神聖義涵的文本，而非普通的書籍。可是晚清之後到現在的學術研究，不是每個人對於經學都以如此崇高的地位來看待。很多人視經書為眾文本之一，對歷史學家而言，經書就是文獻史料，研究的議題與角度可以很多元。

《孝經》學最常見的議題，無論是傳統或當代，都是關於版本，如剛才林教授所討論今、古文異同的問題、朱子《孝經刊誤》或是某一版本的辨偽等問題。要之，從版本、文字與內容的比較等研究是最常見的。另一類的研究主題是歷代《孝經》源流考，也就是《孝經》學術史的問題，這方面有很多研究成果，像是六朝《孝經》學的研究；或是選擇一個重要的文本作為研究議題，如朱子《孝經刊誤》，

研究者會較深入討論作者、寫作背景、文本內容等。另外，很多人也關注《孝經》成書年代與作者，此中有很多說法，也有不同的研究方式，像是根據引用的情形、文字風格等去推論成書的年代，如《呂氏春秋》引用《孝經》，《左傳》與《孝經》有相近的文字，比較之後推論傳抄的關係。而當新的文獻出土後，也有新的推論。

　　幾年前我研究晚明到民國時期的《孝經》學，如果問說晚明《孝經》學有什麼特色？研究方法有什麼特色？我認為大約從一五八〇年代開始，江南有一批士人呼籲《孝經》很重要，當時人似乎已經不太重視《孝經》，所以他們重新提倡。他們提倡《孝經》的同時也著手研究《孝經》。他們的研究方法是什麼呢？其實與現代的我們有點相似，要瞭解一門學問得先掌握文獻。他們先要掌握現有的《孝經》版本，收集歷代版本的《孝經》，並彙集、出版。在收集和出版的過程中，他們也論述《孝經》這部書是什麼性質，在儒家經典的地位如何，對政治、教化、宗教上有什麼重要性？有沒有孝感神應的作用？他們也討論今古文、作者與成書年代、文本性質等問題，甚至注解《孝經》。

　　晚明士人注釋《孝經》最引起我注意的是，他們除了引用歷代學者的看法以外，還以明代理學家的言論來注釋《孝經》。以楊起元（1547-1599）《孝經宗旨》為例，他的老師是羅汝芳（1515-1588），羅汝芳的語錄、文集裡有不少論孝的文字，羅汝芳的思想以「孝弟慈」為宗旨，楊起元就把羅汝芳論「孝」的部分拿來配《孝經》的文本，寫成《孝經宗旨》。又如呂維祺（1587-1641）《孝經大全》，這部書對清代河南地區的《孝經》學有非常重要的影響，他同樣在引了很多傳統學者的說法以外，也引用許多明代理學家的言論來詮釋《孝經》。因此就形成以陽明學的觀點來詮釋《孝經》的現象，這是晚明詮釋《孝經》的特殊情形。另外，瞿罕《孝經貫注》也相當特別，它

非常大部頭；《孝經》本來是很單薄的，但是現代標點本《孝經貫注》居然有六大冊！各位可以想知，瞿罕將各類知識典籍、言論、故事都「貫」到《孝經》文本裡面。在瞿罕的設計裡，《孝經》的原文就如同綱領一般，統合所有相關知識，這也是明代學者對於《孝經》的一種特殊處理方法。

到了清代，延續剛才所說《孝經》的問題，例如：今、古文、作者、歷代《孝經》著作及《孝經》文本定位等，仍持續被研究。《孝經》究竟是一部怎樣性質的經典？它是六經的總綱？還是如同張敘（1690-1776）所說，《孝經》是性與天道之書？學者在定義《孝經》時，隨著不同認定的性質而有不同的說法。還有一些著作是將經、史、子、集中關於「孝」的文字，拿來註解《孝經》，例如吳之騄（1658-1709）《孝經類解》。另外，李之素《孝經內外傳》，是採用孝子嘉言配合孝子傳的著作。不過，隨著陽明學在清初衰微，用陽明學觀點註釋《孝經》的情形在清初也大減。

到了十八世紀，有兩個議題經常被討論，從日本傳回《古文孝經孔氏傳》以後，學界掀起一波《古文孝經孔氏傳》的辨偽研究。大家不禁懷疑，這本書是不是日本人偽作的？還是真的是從中國流傳出去後，又從日本傳回中國？又延伸討論孔安國（前150-前90）是否真的替《孝經》作傳？以及《古文孝經孔氏傳》本身是不是偽作的？這有一系列考證等相關問題。另外，《孝經鄭注》的作者、輯佚、對日本傳入的《鄭注》辨偽等，也是熱門的議題。士人的考證方法，是從過去典籍中找尋與古文《孝經》相關或線索的文獻，去推論是不是古文《孝經》文本所處的時代，藉此來判斷是不是日本人偽作。然而平心而論，有些學者的判斷並沒有堅實的證據，但是畢竟在學術界中，它仍被視為一種考證的方法。

到了民國的《孝經》學，輯佚、考證、箋釋，依舊延續清代的研

究方法與成果，即使二十世紀下半，這類主題仍不少。不過值得留意的是，民國有部分的《孝經》學研究與時代風氣有關。回顧傳統中國，幾乎無人敢批判「孝」，真正尖銳批判「孝」是在五四新文化運動之後，當時「非孝」的思想，也影響到對《孝經》這部經典的反省與批判。雖然不是所有人都參與批判，但是二十世紀初批判孝與《孝經》成為可能，例如批判《孝經》不能代表孔子之教，它不適用於現代社會，它是一部支持傳統和帝制的書等。當然還是有維護《孝經》的言論，例如強調孔子的言論與《孝經》並不相違背，《論語》論「孝」與《孝經》主張的言論是一致的，以此證明《孝經》並沒有違背孔子之教。另外，還有一種做法，就是用大同思想來詮釋《孝經》，認為《孝經》代表中國文化最核心的價值。有人用《孝經》來闡揚中國文化，雖然中國積弱，但是西方世界的價值觀不是普世的，也不一定適用於未來社會，而他們認為應發揮中國文化來德化全球。這種論點帶有鮮明的宗教意味，例如姚明輝（1881-1961）《孝經救世》、劉楚湘（1886-1952）《孝經大義新解》，他們的詮釋觀不同於五四新文化的觀點，而且這些書的印行也與孔教團體有關，這也是二十世紀初特殊的現象。

我從期刊、專書資料庫查找自一九三〇年代至一九四〇年代的研究成果，這裡不逐一唸出。值得注意的是二十世紀新出土的史料，新的文獻出土就會帶動新的研究，像是二十世紀初敦煌、吐魯番出土文獻，提供研究《孝經》的新史料，為二十世紀《孝經》研究的重要發展，研究議題從輯佚、校勘，到思想、民俗等，其中莊兵教授的〈敦煌吐魯番出土《孝經》研究論介〉是專門研究吐魯番出土文獻關於《孝經》研究的簡介。

接著是二十世紀下半至今天，根據圖書暨期刊資料庫的蒐集分析來看，傳統的《孝經》學仍然為學界所重視。中國大陸有許多學者

研究《孝經》對當代、現今的社會價值，例如：討論《孝經》對當代家庭倫理、教育意義、社會價值等，這類的文章其實不少。另外，還有針對歷史上重要《孝經》文本與作者的研究，像是朱熹、黃道周（1585-1646）等人《孝經》著作的研究。也有將《孝經》與其他經書研究比較，如：《孝經》與《論語》、《孝經》與《周易》等。此外，研究《孝經》的詞頻、詞義和成語，像是《孝經》引《詩》考等；或者與其他文獻相結合，討論先秦儒家孝道思想、漢代孝治思想等。其他像是《孝經》名家書法研究，如黃道周、賀知章（659-744）等。《孝經》與科舉的研究，尤其《孝經》在清代重入科舉，研究《孝經》在其中佔有什麼樣的地位，有什麼樣的變化。近年來比較新的議題是翻譯研究，研究《孝經》西譯的問題，像潘鳳娟教授最近剛完成《孝道西遊》一書，從衛方濟（1651-1729）、韓國英（1727-1780）、裨治文（1801-1861）、理雅各（1815-1897）、羅尼（1837-1914）的不同譯本，去討論不同時代、不同身分的譯者們在什麼脈絡下翻譯中國經典？又如何進行中西學術交流？

　　至於我以前出版過的《孝治天下：《孝經》與近世中國的政治與文化》，我自己定位為「書籍文化史」，是從晚明到二十世紀的研究。我本來是研究陽明學，想進一步瞭解中國陽明學與《孝經》有沒有密切的關係。但是當我看到明代的《孝經》文獻以後，就發現問題比我當初的構想還要大。我把我的研究方法分為幾個層次：

　　一、盡可能蒐集中國近世出版的《孝經》著作，從晚明到民國初年。分析不同時期出版品（包括編輯或重刊的著作、新的注釋本、《孝經》相關論述等），從不同時期、不同人物的著作，讀出詮釋觀點的變化。例如，從晚明以陽明良知學詮釋孝，到清初有一波揚棄陽明學觀點的變化，以及十八世紀考證學風下的《孝經》學，再到五四新文化運動時期對於《孝經》的批判與維護等不同看法。

二、再者，盡可能配合政治、社會的脈絡來說明上述的變化，以及《孝經》文本在生產與出版時的目的。例如，上述詮釋觀點的變化與思想史的主流思潮是符應的。晚明文人重視《孝經》，一方面反映宗族文化的興趣，以及《孝經》在當時教育中受忽略的事實，另一方面也反映士人希望朝廷重視《孝經》、科舉考試《孝經》的政治目的。清初河南、浙江學者出版較多《孝經》，兩地的《孝經》學淵源不同，與各自的地方學習傳統有關，同時不同著作也有不同設定的讀者群或閱讀目的。這部分的研究需要從《孝經》文本擴大到文本的作者、出版時間與地點、地方社會與朝廷政令等。

　　三、從閱讀史、書籍文化史的角度研究《孝經》與人的互動，《孝經》的相關實踐。例如，什麼人以什麼態度研讀《孝經》？在什麼場合讀？以何種方式讀？它的意義有很大的差異。《孝經》被當做一本儒家經典嗎？還是《道藏》中的一本道書？還是蒙書？善書？或是神聖具有靈驗性的書？還是科舉考試的讀本？同樣可以問，人們是用什麼態度去刻《孝經》或提倡《孝經》？是為了教育普及？還是做善事積功德？舉一些比較特別的例子，潘平格（1610-1677）用《孝經》祈雨，呂維祺每天頌讀《孝經》，這些頌讀都和一般的閱讀意義不同。另外，《孝經》可以說是一部突破性別、社會身分、年齡、宗教界限，幾乎是人人都可以讀／也應該讀的書，從文化史的角度更可以看出《孝經》多元的文本性質，以及它文化意涵上的豐富性。這樣的史料幾乎都不在《孝經》中，換言之，以研究方法而言，在蒐集史料時必須突破《孝經》文本，它可能散落在各類文獻中，因此蒐集起來很不方便。現在因為有許多資料庫，應該會好很多。

　　我們又回到第一個問題：《孝經》是一部什麼性質的書？以及我們如何看待、對待它？從這兩種方面來思考，會有很不同的切入點，研究的議題會差很多。《孝經》是一部儒家經典，但它真的只是一本

儒家經典嗎？從文化史角度研究《孝經》，可以看出此書在歷史上有非常豐富的文化意涵。不過，範圍溢出一般經學研究。

以上是我今天的報告，謝謝大家。

蔣秋華：

謝謝呂教授精彩的報告。呂教授先談到《孝經》學本身具有爭議的問題，如作者、版本、成書年代等，這些問題在歷代以來，也有很多學者參與討論。呂教授最主要是從晚明到民國迄於近當代為研究範疇，今天為我們做詳細的介紹。加上呂教授針對晚明《孝經》學寫了一本專書《孝治天下：《孝經》與近世中國的政治與文化》，這方面的研究相當透徹，所提出的觀點或見解，是我們研究經學比較沒有注意到的地方。呂教授指出，雖然《孝經》是儒家的經典，但是其他如宗教各團體也非常重視這部書，甚至運用成為善書。其他層面還有政治教化、童蒙教科書諸多方面。呂教授是歷史學出身，相信藉由她的研究，可以提供我們研究經學有不同的角度。好，謝謝兩位教授帶給我們精彩的報告。

接下來進行第二階段《爾雅》學的部分。關於《爾雅》學的部分，我們邀請了四位學者來報告。第一位是莊雅州教授，莊教授原先在中正大學任教，退休後在玄奘、元智大學任教。第二位是顏世鉉教授，顏教授是史語所副研究員。第三位是林協成教授，林教授在中國文化大學中文系任教。第四位是盧國屏教授，盧教授在淡江大學中文系任教。四位教授對《爾雅》、小學、文字、聲韻都有相當深入的研究。由於臨時因素，我們調整一下議程，改由顏教授先來報告。我們請顏教授，謝謝。

顏世鉉：

主持人、各位老師、各位同學，大家午安。我今天的報告要談的是《詩經》「鴥彼晨風，鬱彼北林」這兩句詩中「晨風」的意義，這會與《爾雅》的訓解有關，所以也順便談一下以《爾雅》證《詩》的問題。《詩・秦風・晨風》：「鴥彼晨風，鬱彼北林。未見君子，憂心欽欽。如何如何？忘我實多。」傳統的說法，認為「晨風」是指「鸇」這種鳥的名稱，它屬於猛禽。所以「鴥彼晨風」，像《毛傳》就解釋成「先君招賢人，賢人往之」，「晨風」這種鳥飛得很快，飛入北林之中。《爾雅》、《說文》也是這樣訓解，都說「晨風」是一種鳥。這種說法在歷來算是主流。我今天為什麼談這個問題呢？這種訓解傳統上也有不一樣的看法，而這個不一樣的看法，會與現在的安大簡（《安徽大學藏戰國竹簡》）《詩經》的訓解有關係，也就是說，另外非主流的看法，很有可能是對的。我先介紹主流的看法。

根據陳喬樅（1809-1869）《魯詩遺說考》，《魯詩》與《毛詩》的看法都差不多，都將「晨風」訓為「鸇」，是一種猛禽、鳥類。其他譬如明代張自烈（1597-1673）《正字通》也引述了相關的說法，基本上也是傳統的看法，但是張自烈引述戴侗《六書故》、方以智（1611-1671）《通雅》說法的同時，也對這兩人的說法有所批評。怎麼說呢？因為戴侗和方以智是非主流的說法，都是將「晨風」理解為「早晨的風」，而這種說法在傳統上是不太能被接受的。《正字通》就是持傳統的看法，在這裡他批評了戴侗，批評了方以智，然後再做訓解，等於是保持原來的看法。《正字通》批評「早晨的風」的說法也牽涉到古詩中的材料，這裡我就不多說。毛奇齡（1623-1716）《續詩傳鳥名》也認為戴侗理解為「早晨的風」是不恰當的，毛奇齡同時引用了《徐氏日記》，「徐氏」是徐咸清（？-1689?），這是虞萬里先生告訴我的，徐咸清是毛奇齡的好友。《徐氏日記》現在已經亡佚，但是在毛

奇齡的書裡面還有一些摘錄，所以我們現在可以看到其中的一部分。另外，民國初年還有一本章回小說叫《海上大觀園》，作者叫作「烏目山人」，書中有一些諷刺的情節。其中有一個情節的鋪陳是，蘇州的秀才李竹如諷刺安徽的舉人陳澹然，陳澹然將「鴥彼晨風」的「晨風」理解為「早晨的風」，這讓李竹如心裡面覺得這個人是一個草包，是假舉人，不通經解，學問非常粗淺。從這個情節來看，作者認為將「晨風」理解為「早晨的風」，是很沒有學問的，是不通經解的，但是作者可能不知道宋人戴侗《六書故》其實也是如此理解。我想，如果作者知道以往也有訓作「早晨的風」的說法，那他在寫小說時就不會將它作為諷刺的情節了。

再來是第二種看法，即「晨風」就是「早晨的風」，這是戴侗《六書故》的說法。戴侗認為從《詩》意來看，「晨風」不應該是鳥名，而是「早上的風」。因為《詩》云「鴥彼晨風，鬱彼北林」，是指迅疾的風，吹著北林。認同這種看法的，還有明代方以智《通雅》，他也採用戴侗《六書故》的說法。清代康熙時期進士范家相（？-1768）《三家詩拾遺》，指出《韓詩》將「鴥」作「鷐」，這一句是「鷐乘朝風而飛」的意思，所以他認為將「晨風」理解為「朝風」是比較恰當的。另外，任基振《爾雅注疏箋補》也持相同看法。《詩切》是清初牟庭所著，這本書現在已經有書店刊行了，書中也認為「晨風」應理解為「早晨的風」。

傳統上將「晨風」釋為「早晨的風」是非主流的看法，而釋為「鳥名」則是大家比較能接受的，原因是主流看法多以《爾雅》與《說文》為證據。然而，用《爾雅》來印證《詩》說，是否恰當？這牽涉到《爾雅》是一部什麼性質的書？宋代歐陽修（1007-1072）認為《爾雅》是秦、漢之間學者纂輯《詩》博士解詁之言，也就是把解《詩》的訓解加以纂輯而成為《爾雅》。如果用《爾雅》去訓解《詩》，等於是重複

證明，因為《詩》與《爾雅》是二而一的。這是歐陽修的看法。而陳喬樅認為《爾雅》是《魯詩》之學，就是屬於《魯詩》一系的學問，因為在《大戴禮記》中有〈小辨〉，這種就是《魯詩》之學，這種學問與《爾雅》非常相近。總之，陳喬樅透過比較而指《爾雅》是《魯詩》這一派。持相同看法的還有顧頡剛（1893-1980），他的看法可以參看聯經出版的《顧頡剛讀書筆記》第七卷上四。再來看幾位學者談《爾雅》的性質和年代，我覺得周祖謨（1914-1995）的看法比較合乎事實，周祖謨說：「從這部書的內容看，有解釋經傳文字的，也有解釋先秦子書的，其中還有漢代的地理名稱。這樣看來，《爾雅》這部書大約是戰國至西漢之間的學者累積編寫而成的。」意思是秦、漢之間的學者編的，但是到漢代仍有學者累積附加而成的。何九盈認為《爾雅》的年代是在戰國末年，相較於周祖謨持漢代說還要再早一點。何九盈也提到《爾雅》對《魯詩》之學是有關係的，他說《爾雅》是「學順辯言」的讀物。

　　剛才提到用《爾雅》來訓解《詩經》的證據力如何呢？朱熹提到《爾雅》是取傳注編輯而成的，所以古人拿《爾雅》來證明《毛傳》，這種作法是不恰當，因為同一種東西，無法相互證明。王力（1900-1986）《中國語言學史》也是贊成此說。

　　所以我的看法是：《爾雅》是戰國末年的一部書，是當時魯國學者搜集經傳子書的訓解而編成的書籍，但是到西漢時仍有所增益。因此，「晨風」，《毛傳》、《魯詩》及《爾雅》都解釋為「鳥」。請各位留意，剛才提到《魯詩》與《爾雅》是相近的系統，所以要拿《爾雅》來證明《魯詩》或《毛傳》，這種方式到底恰當與否？我認為證據力是比較薄弱的，就如同朱熹說的，《爾雅》本身就是纂集諸傳注而來的，卻又要拿《爾雅》來證明《詩》傳，這是不必要的。

　　安大簡《詩經》出來以後，發現戴侗的說法可能是對的，將「晨風」看作是「早晨的風」。安大簡〈晨風〉這首詩的文句都殘缺了，

大約只剩這兩句:「欥彼晨風,炊皮北林。」今本「鬱」,安大簡作「炊」。一位年輕學者劉剛先生採用戴侗的說法,釋為「早晨的風」。雖然安大簡正式公布以後,整理者沒有採用劉剛先生的說法,但是劉剛先生的說法在文句上來看,還是比較有可能的,尤其是「炊彼北林」的「炊」字。我們都知道,古文獻中「炊」與「吹」往往通用,像《莊子‧逍遙遊》「生物之以息相吹也」的「吹」,《經典釋文》就提到有異文作「炊」。還有出土文獻孔家坡《日書》有「炊地瓦石見」的說法,將「吹」寫作「炊」。這裡只舉兩個例子,實際上文獻中「炊」、「吹」二字通用的情況還不少見。

現在再回頭看今本作「鬱彼北林」該如何理解呢?我曾經寫過一篇文章,認為「鬱」應該讀作「欥」,此字《說文》就解釋作「吹氣也」,《集韻》的解釋就是「吹」。這兩個字通假的例子,可以從郭店簡〈性自命出〉來看,其中一句作「濬深臧舀」,臧舀,學者讀為「鬱陶」,這個「臧」是从「或」聲。從出土文獻來看,「鬱」與吹氣的「臧」是可以相通的,郭店簡這個例子可以用為通假的證明。剛才提到牟庭的《詩切》,他其實對《詩》意已經很有掌握了,他認為今本《詩經》的「鬱」當作从手从冗的「扰」,它就是「動」,是「吹動」的意思。他舉揚雄〈甘泉賦〉「獵桂椒而鬱栘揚」,「鬱」就是「風吹動」的意思,指風吹動「栘揚」,「栘」是「棠棣」,「揚」是「楊柳樹」。所以就安大簡「欥彼晨風,炊(吹)彼北林」來看,戴侗將「晨風」解釋為「早晨的風」很可能是正確的。至於如果有學者根據《爾雅》、《說文》來反駁這種理解,進而用來證明《毛傳》、《魯詩》的說法才是正確的,我覺得證據力不足。

因為時間的關係,我的報告就到此為止。整體上,雖然我對「晨風」的這個意見還沒有確信不移,但是仍覺得可能性還是很高的。因為這與《爾雅》的議題有關,所以提出來向大家請教,謝謝。

蔣秋華：

　　謝謝顏教授的報告。顏教授報告的是研究出土文獻的心得，討論《詩經》「鴥彼晨風」中「晨風」的意思。「晨風」，自古以來就有不同的解說，他列引了各家的說法，並且以出土文獻安大簡作為佐證。他研究《爾雅》這本書的性質，過去都認為《爾雅》與《毛傳》較接近，但是現在也有人指出這兩本書是同類型的著作，彼此關係過於密切，取《爾雅》作為證據就不是那麼足夠了。這個例子相當有趣，我們談的是「研究方法」，顏教授的報告也提到運用《爾雅》的方法，對於未來研究者提供指引。我們謝謝顏教授。莊老師已經來到我們現場，現在我們請莊老師開始他的研究報告。

莊雅州：

　　主持人蔣教授，另外兩位引言人盧教授與林教授，以及線上的各位朋友大家好。今天很榮幸有這個機會，來這邊與大家談一談《爾雅》學的研究方法，並且提出一點自己的研究經驗與心得，就教於各位。

　　大家都曉得《爾雅》是十三經之一。在唐朝按照字數的多少，分為大經、中經、小經，《爾雅》是一部小經，因為它只有三卷十九篇，一〇八一九字，二〇九一個條目，四三〇〇多個詞語，非常地少。但是，它是訓詁學、詞彙學、詞典學、百科全書、文化學等最早的作品，內容非常豐富，有多方面的價值，當然影響也就非常深遠，所以從古以來投入研究的人非常多，成為顯學，我們稱之為「爾雅學」，它的研究方法也隨著時代而進步。底下我分為三個部分來談。

　　第一部分：清代以前傳統的研究方法。大陸有位學者叫竇秀艷，她寫了一本《爾雅》學的通史──《中國雅學史》，她把《爾雅》學的發展分為六個時期：先秦、兩漢、魏晉南北朝、唐宋元明、清朝、現當代。其中，清朝是復興期，換句話說，是成績最好的時代。到了我

們這個時代民國以後,是由傳統向現代的轉變期,這部分等一下再討論。現在我們要談清代以前傳統的研究方法,主要可以分為四個部分:

第一是增補《爾雅》。就是在體例上完全仿照《爾雅》,可是在內容上對《爾雅》進行增補,有的是增加新的詞條,有的是補足原來的義項,或者闡發《爾雅》不夠清楚的地方。最有名的有兩本,一本是秦、漢之間的《小爾雅》,另外一本是曹魏時張揖的《廣雅》。《小爾雅》,顧名思義,篇幅非常小,只有一九三〇字而已;《廣雅》比較多,有一八一五〇字,比《小爾雅》多出十倍。我們曉得清代坐訓詁學的第一把交椅就是王念孫（1744-1832）（王力語）,王念孫最有名的是《廣雅疏證》,這在訓詁學上是非常重要的一本書。有人說,張揖的《廣雅》是第二流的作品,但是經過王念孫為其疏證,就成為第一流的作品,成為受人重視的語言文字學方面的名著。

第二是模仿《爾雅》。這類在內容上另有重點,與《爾雅》不太一樣,但是在編排方式及釋詞體例上仍不脫《爾雅》模式。最有名的都在漢代,一者是西漢揚雄（前53-18）的《方言》、另一個是東漢劉熙的《釋名》。我們曉得揚雄的學問非常好,口才很差,他很多東西都是模仿的,譬如《太玄》是模仿《易經》,《法言》模仿《論語》,他這部很有名的《方言》是模仿《爾雅》,不過他的重點不太一樣,是一部地方語言的開山作品。另外一部是劉熙的《釋名》,是用來解釋各種事物的名稱,探討得名的原因,這個也是很重要的一本作品,他們都開創出新的學問。可是我們還是將之放在《爾雅》學裡,為什麼呢?雖然這些書另有重點,但是編排上仍不脫《爾雅》的模式。這跟《說文》不太一樣,《說文》雖然也是受到《爾雅》的影響,不過它開創新的體例,用五百四十個部首來統攝九千餘字,變成字典學最重要的作品,所以它獨立出去了,沒有被擺在《爾雅》學裡面。後來模仿《爾雅》的學者非常多,可分為六大項:第一個是專科,主要是

針對某一學科門類的用語進行蒐集整理，譬如《本草爾雅》、《酒爾雅》。此外最有名的有兩本，一個是宋代陸佃（1042-1102）的《埤雅》，另一個是羅願（1138-1184）的《爾雅翼》，在座林協成教授就是研究陸佃的專家。這兩本是屬於專科《爾雅》，因為它是講草木、鳥獸、蟲魚之類的。第二種是方言的《爾雅》，例如說《蜀爾雅》。第三種叫翻譯的《爾雅》，例如《番爾雅》、《羌爾雅》、《佛爾雅》，還有《西域爾雅》等等。第四種稱為專書的《爾雅》，就是把一本書打散，然後模仿《爾雅》，像是《孝經爾雅》、《易爾雅》、《毛雅》。《毛雅》是什麼呢？是將《詩經》的《毛傳》分散編成類似《爾雅》。另外還有《說雅》，就是將《說文解字》打散而編出來的《爾雅》，這是朱駿聲（1788-1858）做的。另外還有《選雅》，是將《文選》打散以後編出來的《爾雅》。第五種就是從詞彙來重新模仿《爾雅》，這方面有《別雅》、《比雅》、《疊雅》等，又如明代朱謀㙔（1552-1624）的《駢雅》，這是講雙音詞，不是單詞。第六類是綜合類，例如方以智的《通雅》，用來說古今的各種事物。以上是第二大類，就是模仿《爾雅》的。

　　第三大類是我們最常見到的，就是《爾雅》文本考釋的方法。我們曉得，中國古代的著作不像我們今天分章、分節的論文，那是在西方像是黑格爾的作品才有如此作法，中國古代主要是注解，就是依照文本亦步亦趨地注解，過去有人稱為「經學箋注主義」，因為這是從經學開始的。其實，這是影響中國學術非常深遠的，也不止於經學而已，除了《十三經注疏》以外，像是史學有《史記》三家《注》，子部有《老子》王弼（226-249）《注》，文學有《文選》李善（630-689）《注》等，都是用注解的方式。所以「注解」在古代是非常重要的，它是貼緊文本來解釋文本的意思，這是最重要的方法。這當然主要是訓詁，《爾雅》本身就是訓詁的開山祖，大陸學者將訓詁的方法分為幾

個方面：以形索義，分析字形，以求本義；因聲求義，透過古聲求古義；比較互證，不同的加以比較，相同的詞語互相證明；最後是目驗實物，就是親眼驗證。這些都是考釋法常用的方法，當然這方面的著作非常多，像是晉朝郭璞（276-324）《爾雅注》、唐代陸德明（550?-630）〈爾雅音義〉、宋朝邢昺（932-1010）《爾雅疏》、清朝邵晉涵（1743-1796）《爾雅正義》以及郝懿行的《爾雅義疏》，其中最有名的是郭璞的《爾雅注》與清代郝懿行（1758-1852）的《爾雅義疏》。這是第一個，注音釋義文本的考證方式。第二個是札記，這裡札記不限於筆記，日記、筆記等都可以，它可能去考證一個問題，可能是補充、引申說明之類的，這方面著作很多，比較有名的有清朝李雩《讀雅筆記》、王引之（1766-1834）《經義述聞·爾雅》、俞樾（1821-1907）《群經平議·爾雅》等。第三個是釋例，就是從《爾雅》的體例整理出條例，讓我們讀起來比較方便，這種方式在過去比較少，雖然郭璞、陸德明、王引之、邵晉涵等的著作都談到一些，但是寫成一本書發揮的是清代陳玉澍《爾雅釋例》，這是清末的作品。這三種是文本考釋的方法，在清代以前非常重要的方法，清代成績則又最為優秀。

　　第四個是文獻考徵法。因為《爾雅》本身就是一本古典文獻，所以從文獻學的角度進行研究也是一種重要的方法。我們常談到的文獻學，主要是目錄、版本、校勘、辨偽和輯佚，所以研究也是這幾個方面。第一個是明目錄，像是清朝朱彝尊（1629-1709）的《經義考》、謝啟昆（1737-1802）的《小學考》，而最有名的專科目錄是胡元玉的《雅學考》。胡元玉《雅學考》總共分為五類，三十二家；後來民國的周祖謨也為其寫續編，就有十類，五十九家。第二個是考版本，清代以前非常重視版本，版本在古代主要是用手寫於紙上的傳本；唐、宋以後就有雕版、印刷術。不管是哪一種，每寫一次，每刻一次，就多一些錯誤。但是古代書籍是靠這種方式流傳，不同版本的異字、錯

字又非常地多。雖然過去沒有專門討論《爾雅》版本的專書，但是版本其實很多，到了近代，顧廷龍（1904-1998）、王世偉《爾雅導讀》有《爾雅》版本介紹，他們一共介紹十八種。另外，竇秀艷除了有《中國雅學史》以外，還有《爾雅文獻學研究》，這本書是專門研究《爾雅》文獻學各方面的專書，是一本很不錯的書，裡面有〈雅學文獻版本類型研究〉。第三個是校譌誤，剛才也講過，不同的版本，不管傳抄也好、刻的也好，會有很多的錯誤，所以讀古書第一個工作就是要將錯別字找出來，才不會被古書所誤。這方面清代學者做得非常多，最有名的大家都曉得是阮元（1764-1849）《爾雅注疏校勘記》，附在《十三經注疏》裡面。另一本是嚴元照（1773-1817）《爾雅匡名》，所謂「名」就是「字」的意思，用《說文》來匡正《爾雅》。其他也有不少著作，我不便一一介紹。第四個是辨真偽，我們今天是講究版權，但是古代的人與我們今天觀念不一樣，正如《文史通義》〈言公篇〉所講，言論是屬於公眾的。所以假設在古代，我寫論文引述別人的說法，不須說出是引用何人說法，但是在今天就很嚴重了，會變成「文抄公」；同樣地，在古代，我的說法也歡迎大家引用。甚至有的人會覺得，我自己寫的作品，名氣不夠，學問也不是那麼理想，那麼如何讓我的書留傳下去呢？就是借重某位有名的學者，說是某學者所著，當然這在今天看來，就會形成「真偽」的問題。所以清代有不少學者從事辨別《爾雅》真偽的工作，當然古書真偽有很多可以討論的，像是《尚書》、《列子》是整本書都有真偽的問題，但是《爾雅》比較少。過去有人認為《爾雅》是周公或孔子所作，所以學者考辨的主要是辨其非出於一人一時，因此都是零星之作。到了今人張心澂（1896-1969）《偽書通考》，就蒐羅《爾雅》辨偽的說法，共三十餘條，二十多頁。第五個是輯散佚，古代的書很容易亡佚，這有多方面的因素，因為古代各方面的條件都不如今天，所以許多作品很容易亡

佚，幸好古人著書或注解時會加以引用，因此我們就可以看見一些零星說法。後來有些學者專門從事輯佚工作，從各種書籍中找尋目標，可能輯出數條，也可能全書復原；輯佚的工作在清朝非常盛行，最有名的莫過於馬國翰（1794-1857）《玉函山房輯佚書》，另外還有王謨（1731?-1817）《漢魏遺書鈔》、王仁俊《經籍異文》等，而臧庸（1767-1811）的《爾雅漢注》也相當有名。以上是清代以前的研究成果。

接下來是第二大部分，民國以來參考西方的研究方法。民國以來，地下文獻不斷出土，西方學術及科學新知、科學工具爭相輸入，《爾雅》從傳統研究也隨之轉型發展。舉例而言，過去的研究都以「注解」為主，現在則分章、分節、分項目，形成一體系非常嚴謹的論文。另外，過去是文言文，現在則轉為語體文。過去的目錄學是介紹書籍，現在變成學術史的型態，就是「雅學史」。注釋上也比較偏重今註今譯，我所知道今註今譯的《爾雅》就有六、七本，包括我自己的一本著作在內。以下將介紹二十世紀以來，受到西方影響而產生的研究方法。

第一個是二重證據法，這是大家都知曉的方法，是王國維（1877-1927）所提倡非常有名的方法。為什麼呢？在近代，地下的文獻、文物大量陸續出土，這對我們研究古書非常有幫助，因為它的時代可能比我們現在所見的版本還要早許多，所以可以與傳統文獻相互印證、補充、修正，這就是二重證據法。當然，二重證據法不是王國維才開始的，在古代就有這種方法。但是用一個很響亮的標題，叫「二重證據法」，而且很用心的去從事這樣的工作是王國維。《爾雅》的部分，古代留下來的文獻不多，在敦煌寫本有伯希和（1878-1945）的 P.3719、62661、3715 三種而已。吐魯番交河故城有《爾雅》殘卷二十四卷，然而此殘卷所存也不多，古代的輯佚有時是一些零星資料就算是一卷。我們除了要留意「文字」以外，還有很多像是「沒有文字」的古

建築、青銅器、樂器等，也可以充分運用在《爾雅》。因為《爾雅》裡面有十幾篇都是名物方面，所以這些無文字的器物也很有價值。我曾經寫過「以二重證據法來研究《爾雅》」的相關議題，提到幾點：第一個，是將不同傳本集合起來，加以校勘。第二個，證明古代的說法是正確無誤的。第三個，補充過去典章只有一、兩種說法的情況，因為我們可以運用出土文獻看見更多面向。第四個，將名物的樣貌如實顯現出來，因為過去圖畫方式容易失真，這個部分「二重證據法」是很重要的，只是用在《爾雅》上的成績不多，因為《爾雅》這方面可運用的材料比較有限。周祖謨的《爾雅校箋》是屬於校勘方面很有名的一本書。另外，馮華的博士論文《爾雅新證》，它就是文字、文物兩方面都加以運用。

　　第二種方法叫科學實證法，因為《爾雅・釋宮》以下十五篇與建築、機械、天文、地學、生物有密切關係，可以用科學新知進行研究。過去有些說法太過陳舊、不太正確，有了新的科學知識，就可以講得更清楚、更具體、更精確一點。我與中正大學另一位同事，黃靜吟教授合寫《爾雅今註今譯》；剛才我也提過，海峽兩岸「今註今譯」的書很多，但是在臺灣就是我與黃教授寫的這本，以及三民書局的另一本，但是三民書局所出版的《爾雅讀本》是大陸學者寫的。至於大陸這方面的書，我所見的起碼有五、六本，例如郭郛《爾雅注證》，他是一位很了不起的老先生，一個人就將《爾雅》從頭到尾做注解，他是一位著名的生物學家，李約瑟（1900-1995）寫《中國科學技術史》時，就曾請郭郛幫忙。他與我都同樣重視新的科學材料來加以研究，不過在專書方面，倒是比較少，這與《詩經》的情況不太一樣。我們可以看到《詩經名物新證》、《詩經草木今釋》或是《詩經植物圖鑑》、動物圖等等，可是《爾雅》到現在還沒有，我們希望將來有這類的著作出現。

第三個是文化統整法，文化學研究是近代新興的熱門學科，門派很多，方法也都不一樣。像今天在座的盧國屛教授，就有一本《爾雅語言文化學》，從語言文化學來寫作，是一部很好的《爾雅》學著作。另一位大陸學者謝美英的博士論文《爾雅名物新解》，是從人類文化學的方法來研究，令人耳目一新。而我自己也寫了一篇〈從文化學視角探討爾雅釋天〉，才剛完成，是從普通文化學來研究，即將在香港《嶺南學報》發表。

當然，現代的研究方法還有很多，如通論總紀法、歷史考證法、詞彙研究法等，限於時間就不多說，以後再補充吧！

第三大部分是自己的研究心得。我個人研究《爾雅》比較晚，但是也二十年左右了，除了發表一本專書《爾雅今註今譯》（商務印書館出版）之外，也從各方面寫了十五篇的單篇論文，至於「方法」寫了三篇，〈論考釋爾雅草木蟲魚鳥獸之方法〉，發表在臺灣大學中國文學系主辦的「經學研究」的會議上。第二篇是〈論二重證據法在爾雅研究上之運用〉，第三篇〈黃季剛先生爾雅研究方法述評〉是為了紀念對《爾雅》非常有貢獻，使《爾雅》從傳統走向現代的黃季剛（1886-1935）先生而寫的，這是參加北京師大主辦的「章黃學術研討會」時發表的論文。這三篇都是針對「《爾雅》研究方法」的論文。此外還有一篇〈爾雅名物學析論〉，因為《爾雅》大部分是名物訓詁，所以我這篇也是從文化學統整的觀點來研究，還沒有發表。這幾篇是與「研究方法」有密切相關的。另外其他的論文，如〈從爾雅釋言曷盍探討歷代訓詁之演變〉，是一篇小論文，發表在「訓詁學研討會」，以小見大，以一、兩字，「曷」、「盍」這類虛字來探討歷代的訓詁方法、方式的演變。〈臺灣現當代爾雅學研究〉，是屬於文獻目錄，這篇說起來與在座的主持人蔣秋華教授有關係，多年前蔣教授主持「臺灣現當代經學研究」，找我寫《爾雅》，只是當時太忙碌，在計

畫結束後還沒完稿。後來福建師範大學編一本《臺灣現當代經學》，邀我寫稿，於是就將文章寫就。內容是從光復以後寫到二〇一七年，將近七十年時間；我交稿已經四年了，可是書還沒出版。後來我自己在萬卷樓出版論文集，第一本是經學方面的專書，第二本是語言文字學方面，在徵求福建師大同意後，我就將這篇論文放進第二本論文集，這篇論文是屬於書目文獻方面，當然也有研究探討的部分。無論在大陸、臺灣，與其他經的研究相比，研究《爾雅》學的人不是很多，我竭力搜集了一百八十七筆，遺漏的地方恐怕也是難免的，計畫每十年會補充一次，希望對《爾雅》學的研究有所助益。這是屬於文獻目錄方面。此外，還有〈爾雅釋天天文史料析論〉屬於科學新知，另外〈從文化學視角探討爾雅釋天〉屬於文化統整，我個人對天文學特別有興趣，因此除了從天文學的角度以外，也從文化學角度來探討，主要屬於文化傳統，與我剛才介紹盧國屏教授、謝美英教授的角度不太一樣，畢竟文化學的角度是非常寬廣的。我的研究不敢說有何創見，但是我特別注意到科際整合，以及求新求變，希望對《爾雅》學的研究能稍有貢獻。以上是我不太成熟的報告，請大家多指教，謝謝。

蔣秋華：

　　謝謝莊老師。莊老師介紹了清代以前傳統的《爾雅》學，舉了許多學者的專書，另外還舉了民國以來受到西方學說影響而起的新型研究，分別從「二重證據法」、「科學實證法」、「文化統整法」等等來介紹，也舉了不少例證。最後，莊老師也針對自己《爾雅》學的研究成果，一一介紹。可見莊老師在《爾雅》學不太多人研究的領域內，投入相當大的心力，寫了滿多的論文。莊老師的論文有滿大的特色，因為他在小學方面非常專精，在科技方面像是《詩經》名物學、天文

學，也都有非常深入的研究，因此他在研究《爾雅》上，相較於其他研究經學者，有更多的利器，所以莊老師的成果可以說是相當輝煌的。接著，我們請林協成教授來分享他的心得，請林教授。

林協成：

　　主持人蔣教授，以及與會的老師們大家好。謝謝大會今天邀請我來參加座談會。其實以我個人的研究來講，《爾雅》是我博士班論文的題目。剛才莊老師也提到，因為我的論文題目是由陸佃的《爾雅》學來做相關的研究，所以就接觸到《埤雅》。因此，我等一下的報告重心，也是著重在《埤雅》這個地方，來為各位做一個報告。我今天的報告分為幾個地方來論述，第一個部分要報告的內容，可能與莊老師的部分有重複，如果剛才莊老師有報告過的地方，請各位多加見諒。第一個部分，我會從中國《雅》學，特別是宋代《雅》學部分來做介紹。第二部分是要介紹域外《爾雅》學。今天最主要是以這兩個部分來做為論說的內容。

　　首先，針對中國《爾雅》學的部分，誠如剛才莊老師所說的，《爾雅》是中國學者，從古至今，非常注重的小學類典籍，被列入十三經之一，也是中國最早的訓詁學書籍，被歷來學者認為是通經的重要著作，所以清代邵晉涵說：「古人釋經，未有舍《爾雅》而別求字義者。」戴震（1724-1777）也提過：「援《爾雅》附經而經明；證《爾雅》以經而《爾雅》明。」在學者有上述這樣的認知情況下，自漢代以後，歷代都對《爾雅》有增加、修補的研究工作，對《爾雅》有加以注疏的，像是：犍為文學、劉歆（前50?-23)、李巡他們所作的《爾雅注》，或是邢昺的《爾雅疏》，邵晉涵的《爾雅正義》等，是針對《爾雅》這本書加以注解的，讓後人更加瞭解裡面內容的相關說法，這是第一個部分。接下來是「增廣」，針對《爾雅》不足的部分

去增補，例如：《小爾雅》、《廣釋名》這些著作。第三個部分，特別是清代，對《爾雅》的校勘更加注意，所以就有《爾雅》校勘的著作出現，像是王引之的《經義述聞》、俞樾《爾雅平議》等，針對歷來或因為傳抄，或因為刊刻有錯誤的地方，指出其誤。第四部分，典籍因為流傳的關係，不斷有亡佚的現象，清代時期也有針對佚文部分，予以輯佚者，像是黃奭（1809-1853）的《爾雅古義》，或是馬國翰《玉函山房輯佚書》〈爾雅類〉等，都對《爾雅》輯佚下了相當大的功夫。以上是傳統研究《爾雅》的部分。

　　接下來我會著重在「仿雅」的部分。因為《爾雅》以詞義、物類分類來解釋，影響到後來辭書編輯。根據竇秀艷在《中國雅學史》裡面歸納出「仿雅」的作品，大約可分為以下幾類：一、綜合類，如方以智的《通雅》。二、釋詞彙，根據詞彙去解釋的，如揚雄的《方言》、劉熙的《釋名》，或是朱謀㙔根據雙聲字、疊韻字整理出來的《騈雅》，另外史夢蘭（1813-1898）根據經、史、子、集的疊字去探究的《疊雅》。這些是根據詞彙去解釋的「仿雅」著作。三、針對專科類的著作，像是醫藥類的《石藥爾雅》、《酒爾雅》。四、地方方言類的《蜀爾雅》、《西域爾雅》。五、或是翻譯類的《羌爾雅》、《番爾雅》。六、或是針對某些專書予以歸類的著作，像是《易雅》等。七、就是我以下主要去針對討論的釋名物這類的作品，最具代表性的就是陸佃的《埤雅》這本書籍。以下我就這部分作為報告主軸。

　　《埤雅》是宋代《雅》學的著作，在宋代《雅》學中，根據目錄，其著作有十六部，現存的有六部。依照性質可分為：一、傳統注疏類，譬如說邢昺《爾雅疏》、王應麟（1223-1296）《爾雅奇字音義》、鄭樵（1104-1162）《爾雅注》。二、受到王安石（1021-1086）的影響，就是以義理之學取代漢、唐注疏之學的闡述新義理類，陸佃身為王安石的學生，擺脫傳統注疏，以自己的意見而寫出《爾雅新

義》，王安石之子王雱（1044-1076）《爾雅注》，這些都是以比較新穎，有別於傳統方式的研究，形成宋代較為新穎的研究成果。三、有別於傳統《爾雅》，因為《爾雅》有釋詞句、釋物類，但是陸佃《埤雅》一書則是專釋名物的創作。

　　《埤雅》這本書，根據《四庫全書總目》的介紹，它是根據事物的形狀做詳細介紹，像《總目》所說：「大抵略於形狀而詳於名義。」它論證的方式是援引群書，藉由旁徵博引的方式來論證事物的名稱或是物象。它分類的方式，是以卷為中心，每卷都以類系聯，性質相同者放在一起。竇秀艷在《中國雅學史》就針對《埤雅》這本書提出說法：「《埤雅》的體例仿《爾雅》，但又不同於此前的仿《雅》之作，它不釋一般詞語，只釋物名。」「不但對各種名物的形狀、特徵詳加介紹，還廣引各類古籍、先賢時哲之語進行論說，因而所釋詞條，少則幾十字，多則上千言，形似小品文。」所以《埤雅》可以說是宋代「名物」的百科全書，它裡面把宋代可以看到的動物、花草植物、禽鳥之類，做一相關論述。因為《埤雅》有二十卷，第一、二卷是〈釋魚〉，總共收錄三十條；第三至五卷是〈釋獸〉，收錄十四條；第六至九卷是〈釋鳥〉，總共有六十條；第十至十一卷是〈釋蟲〉，有四十條；第十二卷是〈釋馬〉，收錄十五條；第十三至十四卷是〈釋木〉，有三十一條；第十五至十八卷是〈釋草〉，有六十四條；最後兩卷是〈釋天〉，有十三條；總計有兩百九十七條。這兩百九十七條裡面，將大自然可以見到的，做相關論述，而論述的方式可以整理成八種。簡單來說，是用古今異語，古代如何稱呼，現在又如何稱呼；雅俗異稱，文人雅士如何稱呼，坊間又如何稱呼。為什麼這樣命名？再加上外觀特徵去描寫、去論述。所以《埤雅》可以說是將鳥獸、草木做一個相當詳盡的說明。因此我認為《埤雅》在《爾雅》體系下，是一部聯結古今的著作，因為它裡面有很多植物是現在還有的，我們可

以透過《埤雅》去瞭解相關植物的演變，這部分等一下會再提到。

另外，與《埤雅》性質相同的，或說是受到《埤雅》影響的是羅願所寫的《爾雅翼》。羅願他寫書的目的，是希望「為《雅》羽翰」，是希望讓人們進一步去瞭解《爾雅》這部書籍。《爾雅翼》的篇章有：〈釋草〉、〈釋木〉、〈釋鳥〉、〈釋獸〉、〈釋蟲〉、〈釋魚〉等「研究動植」之篇章組成；與《埤雅》的共同點，是專釋鳥獸、草木等名物。訓釋方式與《埤雅》相似，有詞目、釋義、書證、字形及按語等來論證。引用的書籍也與《埤雅》相近，都是引用宋代以前的經、史或是字書、諸子書古籍，將之搜羅殆盡來加以論述。《爾雅翼》的論述方式，在後代有如是的評語，像是王應麟說：「體用相涵，本末靡遺。」《四庫全書總目》說：「其書考據精博，而體例謹嚴，在陸佃《埤雅》之上。」

針對剛才所提到宋代的這兩部仿《雅》之作，我們可以藉《埤雅》、《爾雅翼》這兩本書去瞭解宋代的花草、樹木的著作。此外，我這邊再稍微做一下整理。關於《爾雅》議題的著作，與名物比較相關研究的論文有：莊雅州老師的〈《爾雅》〈釋魚〉與《說文》〈魚部〉之比較研究〉、賴雁容〈《爾雅》〈釋木〉與《說文》〈木部〉之比較研究〉、〈《爾雅》〈釋草〉與《說文》〈艸部〉比較研究〉，藉由這些比較研究，可以知道他們對於某些植物論證的看法。或是有仿《雅》著作的研究，像是莊裴喬的〈《埤雅》、《爾雅翼》異同論〉。二、與名物解釋，文化思想類相關的研究有：王國維《爾雅草木蟲魚鳥獸釋例》、劉師培（1884-1919）《爾雅蟲名今釋》、謝英美〈《爾雅》名物性初探〉。三、書證類。因為《埤雅》、《爾雅翼》都是以引經論證方式來解釋，所以徵引大量的典籍，因此我自己有寫〈《爾雅翼》引說文考〉、〈《埤雅》引說文考〉、〈《爾雅翼》所載佚書考〉、莊裴喬〈《爾雅翼》引語言文字學書考〉。

在前人研究的基礎上,我們進一步思考,還有哪些《爾雅》學可以進一步研究的。我認為還有兩個部分值得研究的:一、輯佚。因《埤雅》、《爾雅翼》多引書為證,其中多有亡佚之書,如《埤雅》徵引戰國尸佼《尸子》、唐代王叡《炙轂子》、張昌宗(?-705)《三教珠英》以及宋代王安石《字說》等。《爾雅翼》引了《相鶴經》、《四民月令》、《淮南萬畢術》、《田俅子》等佚文。如果我們花一番工夫,將這些佚文整理出來,就可以完成一部「宋代《雅》學佚書考」這樣的作品。二、動、植物等名物之探究。因為《埤雅》、《爾雅翼》多有名物探究,如果可以結合現今知識的話,則可以更深入理解名物,或是開展出更多相關研究。以上是我從《埤雅》與《爾雅翼》而觀察到的論文及反思。

第二個部分,我要報告域外漢學中《爾雅》的作品,域外漢學是近二十年來被學術界注意到的領域。域外漢學是東亞文化圈領域可以被注意到的,因為自漢、唐以來,與中國以外的國家有所來往,這些國家包括現在的韓國、越南、日本等,稱為「東亞文化圈」。東亞文化圈隨著文化的交流,他們的使者來到中國,學習中文,返回自己國家時,也帶回漢籍;隨著文化交流,許多漢籍被帶往國外,因此形成域外漢籍。域外漢籍可以分為三種:第一是以漢文書寫,第二是中文典籍在域外刊刻、抄寫、注疏,第三是流失在外的典籍。上述這些都可以通稱為「域外漢籍」。從竇秀艷所寫的《爾雅文獻學》所提到的可以知道,在日本、韓國都有《爾雅》相關的著作,而且《爾雅》不管是在韓國,還是日本,早就流傳很久了。《爾雅》於日本的流傳,最早可以追溯至奈良時期,根據《養老律令》提到「凡秀才,試時務二條,帖所讀《文選》上秩七帖,《爾雅》三帖」,可知奈良時期,已有《爾雅》在日本流傳。另外,根據平安時期的文人藤原佐世(847-898)所撰《日本國見在書目錄》錄有在中國已經失傳的孫炎(220-265)《爾雅注》、沈旋《爾雅集注》,甚至當時也出現仿《爾雅》所寫的第一本

類書《倭名類聚抄》，這部書是仿《爾雅》以類物聚的辭書，等一下會跟各位報告這部分。在日本所藏《爾雅》類的文獻，至少有三類：一者，《爾雅注》：有八行本、十行本、元刻本、明刻本等版本；二者，《爾雅疏》：有宋本兩部藏於日本靜嘉堂文庫及國家圖書館；三者，《爾雅注疏》：有元刊本、元刊明修本、十三經注疏本等。這些著作也可以作為《爾雅》版本的考據資料來源，不失為域外漢學版本對校的來源之一。

另外，剛才所提到的《倭名類聚抄》一書，之所以要介紹《倭名類聚抄》，因為我認為這是一本仿《雅》之作。為什麼說是仿《雅》之作呢？這本書的分類方式，是採用「卷中分類，部中分門」，將性質相似者並列於同部之中，共分三十二部二百四十九門。這種方式就像《爾雅》一樣，將性質相同放在一起討論的寫作方式，因此我將之放在仿《雅》的作品來看。當時編纂此書的動機，是勤子內親王以為當時如《文館詞林》、《白氏事類》等「徒備風月之興，難決世俗之疑」；《辨色立成》、《楊氏漢語鈔》等辭書，則「俗說兩端，未詳其一，又其所撰錄，音義不見，浮偽相交」，因為有這些不足之處，所以令源順「集彼數家之善說」而撰是書，以達「臨文無所疑」。所以這本書基本上是出於讀經之用、文學之用而編輯的書籍。在這種動機的編輯之下，其編纂方式與《爾雅》雷同，此書每條皆有條目，條目之下有直音或反切標音，並附有萬葉假名以注其日語讀音。它不僅提供反切，使人可作為語音資料的參考，也因為注上日語，所以可以讓人瞭解早期日本語音。此外，它引用大量典籍來注書，所引用的典籍包括中國、日本，它自己也提到「所注緝皆出前經、舊史、倭漢之書」，共引三百六十多種典籍；八成以上都是漢籍，且與《埤雅》一樣，所引用者多有現在中國域內已經亡佚的書。這種情況下，《倭名類聚抄》就變成我們研究佚書的資料來源。

另外一本也是仿《爾雅》的作品，是《和爾雅》，這本書分為：天文、地理、歲時、居處、神祇、人倫、身體、親戚、官職、姓名、衣服、寶貨、器用、畜獸、禽鳥、龍魚、蟲介、米穀、飲食、果蓏、菜蔬、草木、數量、言語計二十四門，這二十四門也是讓人瞭解或解釋名物之用。基本上，與《倭名類聚抄》一樣，引用大量典籍，例如徵引了：《爾雅》、《釋名》、《廣雅》、《埤雅》、《爾雅翼》、《五經註疏》、《左傳》、《說文》、《玉篇》、《本艸綱目》、《三才圖繪》、《農政全書》等。另外，也引用日本古籍，如：《日本書紀》、《萬葉集》、《倭名類聚抄》、《釋日本紀》、《詞林采葉抄》等等，以攷正之。這猶如《倭名類聚抄》，可以作為現代、後人來瞭解佚書或輯佚的來源。

現在與日本《爾雅》相關著作裡面，可以看到的相關論文，大概可分為版本、引書這些，從事版本研究的，如：侯立睿《日本雅學研究綜論》、〈雅學在日本〉、陳倩〈《爾雅》在日本的傳播和影響〉、蘇曉威〈日本現藏數種《爾雅》類文獻研究〉。從這些作品來看，我們可以進一步透過早期流傳至日本的《爾雅》著作，以作為版本探究之用。另外書證類的論文有：林忠鵬〈《倭名類聚抄》與中國典籍〉、林協成〈《倭名類聚抄》引雅學文獻考〉、〈《倭名類聚抄》所引字書類佚書考〉、張穎慧〈日本漢籍《和爾雅》引漢籍考〉。這些都是以探討《倭名類聚抄》、《和爾雅》所引證的資料的作品，是可以作為輯佚之用。以上是域外漢籍關於《爾雅》在日本傳開的部分。

最後這個部分是近來接觸到的，不是很熟悉，但竇秀艷《雅學文獻學研究》有提到《爾雅》韓國流傳情形，在這邊與大家分享。韓國也受到中國影響很深遠，大約在唐代左右，也就是在新羅時期，《爾雅》已經傳入朝鮮半島，也同樣受到文人的重視，《三國史記》便記載強首這個人曾學習：《孝經》、〈曲禮〉、《爾雅》、《文選》，可見在唐代即新羅時期，《爾雅》已在韓國流行。到了中國進入五代十國，也

就是高句麗時代，隨著雕版印刷術的傳入，他們開始刊刻佛經、經史等書籍。在《高麗史》記載，他們刊刻了不少中國當時已經亡佚的書籍，因此宋哲宗遣使要求高句麗將中國已佚的書籍刊刻運回時，所開出的書單有一百二十八部，其中有《廣雅》、《爾雅圖贊》諸書，藉此可知《爾雅》於高句麗時期已有刊印與流傳的情況。最後是李朝時期，因與中國交流更加密集，更多漢籍也隨之傳入韓國。如：日本森立之（1807-1885）所編的《經籍訪古志》便錄有明嘉靖十六年韓國活字本《爾雅注疏》；徐浩《奎章閣書目》一書則錄有汲古閣本及清乾隆內閣本之《十三經注疏》、陸佃《埤雅》、郭璞《爾雅注》、《增修埤雅廣要》、《十三經注疏正字》、《爾雅參議》等。由此可知，《爾雅》不僅僅是在日本、在中國，甚至在韓國也是流傳甚久。正因為流傳甚久，所以近人金寅初所編之《韓國所藏中國漢籍總目》便統計列出韓國現存有：陸佃《埤雅》、郭璞《爾雅注》、《爾雅郭注義疏》、《爾雅圖》、《爾雅蒙求》、《爾雅翼》、《爾雅正文直音》、《全雅》等《雅》學相關古籍，共計有十八種七十三部，其中郭璞《爾雅注》有十四部，以李朝肅宗時期所刊之《爾雅注》為最早；《爾雅注疏》有三十一部，郝懿行《爾雅義疏》有四部，邵晉涵《爾雅正義》有三部，《埤雅》有六部，《爾雅翼》有兩部等，這些都可提供我們作為研究版本之用。最後，可以進一步討論的是，在韓國也有仿《雅》的作品，像是《譯語類解》、《華語類抄》、《同文類解》、《方言類解》等。這些書籍基本上就是翻譯書籍，例如《譯語類解》是漢語和朝鮮語對照之分類辭書，《蒙語類解》是蒙古語和朝鮮語對譯的書籍，《同文類解》是漢語、滿語和朝鮮語對譯的書籍。若懂韓文，則可以透過這些書籍去探究漢語對韓語的影響；或是在韓國人眼中，漢語是什麼性質的記錄。這是從韓國所存《雅》學著作而做相關延伸的議題。

　　以上是據我所見所知的文獻，整理成報告向大家分享。謝謝各位。

蔣秋華：

謝謝林教授。林教授介紹了他最熟悉宋代的《雅》學，包括了陸佃的《埤雅》、《爾雅新義》，還有羅願的《爾雅翼》。另外，又特別指出域外日本與韓國，他們也有很多《爾雅》相關的研究與著作，可以說是開拓了我們的眼界。

接下來我們請盧國屏教授為我們報告。盧教授請。

盧國屏：

主持人蔣老師，各位老師大家好，尤其是尊敬的莊雅州老師，好久不見。每次聽莊老師上課，都非常清晰有條理，令人非常愉快。

我收到的任務是「談經學的研究方法」，所以我簡單地將自己的研究過程、研究心態，以及未來可以如何研究、延伸，整理成兩頁簡單的內容提供給大家。剛才前面莊老師及林老師，都將《爾雅》這門龐大的學術史，向大家做一個很完整的介紹；我自己的部分，則要談自己的研究方法，與我自己的研究歷程，以下分為兩個部分來談。

一　研究歷程

（一）相關著作

第一，《清代爾雅學》，是一部碩士論文。第二本是《爾雅與毛傳之比較研究》，一開始中研院顏世鉉老師談到《毛傳》與《爾雅》的關係，我這本書就是《爾雅》與《毛詩故訓傳》兩者的比較研究，是我的博士論文。第三，畢業之後，寫《爾雅語言文化學》，剛才莊雅州老師有提到。第四，我現在目前正在寫《人與經典——爾雅》這本書，將在今年（2022）六月由北京道善出版社出版，不過篇幅上仍在增加中。第五，另外與五南出版社簽了一本書，叫《爾雅——語言文化大觀園》。以上是我相關的著作。這幾本著作包括了我從碩士班開始，一直到今天對研究《爾雅》的一系列我認為該有的專業理念。

（二）概念設計與研究進程

以上述這幾本書來說，尤其是從學位論文一直到畢業後續的研究，我大概有幾個想法，對於自己研究進程的設計。第一個，在《清代爾雅學》，我做的是「學術史」；在碩士班的時候，我想藉由學術史與流變史來讓自己能夠全面掌握《爾雅》的學術系統，也就是要進入到一本經書，一本語言學專書的系統裡面的時候，我覺得要先掌握其整體學術史的發展，才能有廣而深的視野。所以《清代爾雅學》的重點當然會放在「清代」，但是前面有專章，將先秦至清代以前的《爾雅》發展歷史做一概述；所以《清代爾雅學》是一個從學術史觀點，進入研究初階的一部書。

第二本《爾雅與毛傳之比較研究》這本博士論文，就回到「理論語言學」來扎根。如果大家還有印象的話，剛才顏世鉉老師提到「晨風」是不是鳥名的議題，就討論到《爾雅》與《毛傳》的複雜關係。這也是我們一開始接觸《爾雅》都會碰到的問題，即《爾雅》究竟是什麼性質？有一個很重要的歷史公案，就是《爾雅》到底與《毛傳》有什麼關係？在撰寫碩士論文時就已設定，我既然掌握了學術史，接下來進入博士論文時，就需要進入一個更嚴謹的理論語言學專業，於是我取《爾雅》與《毛傳》相互比較，藉由兩部最早的語詞專書，建構中國語言學的系統。這些比較與剛才顏老師提出的想法，其實是相通的；我想解決它們兩者的關係，我想解決它們誰比誰早的問題。漢學與宋學有不同的主張，剛才顏老師談「晨風」是不是鳥名的那段，就關涉到漢學與宋學在解經上的差異，比如說，宋學就認為《毛傳》比較早，漢學則以為《爾雅》早於《毛傳》。如果我們拿各家的說法來作為依據的話，恐怕會落入了「用漢學／用宋學」的傳統二分法去。在博士論文時，我就嘗試跳脫這樣的看法，因為《爾雅》與《毛傳》的比較，是將截至秦、漢以上，上古的形、音、義三個系統的完

整之比較研究。所以我將兩本書的字形內容，語音、語義的部分，拿來做交叉的比較，最後得出一些結果，比方說誰比誰早、兩者的關係等，在我這本書中，都做出結論。這是關於理論語言學的部分，當然也是一種自我訓練，當要進入漢語語言學的領域當中的話，自然是形、音、義的掌握，所以我也藉由這本書來訓練自己漢語語言學理論的根基。

接下來《爾雅語言文化學》是延伸到應用語言學的領域，從理論延伸到應用；應用的範疇很大，我選擇的是文化學與社會學為主軸。語言，不管人類的哪種語言，一定承載那個族群的社會與文化，這是必然的。尤其像最早語言學的專書《爾雅》，就承載了上古的社會內容與文化意涵在其中。因此，從學術史、流變史，延伸到理論語言學，再到應用語言學，是我自學生時代到畢業以後，乃至今天還在進行的研究概念與研究進程。

二　研究觀念與方法

上述的研究歷程，我是基於以下的研究觀念：

（一）理論是學者必要的專業根基，擴及應用也是必要專業，像是學電機、資訊的人，如果只是鎖在自己的專業領域上而缺乏應用，對社會上的作用可能也不大，只是自己的研究領域與興趣而已，所以必須要擴及到應用，這是我長期以來的概念。尤其學者擴及應用，是一種社會教育與推廣的責任，尤其面對《爾雅》這類經典。接觸《爾雅》這部經典的學者很少，一般的學生接觸《爾雅》者更少，遑論是社會大眾。當然對我們研究《爾雅》的人來說，這本書的功能性是非常強大的；可是這個功能性的強大，對我而言，學者必須有責任將其推廣出去，不止是我們關起門來研究而已，而是要讓所有社會大眾，透過《爾雅》這部書在應用上的詮釋，讓所有社會大眾接觸它以後，覺得它是一部有趣的書。這也是我《爾雅語言文化學》、《人與經

典──爾雅》以及《爾雅──語言文化大觀園》三本書的理念。這樣的理念，是我從學生時代學漢語時就已經開始。

（二）《爾雅》這部書的本質既是語言解釋學，更是語言的社會學與文化學，後面這兩個本質，對我來說是二而一的。所以長年以來，我在研究任何斷代語言材料時，同步會想要知道它所承載的社會內容。我在我另一本書《訓詁演繹：漢語解釋與文化詮釋學》裡有專門的論述。在第一章〈序論〉討論漢語解釋與文化詮釋究竟是什麼關係？以及其模式與目的。接著第一節〈漢語與文化的對應關係〉，第二節〈語言解釋的必要性〉，第三節〈語言文化詮釋的必要性〉，都在在提到「解釋」與「詮釋」兩者不是分開操作。第四節是〈解釋與詮釋的同步本質〉，當我們面對漢語材料時，一邊解釋，一邊抽絲剝繭的時候，文化、社會的詮釋就已經展開了。

第五節〈古典訓詁價值──解釋與詮釋〉，「古典訓詁」在書中指的是《爾雅》與《說文解字》，我一邊學習它們的解釋，同時也學習它們詮釋出來的社會學與文化內涵。這不是我發明的，在我學習過程中，例如我前面所提的第一節至第四節，都是來自古典訓詁的學習經驗，以至於今天有如此的學術概念。第六節〈訓詁新演繹──永續經營〉，其實我都沒有什麼新演繹，都是從經典上學習而來的，因此我自覺有責任去推廣，這一輩子教書也是不斷在推廣這種概念。

（三）語言的詮釋與社會、文化詮釋，屬於應用的部分，既然它是同步的，無論是研究《爾雅》，還是《說文解字》，研究者就不能以解經觀之，尤其像《爾雅》，傳統上都認為是一部解經之書，一直到清代《四庫全書總目提要》裡面，認為《爾雅》有一半是解經的。這讓我感到興趣，既然有五成是解經的，則另外五成就不是解經的，對我而言，我從來不將之當作純然「解經」之書，而必須延伸經書所展示的所有內容。換言之，解經與否，是一個路徑的問題，無論解經或

不解經，這兩種路徑都是漢語詞彙的材料，尤其研究方法早已在《爾雅》的體例與內容展現了。所以就我個人來說，從初期研究《爾雅》至現在，《爾雅》告訴我什麼，我就學到什麼，我就認為是什麼，所以才會有《訓詁演繹：漢語解釋與文化詮釋學》所揭示「漢語解釋學與文化解釋學」的想法在其中。

（四）上面提到「漢語解釋學」與「文化詮釋學」這兩者是同步的，並不是分開的。例如：〈釋詁〉：「初、哉、首、基、肇、祖、元、胎、俶、落、權輿，始也。」大家都知道「祖」有開始的意思，但是如果去研究「祖」為什麼可以當「開始」之意？那就要從偏旁「且」來解釋，「且」是盛祭品以祭祀先人的木板，就是我們今天講的砧板，當我們去解釋這句話的時候，就已經進入到應用語言學當中了，已經進入到社會與文化詮釋當中了；所以回頭就可以理解「祖」當作「祖先」，當作「開始」的意思。而我們要解釋「基礎」的時候，就要從建築談起，「基」與「礎」都是要蓋建築物的開端。「權輿」是什麼呢？現代年輕人幾乎都不知道了，它是北方冬末初春最早展開生命的一種植物，所以在漢語詞中，「權輿」都拿來作為正面事情開端來使用。如果只是將「權輿」解釋為「植物」，就不容易理解為什麼作為「開端」，但是如果從這個例子來看，當我們在使用與解釋時，就已經進入歷史、文化與生態裡了。

（五）這裡我要做這個部分簡單的結語。我們今天談經學研究方法，以我這一輩子與《爾雅》接觸的過程當中來講，直到今天，其實我沒有開創任何方法。我談的是我研究之初到現在這個階段的過程，我藉由《爾雅》本體的理解能夠展開的，在碩士班花了兩年多的時間去讀它，其實有很多地方是沒有讀通的，當時也沒有網路資源，只能很辛苦地去圖書館裡找更多書理解它，然後才逐漸地從中獲得啟發，尤其是它多元的本質。所以我剛才談的是「解釋」與「詮釋」這種多

元的、同步的,還有剛才莊老師、協成老師所談的《爾雅》內容,它是一個「大觀園」,裡面什麼都有。我相信所有經典都具有多元的本質,我們現在談研究方法,我就很在意這多元的本質,要開創研究方法,就要照顧它多元的本質。如此一來,經學的研究就會更加豐富,更加精彩。同時也讓研究者、讀者看得懂,進而有所依循、依歸,而後光大與再創經典的風采。

三　傳統研究法

今天談研究法,剛才學者們也都談了很多了,在傳統研究法中,其中注疏、疏證、釋詞之學、名物考證之學、擬《雅》之學,我在此都略過。要談的是郝懿行的《爾雅義疏》,這本書從碩士班陪伴我到現在,我要先做理論,再延伸到應用,這本書給我很大的啟示。如果我們細讀郝懿行的《爾雅義疏》,其實他在解釋時,已經做了文化的詮釋,透過他書中多元豐富且龐大的材料,可以明確得知。所以從漢代到清代的研究,從注解到疏證,剛才莊老師、協成老師都談到它的豐富性。這裡最後就提郝懿行的《爾雅義疏》來呼應二位專家的說法,或者說「解釋與詮釋同步」是我從他書上學來的,這也才是經書多元本質的正向觀。

四　新世紀的研究方法與範疇

未來我們要怎麼繼續研究呢?剛才莊老師、協成老師都提出很多了,我也簡單地提一提。第一、《爾雅》是詞彙學專書,所以它的材料本質是詞彙學,是漢語詞彙,而這個詞彙研究完了嗎?我相信還沒有,我們還可以從理論、應用的層面,進入到漢語詞彙學裡面去擴大。第二、《雅》學體系的再深入,也是個有趣的詞彙學理論與應用,剛才莊老師、協成老師都提到過的這個龐大的《雅》學體系,這些都可以再深入。而我的感想是,年輕的語言學者、經學學者日漸稀少。我們的主席蔣老師在中研院,也在學校教書,大概也有這種感

覺。年輕人要投入到經學、漢語的已愈來愈少，但是這個《雅》學體系卻是很龐大且有趣的，可以提供給年輕學者一條有趣路徑。第三、從《爾雅》十九篇，進行整體的或個別專題的：社會學、文化學、民族學、天文、地理、物我關係等，也都可以長遠地延伸。就好像莊老師對天文很有興趣又專業，而《爾雅》天文、地理方面，是非常豐富的。包括顏教授談到的「晨風」究竟是鳥名？還是早上的風？這裡面就牽涉到草木、蟲魚、鳥獸，還有天文、地理。這是我簡單地提出來，未來我們還可以從事什麼樣的研究。

我的報告很簡單，但是前面幾位教授都非常專業，很全面地介紹。最後，希望我們的報告對今天在座的每位，都有益處。謝謝各位聆聽。

提問與回應

蔣秋華：

謝謝盧教授。盧教授透過他的研究歷程，介紹了他的研究觀念和方法，也指出了未來的研究可以注意的事項和方法。他也認為《爾雅》的研究範疇相當廣闊，除了基本的語文、文字因素外，其他各種的社會學、文化學等等，都是可加以探討的。

時間已經有些超過，原先預訂四點半結束，現在只剩五分鐘。我們先開放線上參加者提問題，與六位與談教授交流，如果意猶未盡，我們也可以稍微延長時間。

盧國屏：

我想請教顏世鉉教授。顏教授好，我非常專注地聆聽了「晨風」究竟是不是鳥名？還是早上的風？我有幾個疑惑想請顏老師指教。依

我自己粗淺的看法，您的討論當中，一直是以宋學的主張為主，宋代歐陽修以下的主張為主，所以說它是「早晨的風」。我不是說這個說法不對，這個議題其實很有趣，只是我自己想到的，這個問題第一個牽涉到漢學與宋學的主張。您剛才講的主流與非主流；我自己很公平，沒有宋學、漢學，誰才是主流、非主流的看法，因為漢學、宋學都相當博大精深。不過這個議題牽涉到漢、宋學主張的差異，比方說，漢學認為《爾雅》早於《毛傳》，宋學認為《毛傳》早於《爾雅》，其實就是一個千古公案。接下來，顏老師引朱熹：「《爾雅》是取傳注以作，後人卻以《爾雅》證傳注。」我自己想向您請益的是，我認為朱熹這句話是有矛盾的，因為經文是經文，《毛傳》是注解；如果我們說《爾雅》是解經的，那麼它也是注解。所以所謂「《爾雅》是取傳注以作」，已經先定好《爾雅》是承襲《毛傳》而來，然後我們後人「拿《爾雅》來證傳注」，這個不是繞口而已，恐怕也有其矛盾。經與注，《詩經》的《毛傳》與《爾雅》，我覺得我們要很仔細地將它分別來看。所以，我覺得討論「晨風」是鳥或不是鳥的話，光是依傍漢學或宋學的話，恐怕證據力是不夠的。是否可以請顏老師告訴我們，是否還有更有力的方法來處理這個問題？謝謝。

顏世鉉：

謝謝。我剛才看了盧老師《爾雅與毛詩故訓傳之比較研究》，您主要的觀點是：《爾雅》應該是比《毛傳》要早。

盧國屏：

我裡面是用形、音、義系統的比較。裡面是用比例的，會發現誰用的本字多，誰用的通假字多，所以每一章的結論都是統計，都是比例。誰用本字多？其實《爾雅》與《毛傳》都有用本字的，以這樣方

式每一個單元去比較之下,各自的比例不同,最後結論部分是這樣形成的,比方說共有十個單元的比例分析,然後再將之綜合起來,最終《爾雅》早於《毛傳》的比例較高,從形、音、義的比例來分析的話,《爾雅》早於《毛傳》的可能性比較大,是其中的一個結論。

顏世鉉:

其實我寫這篇文章,主要不是談《爾雅》的性質,而是訓解「晨風」的意義。我會想訓解它,是來自於安大簡《詩經》。今本「鴥彼晨風,鬱彼北林」,傳統解釋上,「鬱」是「茂盛的樣子」;但是安大簡這句話作「炊皮北林」,今本「鬱」字它是寫成「火」字旁的「炊」,但是剛才我也舉文獻上「口」與「火」的「吹」、「炊」相通的例子,還不少。我的出發點是,從「炊皮北林」,比較能夠聯繫上「早晨的風」。其實我還不敢百分之百確定這個想法是正確的,但是就文本的情況來看,理解作「早晨的風」,則後一句「炊彼北林」就更好聯繫和理解了;當然也有相反的說法,就是以「晨風」為鳥名,他們就會拿《說文》、《爾雅》來印證,等於是拿來作為反對的證據。所以我就強調,如果照朱熹跟歐陽修的看法,那《爾雅》在這裡並不足以成為證據。我整個出發點是這樣的,說「晨風」的訓解是主題,《爾雅》的性質是其次,但是整體延伸開來,就成為您剛才說的,《爾雅》與《毛傳》到底是哪一個早的問題。

昨天我將文稿給江蘇大學研究漢語言文字學的劉洪濤教授看,他也是贊成《爾雅》的時代比較早。他言下之意,就是與我的觀點不太一樣,跟盧教授您的觀點是比較一致的。我就將您的提問做這樣的回應。我覺得這是一個很好的問題,基本上是從新的材料出發,附帶延伸來談這樣的問題。謝謝。

盧國屏：

謝謝顏老師的回覆，謝謝。

蔣秋華

其他人還有沒有問題要交流？

許維萍（提問人）：

蔣老師好，我是淡江大學中文系許維萍。如果還有一點點時間，我是不是可以請教呂妙芬老師關於《孝經》的問題？剛剛您提到關於《孝經》的詮釋，比較不同的是五四時期對「孝」的看法，因為「孝」可以說是傳統中國深信不疑的價值，透過您剛才的演講，提到各個宗教對《孝經》是一種無庸置疑，必讀也該讀的一本經典。我想請教的是，就您的研究裡面，我想佛教還是道教，或是西方宗教進來以後，對於《孝經》的詮釋，在這個過程當中，是不是會注入更多的生命？這個部分是否能請您有更多的說明或是解釋？因為我對這方面沒有太多的研究，但是我很好奇。特別是在耶穌會士進到中國之後，對《孝經》這樣經典的看法？謝謝。

呂妙芬：

謝謝您的問題。當時候我看晚明《孝經》學，他們會將陽明學和《孝經》學做一個滿緊密的聯繫，「孝」就是良知裡面很重的道德意涵，而晚明也是三教融合高峰的時代，我們可以看到佛教人物，同時也是三教人物，像是余純溪這樣的人，他一方面相信《孝經》是孝感神應，所以他會去搜集歷史上關於靈驗的故事，然後成為一本書；他也會把《孝經》與心性修養連結在一起，他稱之為「全孝心法」，這可以說是與他的工夫論連在一起的。在晚明理學家的文本裡面，如果

我們可以找到「孝」是成為貫通天人合一之學，因為它是一個徹上徹下之學，像類似這種言論，其實也很多。比如說，人的本性是從天來的，不僅皇帝是天之子，廣義的人類在追溯上，都可以追溯到天，那麼「孝」不止是可以孝順父母，也可以孝順天地的這種概念，那它就有相當的宗教性。

耶穌會士這邊，潘鳳娟教授的研究指出，新進的耶穌會發現「孝」是中國很核心的價值觀，他們在翻譯的時候，會放在禮儀之爭，人要不要拜自己的祖先？自己的父母？這個是禮儀之爭很重要的核心。從大的學術背景底下，在用辭遣字的時候，有什麼特色。在後來康熙御定的《孝經衍義》，是他們在翻譯上很重要的本子，他們在這上面介紹清代的帝國。在中西文化交流的脈絡底下，或是將中學引進到西方的脈絡下，他們對《孝經》有些翻譯，大底上是這樣。我也可以找到在乩壇裡對於《孝經》的詮釋，他們基本上是教派的詮釋。所以說我才會認為《孝經》是非常多元，要看在什麼場合下它被唸？在什麼群體下被唸？唸它的目的是什麼？這樣詮釋出來的意涵會差滿多的。

許維萍：

好的，謝謝呂教授，謝謝。

蔣秋華：

有很多傳統，在五四以後，大概都是持反對的立場，像是「打倒孔家店」這些口號出來。傳統的執政者，像是從漢代常常利用「孝」來作為考試的教本，在這種情況下，大家都能讀。甚至在推舉時，還有「舉孝廉」之類的，裡頭就會出現許多奇奇怪怪的「怪孝子」。可能到了近代，對此就產生反感，甚至民國時候，如方才呂老師提到的「孔教會」也在推廣《孝經》。另外，還有軍閥也會翻印《孝經》、注

解《孝經》，他們也是要推廣，因為「孝」強調的就是服從，對父母要服從，對長上要服從，所以執政者覺得很好利用。也因為如此，就有許多學者對《孝經》譏諷，如陳子展（1898-1990）就搜集了很多《孝經》的故事，像是讀《孝經》可以破賊，這是在漢代的故事。這個很可笑，他好像是要來批判「孝」，當然他在裡頭舉出在古代以為天經地義的「孝行」，他覺得不太須要遵守而反彈。不過，從現代來看，它仍有其價值，當然某些說法是可以去調適的。所以現在反而是以研究的多，當然有些是耳濡目染下去讀《孝經》，但是專門讀《孝經》的，大概只剩少數研究者了。

現在十三經的研究中，《孝經》的研究是最少的，因為篇幅少，就如同剛才林保全教授說的，單看經文是很難開展出新的議題，所以要與道德、社會、政治等方面來結合，或許就可以產生新的看法。另外，《孝經》也有域外的，日本應該有不少研究成果；甚至越南也有一、兩種，在《儒藏》裡面有標點、翻印出來。這方面都可以去留意而研究的。

另外，像《爾雅》域外的研究，在國內並不多，剛才幾位教授指出來，或許也提供我們一些資訊，可以進而深入探討。

最後，非常感謝六位引言人將研究與心得來與大家分享，相信參與者聽到他們的報告，都受益良多。再次謝謝六位導讀學者，非常謝謝你們。同時也謝謝線上與會學者的熱心支持。下週還有《論》、《孟》與《四書》研究方法的座談會，希望大家踴躍參與。謝謝大家。

《論》、《孟》、《四書》的研究方法

主持人：蔣秋華（中央研究院中國文哲研究所）
發表人：
　　　　吳孟謙（國立中山大學中國文學系）
　　　　吳冠宏（國立東華大學中國語文學系）
　　　　金培懿（國立臺灣師範大學國文學系）
　　　　陳逢源（國立政治大學中國文學系）
　　　　黃瑩暖（國立臺灣師範大學國文學系）
整理者：張琬瑩（國立高雄師範大學經學研究所助理教授）

蔣秋華：

　　所有線上參與的朋友大家好，今天是文哲所經學組「經學研究方法工作坊」的第二場座談會，我們要討論的是《論語》、《孟子》的研究方法。雖然標題定的是《論語》和《孟子》，但是整體上可以把《大學》和《中庸》納進來談，因為我們知道，在宋以後《四書》幾乎是成為一體，而且相關研究論著也相當多，近代學者亦有不少研究，因此等一下各位發言的老師可以衡量斟酌，除了《論》、《孟》之外，若對《四書》的研究有一些看法，也可以一併討論和交流。

　　我們等一下的發言順序，先請東華大學的吳冠宏教授發言，再來是中山大學的吳孟謙老師，接著是政治大學陳逢源教授，然後是臺灣師範大學黃瑩暖教授，最後是臺灣師範大學金培懿教授。

吳冠宏：〈在《論》、《孟》經典脈絡下生命與學術的對話〉

關於這個議題，我是比較站在自己的角度出發，可能在研究方法上未必有太大的貢獻，但可以作為一個真誠的自我實踐和研究心得的分享。

相較於學界不少以《論語》、《孟子》為核心的專著，我過去或關注以往隱晦不彰或邊緣陪襯的篇章，或從局部出發，試圖由小觀大，或考察其體例，以旁敲側擊，或留意其對話體，以見其承轉因革，或偏就某問題面向，進行選擇性的探微，在作法上卻未必有從「特殊」轉向「一般」的方法效用。

這背後和我的閱讀經驗有關。綜觀西方詮釋學的歷史，曾有從方法詮釋學走向本體詮釋學的轉折，認為方法不應凌駕在存在之上，方法並不是通達真理的途徑，真理會逃避堅持方法的人；雅斯培亦云：「哲學史是不可以用所謂科學的方法去描述的，而是借助於體驗性的思維，所謂體驗性的思維是說我們應當介入到歷史事件中去，去跟思想家們一同體會他們思維的力度，分享他們獲得發現時的喜悅。」我更強調某種以人文經典召喚生命體驗的重要，相信生命的學問值得你不斷叩問，若能扎根於此，其他客觀的研究方法，就我而言，只是輔佐與助緣。

但基於我們仍必須有一致性和客觀性的方法論呈顯，所以我大概把我的研究過程作一個梳理，簡化成兩種研究進路及方法：一為以「人物形象」為進路，二為「歷解式與結構化的對話」，希望能實踐徐復觀所謂「以思辨之力，推擴其體驗之功，使二者兼資互進」的理想。

一　從「人物形象」探入，一窺人物形象與思想義涵交織的學術火花

謝大寧教授以「德的象徵」之詮釋系統，取代以西方哲學概念，重建中國哲人的思想體系。我認為「人物形象」固然無法如觀念入手那般明確清晰，但其具體情境所湧現的生命渾全感，似更契合於傳統

文化的生命原相，亦相應於東方具體性思維的特徵，其背後更有使文學與哲學得以輾轉並濟的立意，我更據此契接當代相關的研究成果。

我走入以人物形象探入義理思想的研究，必須感謝臺大廖蔚卿（1923-2009）教授在「《世說新語》專題研究」課程上的引導與提點。我曾在上課前請教她《世說・賞譽》第八則「羊叔子何必減顏子」的文意為何？她詳加解釋後，突然丟出一個問題：「不知魏晉人何以喜歡拿顏淵（前521-前481）來作比喻，你何妨想一想啊！」廖老師不知是無心或有意的提問，卻勾起我一探究竟的熱情。我整個人物形象的研究，就是從這一個問題開始切進去的。

最早是從顏子形象探入儒、道、玄三家的思想關涉，再以漢末至東晉比為顏子的四位人物「黃憲－羊祜－陸雲－謝尚」切入魏晉人物品鑒的發展演變之跡，從縫隙微光的小處出發，並昂首闊步地邁向人文豐沛叢林的冒險之旅，多年來始終召喚我在邊沿的荒徑小路上尋幽探奇，解疑的過程中，縱使有眾裡尋他千百度的艱辛，更不乏柳暗花明又一村的驚喜，也難怪「問題與奧祕的對照」會成為馬塞爾（1889-1973）哲學的一種重要關鍵詞語，更何況在中華文化長流下的人文經典，不論探源與察流，處處都有等待揭曉的奧祕與不斷在對比中前進的生機，當時又豈知，自己正走在部分與整體之詮釋學循環的路上。

顏淵與甯武子的連結點都緣自《論語》中孔子（前551-前479）的贊語，而共同交會在〈荀攸傳〉「公達外愚內智，外怯內勇，不伐善，無施勞，智可及，愚不可及，雖顏子、甯武不能過也」的史料。《論語》中不乏孔子的贊語，豈料我竟獨鍾於此，遂撐起中國「愚文化」的探索視域。其後又透過對「甯武子之愚」義解釋的殊異，切入魏晉人及朱熹（1130-1200）之理解視域的比較，最先側重在魏晉人何以解「甯武子之愚」為「詳愚」、「晦智」義的探討，繼而再從朱註本身「不避艱險」及「沈晦免患」二愚關係間的矛盾出發，進一步揭示儒

愚與道愚在中國學術思想史上的意義。

　　其後又據余嘉錫（1884-1955）案語之線索，延伸至余氏《世說新語箋疏》中有關「方正不阿」及「與世委蛇」之人物論述的探索，如此不僅反省余氏箋疏之向度乃以宋學精神對治魏晉文化之得失，亦得以印證從「人物代稱」到「經典詮釋」之學術進路的具體效應。這看似純粹探索學術問題的過程，其背後卻仍是連結到我個人進入社會後，自覺到人置身於群我之間，常有抉擇於義無反顧的行所當行及與世委蛇以全身遠禍的兩端矛盾，遂從甯武子之儒愚與道愚的詮釋義涵中，得所浸染滋潤，掘發其處世智慧，以解開自己身處人我之際的困思。如今面對在自由主義與社會主義兩大陣營的對峙，使我看到儒家社群主義的當代價值，也思及若要綰合個體自由與群體秩序，有必要力朝儒道相須並濟的理想。諸多後續發展的因緣，若探其始，無不肇端於對甯武子之歷解反思的餘波盪漾，亦顯示綰合人物與思想的研究進路，仍有豐饒待闡的詮釋潛力，值得後進者繼續開拓深耕之。

　　我也曾以「舜」之人物典型作為核心論述，分別就《孟子》「桃應問曰」及「舜往于田」兩章切入，前者乃由「舜為天子，皋陶為士，瞽瞍殺人」虛擬的具體情境入手，點出「舜之兩難的抉擇」作為此章的理解基點，尤側重在「以孟解孟」的策略而據孟子（前372-前289）性命思想以釋之，並檢討近人以「情法」、「群己」探入的得失；後者則由「舜怨乎？」的質疑起筆，探討「舜怨慕之情」的內涵與義蘊，一改傳統偏向於「性」的論述形態，而直就「情」處轉入，並以「至情顯至性」揭示「舜怨慕之情」的存在意義，使舜之孝親典型成為孟子性善說於四端普遍論證之外的另一進路，以回應「孟子道性善，言必稱堯、舜」的說法。這兩篇皆環扣舜之典型形象與如何詮釋《孟子》經典乃至儒家思想的問題而來，然其更切身的形成因由，卻是我個人返鄉後，面臨親情的問題，進而反省儒家對於孝親與性善

課題的思考，生命與經典遂交錯於「肯定—否定—再肯定」的歷程，終於在聖賢人生智慧的提點下，找到足以安頓自我生命乃至文化慧命的力量。

林啟屏教授處理過「一個子貢，兩種形象」的問題，即從「出土文獻」與《論語》中的子貢（前520-前446）形象之落差為出發點，據此線索進一步揭示孔子思想的變化與儒學發展的脈絡，從而指出儒學史上對於儒學本質的兩種主張。楊儒賓教授則以「黃帝與堯、舜」作為先秦思想的天子觀，他除援引「出土文獻」外，更參取當代知識即權力、類型學與系譜學的視域及方法，由是黃帝與堯、舜的人物形象，不惟是雙面性格，更有多重面目，彼此之間還存在著某種微妙的競逐關係，在當代思潮的洗禮下，人物形象的義蘊已被發揮得淋漓盡致了。

相關於具體性思維的進路，又以蔣年豐（1955-1996）為傳統經學開創出「興的精神現象學」最能得中西會通的深義，他從《論語》《詩》教向孟學《詩》教、《春秋》經傳一路擴散出去，透過「興」的進路，呼應當代「現象學－解釋學」的課題，此一視域有別於以往視語言為一種工具性的思考，解釋學在此強調語文的首出性，重視事物被述說的方式，認為詩興的具體表現即是詩的語言，可以道出存有的真實，使人感受到深不可測之存在根源而起的興發，此一「語文覺」的開啟，有助於筆者看到解經時「興」的共法，揭示詩從性情出之情志合一的傳統，並體現它們所蘊涵的道德理想與美善境界。

二　透過歷解式與結構化的對話，我們繼續在對比中前進

我向來把歷解所存在的差異、矛盾及衝突作為重返探源於經典的動力，譬如朱熹與王陽明（1472-1529）解《孟子》〈盡心〉第一章「盡心」章的對反即為顯例。過去大家談朱、王之異，總不離《大學》的「格物致知」，實則兩家對《孟子》「盡心」章的詮釋，值得重新被正

視。朱熹解此，大家固然知其不切孟義，但至少都認為他自成理趣，而與之對反的陽明詮解，卻淪為「一時之糊塗」、「無甚理據」的評價。陽明面對孟子心性之學最為核心的「盡心」章，何以會一時糊塗又再三致意？我即由此疑處出發，特別對治學界向來顧此（朱）而失彼（王）的不平衡現況，詳加考察後，發現陽明的別解亦與其本體與工夫的思想內涵及橫說豎說皆可的解經方式相互呼應，可見兩者雖皆有違孟義，但亦各有其立論的理據及施教之旨趣。

　　除《論》、《孟》的歷解線索有挖掘不盡的寶藏外，若涉及文本的生成問題，《論語》的編者立場顯得相對重要。楊義在《論語還原》中曾指出《論語》經過三次編纂，第一次編纂便由仲弓（前522-？）、子夏（前507-？），中經荀子（前316?-前235?），通向漢儒；第二次扮演編纂要角的是有子（前518-前458）；第三次編纂由曾門及子思（前483-前402），中經孟子（前372-前289），通向宋儒。楊義並談及有子與曾子（前505-前432）的差異，認為有子堅持孔子之言的具體針對性，而曾子則將孔子之言游離具體環境，而趨向普泛性。綜觀三次編者的發展，第二次的有子並無明確的傳承。近人譚家哲教授對於有子這一系則有高度的肯認，他一反曾門後來發展儒學的形上取向，定調儒學的性格在平凡而真實的正道，其結構化的進路就不僅在《論語》之體例的強調而已，無意間已開啟了儒門另一條隱而未彰的傳統。

　　譚家哲教授擺落傳統歷解的框架，而視《論語》為整全的大文本，是以篇與篇之間、章與章之間皆有著橫向的連結，都可以形成彼此相援互攝的詮釋網絡，並在井然有序的結構下，映襯出部分篇、章、句過往隱而未顯的意涵。這種結構化的進路亦擴及《孟子》，他另著《孟子平解》，認為《孟子》前六篇的主題結構都非常嚴謹完整，為孟子本人所作，而最後的〈盡心〉篇則非，故其呈現一種超越之姿態，並非切實平常的道理。譚氏這鋪天蓋地所建構出來的整體意義結構，並

非無地起高樓,如皇侃的《論語集解義疏》即有脈絡化的編撰用意,朱熹亦在《論語》諸篇之篇名下,作文字的說明,南懷瑾(1918-2012)教授的《論語別裁》,業已展開各篇篇旨及其關係的初步論述;直至譚家哲教授方以編者有子來定調平凡而真實的儒學路線,以成就一自成體系的詮釋架構。這種進路未必足以抗衡幾千年的歷解傳統,但其立足於文本空間之結構化經典的作法,未嘗不值得我們探向經典,重新去發掘探索。有鑒於此,筆者採詮釋學的立場,曾特別就《論語》「志於道」、「巧笑」兩章進行微觀的比較,由是傳統經典的義涵不惟在歷解的反覆參照、對話比較中,延展出與時俱進的生命力與豐燦可觀的文化能量,加入結構化的視域後,更使歷解式與結構化得以共構出兩大經典詮釋的類型,是以這兩種視域的對觀,所重在揭示詮釋者立足於文本空間與變動時間的差異。而詮釋經典的研究方法,便藏在這「橫看成嶺側成峰」的細節裡,前者偏重在貫穿文義的統一歸向,而後者相對比較有效地回應動態的生活世界與自我處境。黃俊傑教授有云:「解經者的歷史性是開發經典潛藏涵義的催化劑。」處在當今價值混淆、人心晦暗不明的時代,譚家哲教授這種訴諸整體的意義結構,以全面拱托生命實踐的正格,並始終秉持著黜高遠以歸簡切平實的作風,不僅足以抖落多元歷解的負荷,對於當代受西學影響下,每樂築理論或援引後來發展的觀念來詮釋《論語》者,亦不無反省與檢討的意義。只是這種確定編者、捍衛原義、結構化的一貫作風,如何貞定其理解的優位性與必然性,並有效回應多元化開放之詮釋向度的挑戰?

　　相較於譚氏結構化《論語》的作法,楊義二○一五年新作《論語還原》提出「意義邏輯」的說法,他認為意義邏輯是寫意而明義,集義以成意,從一種相對任意的篇章結構開始,意義在多篇章集合中出現原義的發散,歧義的嵌入、本義的回復,隔章或隔篇的意義呼應,

血脈通貫，從而導致這種超邏輯，在篇章結構中呈現意義的跳躍感、錯落感與連貫性，其形式關係呈現為直覺、自由與非線性的動態關聯。楊義這種不拘一格之意義邏輯模型的論述，顯然在形式上有鬆動又延續譚家哲「結構化」的效能。

尼采（1844-1900）有云：「不存在事實，只有詮釋。」在後現代思潮的推波助瀾下，每以「《論語》作為一種敘事」起頭，即在鬆綁《論語》的核心化與優先性，李貴生教授曾通過《論語》與其他傳世文獻及出土文獻中的對比，嘗試以「陌生化」的方式重讀《論語》，注意到節選式編纂的作法不僅有脫離具體場景的傾向，亦存在著從善言到微言的神聖化歷程。

晚近學界轉向東亞儒學的關注，更使歷解式的考察線索不受限於時間的脈絡，而朝地域空間的版圖擴展，臺大成立人文社會高等研究院，推動東亞經典與文化研究，可謂不遺餘力，成果斐然。黃俊傑教授認為儒學雖起源於中國，卻是東亞各國文化的共同資產，據此特別指出詮釋經典的經驗有兩類型的張力：一為普世價值與地域性之間的張力，二是作為儒學傳統的詮釋者之「文化認同」與「政治認同」之間的張力。顏崑陽教授說：「視域有寬窄、深淺、明暗、新舊，而沒有對錯。因此，任何經典的意義都沒有絕對唯一的詮釋。我們只能選擇一個最開闊、最獨發、最能看清楚美景的向度，用心觀看，而相對做出『比較好』的詮釋。同時也了解別人所選擇不同向度所觀看到的美景，彼此『對話』。」

最後，我想為我的研究路數做一個小結與補充。我認為必須兼攝「我注六經」與「六經注我」的綜合詮釋，讓「思辨」與「體驗」、「紮實」與「凌空」都能兼資並進，彰顯出《論》、《孟》經典足以召喚精神奮起的體驗意義，使逐漸僵化的經學研究得以注入脫胎換骨之轉變的力道。目前跨文化的思維當道，但只有兩端的準備皆達一定水

平時，才能進行深刻的對話，產生合濟並進的效果，否則難免是以此奪彼或以彼奪此的詮釋暴力。黃進興教授認為：「當代的新儒家慣於借助西式哲學以改造儒學，無形中把儒教化約成純粹的思辨哲學。」故其大作《聖賢與聖徒》即從「歷史」與「宗教」的視域，跳脫新儒家的立論模式，以進行一種歷史論述的回歸。晚近從文本詮釋學走到行動詮釋學，走出象牙塔，恢復實踐力，亦可與此向度相呼應。高大威教授曾撰寫〈以譯為戲：「古代廢文」的口語改作現象〉，討論當今口語改作的諸多現象與特色，如指出其屬性在破，表現出俚俗的風格，存在著顛覆、偏誤、反差、惡搞與諧擬的作法，並連結目前流行之超譯風尚，進一步正視它何以能轉正為奇、化雅為俗，重新釋放出語文的創意、趣味與活力。若未曾傳授人人必讀之正典，沒有共同的古文學習基礎與經驗，就只有廢文，何來古代廢文可言？在諸多傳載的文獻中，所以能成為正典，不正是歷經時代長流的沉澱、淘洗以及前聖先賢之去蕪存菁的努力？身處傳統經典有待解放與重構之際，大家開始質疑所謂的「菁」，驚喜所謂的「蕪」，過去的判讀被重新洗牌後，歷經新的發現與舊的割捨後，又何嘗不可能回到肯定繼而否定後的調和？如果破壞的陣痛無法規避，筆者更相信的是危機即轉機，只要我們蓄勢待發，準備就緒，又何懼顛覆後重生的力量不起？

吳孟謙：〈文獻、歷史與範型：《孟子》研究方法引言〉

我個人在經學的研究領域並未有專門的研究，主要是關注中國近世的學術思想史，特別是從儒佛交涉、三教對話的視角發掘議題，但宋明時期儒家的學術思想主要是以《四書》作為根底，因此我對「《四書》學」的發展也略有關注。這次承蒙文哲所經學文獻組的邀請，參加經學研究方法的座談會，經學文獻組希望我就《孟子》的研究方法做一些引言。我個人在中山大學中文系曾開設過幾次《孟子》

的課程，不過我並沒有特別將《論》、《孟》這兩部經書做為專題研究的對象。若要談《孟子》的研究，我想黃俊傑老師、李明輝老師，包括在場的林月惠老師、陳逢源老師等等，他們是真正的專家，也有非常豐碩的研究成果，所以我今天只能算是野人獻曝，報告一些自己有限的學思心得，過去曾經拜讀過本場次其他幾位老師的論著，頗為受益，今天也很榮幸有機會向幾位老師學習。

一　定位：做為經學的《孟子》學

眾所周知，《孟子》成為《四書》之一的經書是宋代以後的事情。馮友蘭（1895-1990）將董仲舒（前179-前104）以後劃歸為「經學時代」，於此之前為「子學時代」。楊儒賓則進一步將北宋之前稱為「五經時代」，兩宋之後稱為「四書時代」，認為從五經到《四書》是詮釋典範的轉移，當此之時，「《四書》在價值秩序的位階以及實踐程序的優先性，都超越五經」（《從五經到新五經》）。《四書》之外，楊氏認為《易經》對宋明學術思想的開展也具有高度的重要性，故加入《易經》，而稱之為「新五經時代」。

《四書》的確立，成於朱子之手，朱子認為《四書》是六經的階梯，以之代表宋明時期核心的聖典，背後不僅有著「孔子（《論語》）→曾子（《大學》）→子思（《中庸》）→孟子（《孟子》）」四聖相傳的道統觀與之相應，更發展出一套嚴謹的治學次第：「先讀《大學》，以定其規模；次讀《論語》，以定其根本；次讀《孟子》，以觀其發越；次讀《中庸》，以求古人之微妙處。」這一道統觀與治學次第的建立，影響近世東亞的思想極為深遠。

《大學》、《中庸》的經典神聖性，在王汎森所謂明末清初「去形上化」的學術思潮中，遭受到不小的動搖，《四書》背後的道統信仰不再穩固，學者的關懷亦由對《四書》的義理探究，逐漸轉移至對五經的文獻考據。但清代官方仍尊奉程、朱理學，學者無論採取漢學或

宋學的方法詮釋《孟子》，仍深受朱子《四書集注》的影響。因此錢穆（1895-1990）在《朱子新學案》中即言：「清儒雖號稱漢學，自擅以經學見長，然亦多以《四書》在先，五經在後。」

《孟子》一書的價值，固然不因它是經書或子書而有所增損，且《孟子》研究亦可以純然從哲學的進路進行分析與探索，但是在經學史的脈絡下討論《孟子》，則必然離不開對中國近世學術思想史的觀照，也難以忽略理學思維與話語的影響。這是從事《孟子》研究的基本自覺。

二　文獻：《孟子》學著作集成

　　文獻的蒐集與整理，是經學研究進展的重要基石。《孟子》自宋代以後蔚為顯學，相關著作汗牛充棟，然而《孟子》學文獻的整理，一直以來並不足夠，因此研究成果大抵僅環繞著《孟子》其書以及歷代幾部主要的註釋書。近幾年，中國大陸在《孟子》傳世文獻的彙編與整理方面，取得重大的進展。中國孟子研究院與山東人民出版社合作，從二〇一六年到二〇二〇年，陸續出版了《孟子文獻集成》共二〇〇冊，共六〇四種《孟子》學文獻，分別是：宋元輯（1-14冊），二〇一六出版；明代輯（15-90冊），二〇一七至二〇一九出版；清代輯（91-200冊），二〇一九至二〇二〇出版。根據編纂團隊的說明，宋元至清代的刻本與鈔本計有一千兩百餘種，現已出版的兩百冊（含六〇四種）文獻中，除自清代以來被收入《四庫》系列的七十七種，以及北京大學《儒藏》「精華編」中所收錄的二十餘種校點整理本外，其餘文獻絕大多數都未曾面世和公開出版。編纂團隊將這套大型文獻定位為《孟子》學的集大成之作，力圖兼顧古籍的重要性與稀見性，並廣收海外文獻。例如：明代刊刻的一五八個底本中，有九十二個來自日本、美國。其中，日本龍谷大學的十六種明代文獻，有十五種是孤本，為龍谷大學所僅存，而且卷帙豐厚，保存完整，頗為珍

貴。目前臺灣各大圖書館似乎尚未購入這套書，國圖漢學中心也僅有一至十四輯（即宋元部分）而已。

除《孟子》之外，曲阜師範大學目前也正在編撰《論語文獻集成》，計劃分為六個批次共一千種，包含：宋元及以前編、明代編、清代編、民國編、海外編、寫本及出土本編。二〇二一年八月已發布明代編，分為四輯，每一輯四十八冊。值得關注。

黃俊傑在《孟學思想史論·卷二》中，曾提出《孟子》學詮釋者可堪探索的三個層次：

> 一、言內之意：歷代《孟子》學詮釋者寫作時，所企圖傳達的意旨。
> 二、言外之意：《孟子》學詮釋者在註《孟》、釋《孟》或非《孟》時，所透露的弦外之音。
> 三、言後之意：《孟子》學詮釋者希望他們的詮釋對讀者所引發的效果。

黃俊傑指出，解明第一個層次的工具是訓詁學；第二個層次以詮釋學為主，社會政治史與文化史為輔；第三個層次則以思想史為主。

今日若能在《孟子文獻集成》的基礎上，配合上述研究層次與方法的運用，《孟子》學的研究可以預期能夠大幅拓寬研究範圍，產生許多新的課題，對《孟子》思想乃至宋元明清的經學史、思想史進行更深入的探討。除此之外，在大數據（Big data）的時代，通過數位工具對這些《孟子》學文獻進行檢索分析，也將可能為《孟子》學史開展出許多嶄新的面向。

三　歷史：明代《孟子》學的研究潛力

就宋代以降的《孟子》學而言，當代學界對於宋代《孟》學的復

興運動、《四書》的成立、尊孟與非孟之爭、朱子《四書集注》等相關課題，已有諸多討論。而清代的《孟子》學，有關黃宗羲（1610-1695）、戴震（1724-1777）、焦循（1763-1820）、康有為（1858-1927）的專題研究亦復不少，大陸學界也有劉瑾輝、李暢然的兩部清代《孟子》學專書。相對而言，《孟子》學著作龐大的明代，則較缺乏更多的個案研究，更遑論在此基礎上的宏觀研究。

陳逢源教授關注明代《四書》學研究有年，在近作〈明代四書學撰作型態的發展與轉折〉中指出，朱子學真正成為正典在明代，因朱子之影響，士人治經必先治《四書》，亦成熟於明代。「宋元之際《四書》尚屬於傳播階段，明代官學化使得朱學成為權威，《四書》成為儒學最重要文本，影響甚至擴及日本、朝鮮，形成東亞文化圈，儒學成為傳統思想核心，《四書》正是其中關鍵，明儒對於《四書》多層次思考具有關鍵性作用。」「朱熹以《四書》建構儒學體系，明代則是《四書》具體實踐的時代，從政教而及士人，由士人而及庶民，從實踐到反思，從反思到創發，共同進行《四書》義理的思考。」由此可知，研究明代《四書》學，不僅能瞭解明人的解經方法與型態，對於明代思想史乃至東亞儒學史的研究，都具有重要意義。

佐野公治《四書學史的研究》對明代《四書》學有較為深入的探討，木村慶二在評價該書時，指出其貢獻乃在「透過探求《四書》學的歷史，為澄清宋明思想史提示一個新的視野」。本書也對陽明學興起以後，多元開展的晚明《四書》學有較多的著墨。特就晚明學術思想的研究而言，相關成果雖然不少，但晚明《四書》學的大量文獻，真正得到關注的並不多，學界一般比較注意的是《大學》文本的爭議，但以《孟子》學而言，仍具有很大的探索空間。

四　個案：管志道《孟義訂測》

個人曾研究過的管志道（1536-1608），是晚明會通三教的思想

家，他對所謂的新五經（《四書》、《周易》）都有過註釋，《孟子》的註釋書為《孟義訂測》七卷，是管志道絕筆之作。所謂訂測，乃是合「訂釋」與「測義」為一，先引《孟子》原文，並於每則原文之後，本朱子之《孟子集注》而修訂之，是為「訂釋」；而後盡情在義理上發揮個人見解，是為「測義」。管志道在本書中有許多獨到的觀點，例如他判明代繼承孟子之學者有三脈：王陽明之《天泉問答》得「知言」一脈，顧闕（1528-1613）之《玄宗要旨》為「養氣」一脈，耿定向（1524-1596）之《學彖》得「專心學孔」一脈；他也根據古代「君師道合」的觀點，檢討理學的道統觀，反思君道、師道、臣道的關係；於人性論問題上，管志道不若宋儒之尊孟子以闢告子，而是從佛教真心論的觀點裁量孟子；此外猶有商榷孟子史論、批判泰州講學等諸多論點，多發前人之所未發。

　　本書是管志道《四書》注釋中，唯一著錄於《四庫全書總目提要》者，然四庫館臣將此書收入「四書類存目」，批評其見解「恍惚支離，不可勝舉」，又將其學定位為顏鈞（1504-1596）、羅汝芳（1515-1588）一脈之「狂禪」，顯示出四庫館臣對三教論者一貫的不滿態度。事實上，清人常用以批判晚明學術的「狂禪」一詞，在明中葉以前幾未出現，最早的使用者反而是管志道與唐鶴徵（1538-1619）。而生前批評「狂禪」極力的管志道，身後竟反被清人斥為「狂禪」，是頗為弔詭之事。

　　晚明本是士人廣泛接受佛教世界觀並思考三教同異的年代，如何重新看待儒家經書、給予定位，這一處境正如今人在西學衝擊下，如何通過西方哲學的資源，對傳統經典進行現代轉化一般，此種努力當然不可能憑著主觀臆斷而一筆抹殺。更何況《孟義訂測》一書並非只有三教論，還有許多不同主題的思想開展。因此如果褪去清人的有色眼鏡，平心面對明代的《孟子》學著作，不僅能從中看出《孟子》思

想在多元視域與詮釋進路中的豐富性，也更能深入瞭解明代士人的生命處境與時代關懷。

我在拙著《融貫與批判：管東溟的思想及其時代》中曾提及：

> 中國傳統思想，無論儒釋道，本非由抽象概念的哲學思辯得來，而是在思想家的「求道活動」中醞釀而生。思想家在求道的路上，必恆常對應於其「生命實踐」、「時代處境」與「學術傳統」，在與此三者不斷對話的過程中，逐漸形成自身的思想。「生命實踐」關乎思想家生命成長的歷史；「時代處境」關乎思想家所身處的歷史；「學術傳統」則關乎思想觀念遞演、傳承的歷史。因此，所謂「求道史」的取徑，即是將思想論述脈絡化到這些歷史因緣之中，以彰顯其意義與價值。

做為經學的《四書》，在過去很長一段時間中是一切學問之首，古人從事經書的研究，大體而言，均屬於探求聖人修己治世之道，進而指導當代實踐的一種「求道活動」。因此同時觀照「生命實踐」、「時代處境」與「學術傳統」的求道史取徑，也相當適合經學史、《四書》學史的研究。

五　當代：臺灣經學的民間教化

除了中國近世《孟子》學史的研究，可以在文獻整理的新進展下持續推進之外，當代學人所樹立的不同解經範型，也是個人認為值得關注的課題之一。雖然不全然扣緊《孟子》研究方法的主題，但也想在此附帶一提。

此所謂解經範型，包括學院型的與民間教化型的。學院型的如當代新儒家；如吳冠宏所討論過的蔣年豐、譚家哲；如陳逢源所討論過的陳大齊（1887-1983）、高明（1909-1992）等。民間教化型的，如我

曾經撰文介紹的雪廬老人李炳南（1891-1986）居士，又如個人曾親炙過的當代經學家愛新覺羅毓鋆（1906-2011）老師，乃至毓老師的弟子王鎮華等。學院型的學人以現代學術的形式對經典進行闡釋與創發，民間教化型的學人則通過民間講學發揮教化力量。而後者尤能保留傳統經學的治學理念。

如前所述，傳統《四書》學重視「求道活動」，亦即「經學做為一種生活方式」，植根於研究者的生命中。與此相較，當代學者不免立足於文獻之外，使經典與主體生命分離了。毓鋆老師在上課時曾對弟子說：「古書，你們當材料讀，老師當聖訓讀。」一語道出現代學術與傳統學術看待經書的差異。雖然清末民初以來，中國的政治社會秩序在反傳統與西化的浪潮撞擊之下，左支右絀、步履蹣跚，科舉與讀經的陸續廢除，也使得《四書》的地位一落千丈，不再是國家培養人才的依據；然而臺灣社會沒有經歷文革，傳統經學的生命在二十世紀的風雨飄搖中，尚得以在臺灣這塊土地上薪火相傳，以「做為一種生活方式」以及「做為一種教育方式」的樣貌，體現在一些致力於弘揚儒家經典的學人（如毓老）的身上，可謂是臺灣社會的重要文化資產，值得深入玩索體會。

六　範型：毓老的依經解經與帝王學

毓老師在臺灣講學六十餘年，一九八七年以後，將書院從「天德黌舍」改名為「奉元書院」，「奉元」二字，是其後期二十餘年的思想核心與講學主軸。所謂「元」，首先取義於《易經》，所謂「元者善之長」，乾元、坤元都是元，元裡含著陰陽，故能生生不息。就字形而言，「元」是上面一點，下面則是一陽爻、一陰爻。上面一點發自「性智」，一劃開天地，是一切動作之始。而後才分出陰陽男女，化生萬物。毓老師又認為，「元」是本體，其作用是「一」，代表「生生」與「仁」的力量。《春秋公羊》學講「大一統」，打破族群樊籬與

國界,達致天下一家的太平世,正是奉元而行事。所以毓老師的經學以《易》為體,以《春秋公羊》學為用。

毓老師闡述經典,提倡「依經解經」的方法,強調經中內證、經經互證的重要性,不「以註解經」,更避免只以「一家之言」或「自家之言」解經。一方面反對宋學之空疏與臆說,主張所論必有經典根據;另一方面又不拘泥於漢學之文字考據,而主張把握微言大義。因此他的「依經解經」與清代乾嘉學者所標榜的「以經解經」不同,後者偏重文字訓詁、名物制度之考究,毓老所關注的則毋寧是經典義理的貫串與闡發。他將群經視為前哲智慧的總體結晶,彼此之間可以相互映照。

徐復觀(1904-1982)在〈有關思想史的若干問題〉一文中提及,文獻解讀第一步是「由局部以積累到全體的工作」,第二步是「由全體以衡定局部的工作」。前一步需訓詁考據,後一步需運用抽象能力建立基本概念。而此基本概念或來自實踐、或來自觀照、或來自解析。毓老師熟讀經書,重視「認字」,對於一字一義之訓解毫不馬虎,這是「由局部以積累到全體的工作」;而他之依經解經,貫通群經諸子,則是能完成「由全體以衡定局部的工作」。個人認為,這一工作的完成,建立在他知行合一的生命實踐,以及對自身時代的反省與感悟之上,所以他不僅「依經解經」,抑且「依史證經」——通過自身的「生命史」來印證經典。這些常年累月的工夫,使群經諸子的文句,得以在其生命中進行有機的融合通貫(而非機械的比對、連結),從而形成一套完整的思想體系。

此外,毓老師是清朝宗室後裔,六歲開始進宮陪溥儀(1906-1967)讀書,受過皇儲教育。故其學問亦帶有帝王學的特質。傳統帝王讀書,講求的是「知其大旨」,並且「必可舉而措之天下之民」。換言之,帝王為學須「知要」、「適用」,與尋常儒生「析章句,考異同」

之學有所不同。沙平頤的碩士論文《愛新覺羅毓鋆之《論語》學研究》，曾比對熊賜履（1637-1709）《日講四書講義》與毓老講授《四書》的內容，發現頗多類似之處。這是其經學的又一獨特風格，也體現在他培養弟子成為領袖人才的教化理念上。

　　毓老講學一生，卻未留下著作，其思想須從弟子的上課筆記中探尋。毓老講《四書》，相對於《論語》、《大學》、《中庸》，似不重視《孟子》，並未逐章講解，但是因其學問通貫群經，在講解其他經典時，也時常引用《孟子》之說，有心者仍可從中梳理出其《公羊》學、帝王學思想脈絡下的《孟子》詮釋，堪為當代《孟子》學史的精彩一章。

七　結語

　　經典地位的升降，有其曲折複雜的歷史脈絡；經典詮釋的重心，也常因學風的轉換而有所不同。然而變易中有所不變者，即是經典的義蘊在與詮釋者的不斷對話中獲得彰顯，並落實在其人的生命與時代之中，帶來嶄新的意義。唯有如此，經典方成其為經典，才具有不斷被傳習的價值，所謂「人能弘道，非道弘人」，正是經學研究的核心意義所在。

陳逢源：〈經典方法論考察——朱注《孟子》歷史思惟探賾〉

　　首先很感謝文哲所的邀請，但我在答應後，隨即就感到後悔，因為我所擅長的部分，比較是在注解的梳理和分析，而方法的揭示和說明其實並非我所擅長。在有限的時間裡，我循著主辦單位所給我的三個重點：過往的詮釋方式、現在的詮釋方法，以及自己對經典注解的一些想法，希望能有所反饋和整理，並作一個研究自省的過程。因此，我要講的是朱熹注解《孟子》歷史思惟的部分，過去我在處理這個議題的時候，我是怎麼去思考的，從做的過程中，如何逐步解開我心中的疑問。

黃俊傑教授認為東亞儒學文化交流活動，存在「去脈絡化」（de-contextualization）與「再脈絡化」（re-contextualization）的現象，其實這一現象也存在於經典建構過程當中。我之所以取用這個方法，是因為我認為它可能比我們現在所熟知習用的詮釋學，更能夠去對應出時代的、區域的，以及個人創發性的想像跟創意的思考。《孟子》從儒家之「子」學範圍，成為《四書》經籍要典，同樣也經歷一種「去脈絡化」與「再脈絡化」的過程，前人研究已多有述及，我們要做的是往上去追溯，了解《孟子》以前是什麼樣子。

　　自漢趙岐（112?-201）〈孟子題辭〉標舉孟子為「命世亞聖之大才者也」，除了給孟子一個大的定位，同時也把這部書取向於《論語》做了說明，由此也可看出《論》、《孟》內容的相對應性。另外，他又說「獨立五經而已，訖今諸經通義得引《孟子》以明事，謂之博文」，似乎也說明漢代引用《孟子》的邏輯，主要是一個「徵引論證，以明其事」的情況。在此情況下，我們去檢視兩漢的相關文獻，《孟子》確實為漢人所取用，也確實非當成重要的材料，只是當成引證的來源。另一方面，大家在取用《孟子》時，經常舉到「性善說」，但在舉「性善說」時，往往是作為一個批判和檢視的對象。由此可以看出兩漢對於《孟子》的態度和情況，與宋以後存在明顯的落差。《孟子》作為一個經典和為我們所理解的文本，回到歷史考察，顯然也有一個「去脈絡化」與「再脈絡化」的過程，它的意義才彰顯出來。

　　及至唐代韓愈（768-824）的〈原道〉篇，援取《孟子》聖賢相傳說法，揭示堯、舜、禹、湯、文、武、周公、孔子，並把孟子放入聖賢相傳的譜系中，這對後來的宋明理學有很大的啟示作用。韓愈提出對孟子地位的重估，另外一方面也把孟子繼孔子的說法標示出來，再來則是孟子的「斥異端」也成為韓愈排斥佛、老的依據，這些都具有生命的印證及產生共鳴的作用。

過去我也曾寫過一些文章來討論，我想這些問題仍必須回到朱熹的時代，再作進一步的思考，為了解朱熹所處時代的情況，於是我就把它拆解成幾個問題：第一、孟子繼承堯、舜、禹、湯、周公、孔子的邏輯，在宋代是怎樣的狀況被呈現出來？第二、朱熹是如何理解這個問題？他思考這個問題的意義在哪邊？這些問題就促使我去把《全宋文》中講到堯、舜、禹、湯，或是相關聖賢系譜的部分，逐條摘錄下來，分析當中是否有特殊的現象和情況。這個部分的研究，就是我接下來要講的「歷史重構」。

一　歷史重構

　　宋初文人，提到堯、舜、禹、湯等聖人時，基本上是用作政治話語，主要出現於詔告政令，證成得位緣由。我自己猜想，或許這是因為堯、舜、禹、湯在某些時候代表兩種政治型態，一是禪讓，一是革命，然而更重要的是，他是來自於一種「人心自道」的邏輯，同時對應到宋代「文治」的時代氛圍。

　　諸儒以聖賢繼起作為論述基礎，遂有天命所在的依據，聖聖相承成為朝堂習用語彙，這些在文獻中有諸多證明，聖賢相繼也成為皇帝治理國家的依據，如宋真宗趙恆（968-1022）〈崇釋論〉云：「釋氏戒律之書，與周、孔、荀、孟跡異而道同，大指勸人之善，禁人之惡。」宋徽宗趙佶（1082-1135）〈天下學校諸生添治內經等御筆手詔〉云：「由漢以來，析而異之，黃、老之學遂與堯、舜、周、孔之道不同。……朕作而新之，究其本始，使黃帝、老子、堯、舜、周、孔之教偕行于今日。」可以發現和我們原先以為儒家為主的想像不同，反而是反映儒、釋、道三教混雜，思想摻和的情形，甚至有時會增加一些神秘的思惟邏輯。可知北宋對於堯、舜、禹、湯、文、武、周公、孔子聖賢系譜的理解，其實是相當開放多元，「道」之所傳，儒、釋、道兼有，「政教」求善而已，內涵遠不是只有儒家而已。當

時佛教徒在取用材料時,他們的一些說法,其實也非常接近儒家。

此外,北宋回歸儒學另有一歷史事件,孔子四十五代孫孔道輔(985-1039)在景祐五年(1038)出知兗州,在鄒縣四墓山找到孟子墓,以孔子後代尋得孟子之墓,極具象徵意義,北宋士大夫間引起許多討論,包括孫復(992-1057)等學者都對這件事有檢討跟分析。這些檢討分析,對於堯、舜、禹、湯等聖人譜系就有一些新的觸發,儒者之間以堯、舜、禹、湯來解釋孔子地位,討論孔子以後,儒家之「道」是如何傳續,之後就開始有所謂的「五賢」信仰。孟子、荀子、揚雄(前53-18)、王通(584-617)、韓愈五賢成為經常列舉的詞彙,聖賢相承,成為儒者精神依歸,儒者要有身膺其任的氣魄。所以我們從堯、舜、禹、湯到五賢,可以見到北宋思想發展的歷史脈絡和背景。五賢當中,孟子與韓愈較為人所看重,歐陽修(1007-1072)重視韓愈,王安石(1021-1086)看重孟子,如此形成北宋人在引用前賢時,各有不同的主張。王安石以道自任,以孟子自許,無疑是最關鍵人物,夏長樸(1947-2021)老師對這方面有很深入的討論,從文獻中也可見到北宋的尊孟活動,在新黨主政時一一完成。如此情況下,刺激我們去思考,孟子作為我們現在所理解的地位,其實是在北宋的諸多儒者思考當中集體「去脈絡化」與「再脈絡化」的結果。

二 義理深究

其次,要去思考的是《孟子》在整個時代當中,能有什麼樣的義理取用,在這一點上,王安石的思考就顯得重要。新黨人物關注《孟子》,王安石撰《孟子解》十四卷,其子王雱(1044-1076)有《孟子解》十四卷,連襟王令(1032-1059)有《孟子講義》五卷,門人龔原(1043-1110)有《孟子解》十卷,許允成有《孟子新義》十四卷,多數作品今已亡佚,但以其撰作情形,可以了解《孟子》在王安石門人中具有指標意義。

北宋諸儒一方面循聖賢系譜而關注儒學之傳，強化儒學內涵的了解，重視《孟子》的價值，也深化義理思考。此外，循著新舊黨爭的脈絡，北宋儒者也開啟了「尊孟」和「疑孟」的公共議題。對此前人研究頗多，當中，夏長樸先生歸納非孟論點，包括：（一）孟子矯激之言亂君臣大義；（二）孟子蔑視周天子，勸諸侯為王；（三）孟子鄙視對周室有功之齊桓（？-前643）、管仲（前725?-前645）為鄙夫，與尊王之義不相合；（四）孟子主張暴君放伐論，有紊亂名分之虞，對於孟子的「政治」主張深有疑慮。黃俊傑先生分析北宋有關孟子爭議的內容，主要從「不尊周王」議題化後，形成三個重要問題：（一）王霸之辨、（二）君臣關係、（三）尊孔問題，彼此複雜糾纏，學者因為不喜孟子的政治主張，進而反對其儒學繼承地位。

　　至於「尊孟」、「疑孟」本身是否有它的歷史意義，此非我的空想，面對「尊孟」、「疑孟」紛擾不休的問題，朱熹也有深入的思考。朱熹〈讀余隱之尊孟辨〉逐條討論余氏說法，批判有未到位之處，甚至是錯誤的澄清，觀察所及，直指「疑歐陽氏、王氏、蘇氏未得為真知孟子者，亦隨其所見之淺深，志焉而樂道之爾」，支持與反對兩造當中，支持者未必真知孟子，反對者未必不正確，是中有非，非中有是，必須尋求正確的了解，才能真正評斷是非。余允文表彰孟子有功，但心態未必可取。南宋之初，涉及新舊黨爭，以及家國之痛，諸儒對於孟子的討論，涉及個人學思識見，思考自然更為紛雜。朱熹對此的思考，乃是回歸於《孟子》本文尋求正確的了解，嘗試在王霸、君臣問題，甚至皇權問題，提供解決方案，真正解決紛擾問題，從而在北宋尊孟、疑孟分歧當中，在政治與心性思考當中，確認性理為儒學的核心要義，確定孟子得孔子之傳的地位，朱注《孟子》細節以及建構儒學體系，正是在歷史思惟當中融鑄完成的結果。

三　結論

　　因為時間的關係，我對朱注《孟子》做了些細部的整理，可以證明以上所說的問題。朱熹在注解當中，一一回應，只是牽涉既多，材料瑣碎，也就不一一說明。最後，我想總結我對這個問題的看法。經注是對於聖人懷想的書面作業，學者向經典尋求應世智慧，然而回歸於經注，揭示其中思想，卻常有古奧繁瑣的困擾，尤其缺乏聖人蘄向的文獻考據，往往流於形式，欠缺人文義理情懷，更是有失經典要義。晚近馬愷之、林維杰編成《主體、工夫與行動：朱熹哲學的新探索》，〈導論〉綜整過往對於朱熹哲學思考的方式，分析朱熹眼中道德主體與語言、社會、歷史的關聯，在「無限心」與「情境心」爭議當中，認為：

　　　　華語康德主義者毫無疑問是支持李明輝的（這個立場者還需要加上勞思光），而現象學、詮釋學或實用主義陣營的學者，應該比較願意同情地理解楊儒賓的主張。

　　我想這也看得出在我們時代裡面，對於《孟子》仍有許多不同的詮釋。而我個人認為，以「心」之考察，可以了解朱熹性理的思考；以「道」之分析，又可見回應歷史脈絡的看法。朱熹《四書章句集注》當中融鑄諸儒講論內容，也體現個人義理反省，從二程弟子而及於二程，又從二程溯及北宋諸儒，從而在漢、唐訓詁當中，回歸於聖人宏謨懿訓，完成一生思索進程。對於《孟子》一書的關注，乃是循其歷史發展的結果，具有開展道統論述，深化性理內涵，以及建立儒者勇於承擔的氣魄，從而在天地之間、古今之間、人倫之間、出處之間提供可以參酌的準則。事實上，前輩學人對於《孟子》的研究已有豐碩成果，董洪利先生《孟子研究》就包括了孟子思想研究，以及歷代

《孟子》學研究兩部分；李峻岫先生《漢唐孟子學述論》則是對於漢、唐兩代《孟子》研究的考察；劉瑾輝先生《清代孟子學研究》、李暢然先生《清代孟子學史大綱》以著作整理為基礎的學術形態分析，提供實證材料發掘成果。晚近更由於出土文獻的發掘，思、孟學派成為新的觀察方向。中研院文哲所於一九九三年五月執行「孟子學主題研究計畫」，並於一九九五年五月二十、二十一日舉行「孟子學國際研討會」，其後由李明輝先生主編《孟子思想的哲學探討》，黃俊傑先生主編《孟子思想的歷史發展》，嘗試從哲學與歷史層面，進行多元的檢討。梁濤、楊海文〈20世紀以來孟學史研究〉一文歸納過往成績，在方法論有四項提醒：（一）多學科結合，尤其強調文獻學對於其他學科的基礎作用；（二）史論結合，尤其強調哲學——觀念史進路對歷史——思想史進路的理論支持；（三）宏觀微觀結合，尤其強調宏觀視野對個案研究的整體通觀；（四）古今結合，尤其強調傳統資源對當代社會的人文提升，強調多元進路的結合。當然必須補充說明，黃俊傑先生《孟學思想史論（卷一）》、《孟學思想史論（卷二）》、《孟學思想史論（卷三）》論題深入，系統宏大，為當代《孟子》學深究有成之大作，也以此為基礎，對於未來研究提供建議。過往在「內在研究法」與「外在研究法」相互補充下，所建立的觀察成果，未來則有三個可能方向：（一）《孟子》思想中的身心關係論與修養工夫論；（二）東亞《孟子》學的發展及其思想的同調與異趣；（三）全球化時代《孟子》思想的普世價值。對於《孟子》內在義理工夫的發掘，對於東亞地區發展的考察，以及面對未來全球化思潮的反省，展現《孟子》學還有許多可以深化開顯的方向，可見《孟子》因時而變，歷久彌新的價值。然而回歸於經典，開展聖人系譜考察，又有另一層歷史意義有待揭示。檢覈《四書》義理體系，孟子是在聖人系譜中開顯義理，《孟子》是在《四書》體系中完成定位，則又可

見朱熹深化之思考，有助於幫助我們了解思想發展內在理路，了解其中義理審酌的重點，以及提供學者思以突破的參考方向，撮舉觀察，有如下心得：

（一）回顧過往，開展未來，《孟子》為儒家要籍，在哲學、歷史、文獻、出土文獻等不同學科，以及康德（1724-1804）哲學、現象學、詮釋學、身體觀等不同思潮，乃至於東亞視域、全球視野下等不同角度當中，多維並進，深入分析，展開多元詮釋成果，足證孟子思想歷久彌新。

（二）性善為儒學要義，孟子為士人典範，《孟子》可以成為《四書》經典，乃是朱熹融鑄北宋復興儒學的實踐成果，上承漢、唐以來經學傳統，而回歸於聖人系譜當中完成的結果，歷史發展脈動促發義理思考，有助於掌握經注當中內在理路。

（三）朱熹回應北宋聖賢系譜重構過程，以堯、舜、禹、湯、文、武、周公聖人為孔學淵源，孟子、荀子、揚雄、王通、韓愈五賢為孔學羽翼，連結孔、孟為儒學核心，以孔、曾、思、孟心法之傳，建構儒者欣慕追尋的永恆典型，獲致「道統」論述基礎。

（四）朱熹在新、舊黨爭餘波中，尊孟、疑孟分歧下，嘗試在王霸、君臣問題，甚至皇權問題中提供解決方案，由政治回歸於心性，在《孟子》本文得其分判，群聖之統與民性秉彝歸之於「道」，心法相傳成為建構《四書》義理關鍵，給予後世無限懷想。

（五）《孟子》的經學思想研究，我個人覺得相較過往的觀察，應該更重視經、注文本的思考細節，以及《孟子》成為經典的意義，從而得見聖人的蘄向，以及性自命出的思想進程，即本體、即工夫的一貫邏輯，從而有對應世局變化的思考，以及堅定以行的信念，孟子對儒者的意義，可以激昂志氣，斥異端而導之正，提供君子立身的原則。

研究孟子思想者多矣，然而誠如王汎森先生從「執拗的低音」所

獲得的啟發，唯有透過幾次類似現象學的還原工作，才能重新掌握歷史文化的「正形」，回歸於朱熹，回歸於經典，回歸於《孟子》，深掘義理所在，開展當世對話，可以更清楚得見聖人懿訓宏謨在經注中熠熠生輝，給予人生無窮智慧與勇氣。

以上淺見，乃是梳理朱熹《四書章句集注》所獲得的觀察，謹以提供各位先進同道參考，也懇請各位先進同道不吝惠賜指導。

黃瑩暖：〈《論語》研究之我見〉

我在學校是從事《四書》、「中國哲學」與「宋明儒學」的教學，在報告之前，我想先和大家分享些許我的《四書》教學心得：透過教學活動，我得以每年都更深入一點地去體會《四書》的義理。在多年的教學經驗中，我發現隨著時代思潮的改變，在面對學生的教法上，每年都必須要有調整，因為每一屆、每一個世代的學生都不同，他們所適應的教法也不同。我個人認為《四書》乃是生命實踐之書，所以我在教學時也特別重視實踐，我設計一些日常生活中的實踐活動，作為《四書》課程的期中作業；期末時則會舉行「實踐分享會」來驗收成果。因此，在《論語》的研究法中，我同樣認為「實踐」是最重要的，以下就來分享我的報告。

一　《論語》之成書方式與其架構

要談《論語》研究，我認為首先要從「成書方式」和「內文架構」來了解《論語》的性質。就《論語》的成書方式而言，它是孔子弟子及再傳弟子們將所聞於孔子、孔子弟子之言的「筆記」加以集結而成書。由於是「筆記的集結」，故《論語》之內容雖分章節，但從結構邏輯上來看，章節之間並無因果或邏輯上的關聯。亦即，《論語》內容並不算是有系統的架構。不過，這樣的特質並不影響《論語》的價值及地位。所以，對於《論語》的研究可以有多面向的取

徑，例如前面幾位學者所說的，無論是將之「超脈絡化」、「去脈絡化」或「再脈絡化」，我認為都是有創意的詮釋角度，可以作為學術界研究的參考。

二　《論語》之體例、內容與其性質

其次，於體例上言，由於《論語》是一本「筆記集成」，故屬於語錄體之書；就內容上來說，所記載之內容多數為孔子或孔子弟子（如曾子、子夏）教誨學生之語，或為孔子與弟子、時人之問答內容，或孔子弟子對孔子生活與事件之陳述。就性質上來說，一般認為，《論語》記載的內容，大多是個人「為學」的指導。若依孔子，「為學」之義，簡而言之，即是「進德」與「修業」：進德，指個人的人格與德行的修養與提升；修業，指各項知識、技能的學習（如六經、六藝）。

雖然「進德」與「修業」同屬孔門「為學」的範圍，但我們可以從《論語》中發現，這兩個項目有其相形之下的先後次序，例如《論語》〈學而〉說：

> 子曰：「弟子入則孝，出則弟，謹而信，泛愛眾而親仁，行有餘力，則以學文。」

又如：

> 子夏曰：「賢賢易色，事父母能竭其力，事君能致其身，與朋友交言而有信。雖曰未學，吾必謂之學矣。」

所謂「學文」，即是「修業」之意。由以上兩則文本內容可知：儒家所謂「學」，其重點在於「進德」；相形之下，「修業」是僅次於「進

德」或包含於「進德」：例如人我之間應對進退的節度、在外交場合必須活用《詩經》篇章來進行交流、或是為政者治理天下需要運用的禮樂儀制等等，可知「進德」與「修業」實為相輔相成。

我們看《論語》的內容可知：孔子教學的重點，大多不在於傳播知識（最明顯的一則傳播知識的內容，是《論語》〈陽貨〉：「小子何莫學夫詩：詩，可以興，可以觀，可以群，可以怨。」）。而《論語》大部分的內容，是孔子以「因材施教」的方式，來對弟子指引修身培德的方向，基本上這也是歷來學者對《論語》的共同見解。孔子修身培德的教學導向受到學者加意的重視，是從宋代開始。這裡我也想回應一下吳孟謙老師提到錢穆說「《四書》在前，五經在後」，錢穆的觀察是非常細微的，若從整個思想史的角度來考察《四書》是如何逐步地被排列在五經之前，其源頭乃始於二程（程顥〔1032-1085〕、程頤〔1033-1107〕兄弟）：他們把《論語》、《孟子》以及從《禮記》中擷取出《大學》與《中庸》來作為教材，並將此四部文本之教學順序列於五經之前。到了南宋，朱熹繼承了二程這樣的做法，也非常贊成二程對於《四書》與五經在教學上的先後順序；所謂《四書》之成書，也是從朱熹將這四部文本結集刊刻而成的。從二程至朱熹，主張學子的學習順序應以《四書》為先、五經為後，這已經顯示了「典範的轉移」。尤其是朱熹，他更加強調要先研讀《四書》，熟諳之後，再擴及五經的研讀。這就是從《四書》到五經，經典地位轉移的開始。這是我對於錢穆「《四書》在前，五經在後」之語所作的補充說明。

三　關於《論語》研究之另一視野

依上所述，《論語》可說是一本個人道德實踐的指引之書，此中記載孔子與其弟子的教學，在「如何進行道德實踐與自我善化」方面有較多的指導。這些教誨從宋代知識份子的《論語》詮釋中，開始更加強調內聖（按「內聖外王」語出《莊子》〈天下〉）成德的面向。

若我們將時空視野拉大、轉移,回到孔子所處的春秋時代,即可知當時的天下是處於「周文疲弊」、「禮壞樂崩」的困境與混亂之中,這也正是孔子所面對的時代課題與肩負的時代責任;其周遊列國的目的,即是企圖拯救禮壞樂崩的天下,力挽狂瀾,撥亂反正,希望將整個春秋時代拉回到周初的禮樂盛世。通常在研究《論語》的時候,總會注意到孔子的因材施教,或是孔子怎麼講「仁」,各家注解有什麼不同,或者是《論語》的版本、《論語》的重新編纂、《論語》在各個朝代有什麼樣的地位,以及什麼樣的時代對話等等。這些項目固然是研究《論語》的重點。不過,我們也不能只從宋代以來的「內聖」觀點來看《論語》的內容和性質,或是只側重這個面向,而是必須回到它成書──也就是在其時代背景下,孔子為什麼會說那些話?孔子說這些話背後的原由是什麼?若我們拉回孔子所處「周文疲弊」的時代脈絡來看,《論語》是不是包含了孔子對於他的時代問題的回應呢?我所想到的,即是除了成德的這部分之外,我們還可以用什麼樣的視野來看《論語》這部書。

以下稍微舉幾個例子說明:

一、《論語》〈八佾〉:子曰:「周監於二代,鬱鬱(郁郁)乎文哉!吾從周。」

這是孔子對周初禮樂盛世的一種嚮往,而「吾從周」則展現了孔子對這份理想「舍(捨)我其誰」的願力和企圖心。

二、《論語》〈八佾〉:「孔子謂季氏『八佾舞於庭,是可忍也,孰不可忍也?』」

季氏「八佾舞於庭」，明顯是違反禮制的，而孔子怒批「是可忍也，孰不可忍也」，表示他認為禮與樂是維繫社會秩序的綱維，季氏的八佾舞顯見其已冒犯君上、悖亂綱紀，若是任隨這樣的情況而不加以制止，社會秩序必然快速崩壞。

> 三、《論語》〈八佾〉：林放問禮之本。子曰：「大哉問！禮，與其奢也，寧儉；喪，與其易也，寧戚。」
>
> 四、《論語》〈為政〉：子張問：「十世可知也？」子曰：「殷因於夏禮，所損益，可知也；周因於殷禮，所損益，可知也；其或繼周者，雖百世可知也。」

孔子說，夏朝和商朝的禮節，我都很清楚，但可惜夏朝和商朝所留下來文獻不多，因此不能找到證據。孔子在這裡表達了：所謂的「禮」，是人們必須遵循的儀則、維持社會秩序的綱領，它即是傳統文化的精髓；雖然隨著朝代的遞嬗而難免有因革損益，但它的核心精神恆常不變，因此即使經歷十世、百世，仍然會不斷傳續下去。所以孔子從前朝禮制傳承的因革損益即可推知後世的禮儀變化。

> 五、《論語》〈為政〉：子曰：「道之以政，齊之以刑，民免而無恥；道之以德，齊之以禮，有恥且格。」
>
> 六、《論語》〈學而〉：有子曰：「禮之用，和為貴。先王之道斯為美，小大由之。有所不行，知和而和，不以禮節之，亦不可行也。」
>
> 七、《論語》〈顏淵〉：齊景公問政於孔子。孔子對曰：「君君，臣臣，父父，子子。」

從上述的例子可知，其實孔子對於禮的重視，是出於外王的關懷以及政治秩序的重新建構。雖然如前所述，自宋代以來，對於《論語》較多關注其內容中的內聖面向；但從上述列舉的例子來看，《論語》內容中關涉到了政治、社會、文化……等層面，不僅其中包含個人成德的教誨，同時也含有重新建構，或說是重新再脈絡化的「攝禮歸仁、攝禮歸義」的用意。

　　若由此一視角以觀之，則孔子的崇高地位不僅止於「萬世師表」，且薈集其教育與一生學養精華所在的《論語》亦非僅止於道德實踐的「內聖」層面，而是同時包含了「外王」的主張、實踐與理想。一般而言，「外王」是當時知識份子、有識之士共同重視的時代課題與各自追尋的理想；但能同時重視「內聖」與「外王」，則是孔子的孤明先發。換言之，內聖與外王是一個整體的兩個面向，因此，我們在研究《論語》時，不妨也將「外王」和「內聖」作一結合。根據我的觀察，分別對孔子「內聖」和「外王」的研究論文很多，但把這兩項結合起來討論的，就個人的管見所及，似乎並不多。

　　在孔子，「內聖」與「外王」是一體兩面的，是分不開的，這在《論語》許多篇章的記載中都可以得到論據。此一部分，我個人認為是研究《論語》值得注意之處。《莊子》〈天下〉言：「是故內聖外王之道，暗而不明，鬱而不發，天下之人，各為其所欲焉，以自為方。」可知當時的知識份子對於「內聖外王之道」不是沒有著意，而是當時的知識界尚未提出一個完整的、有系統的理論，或是一套完整的體系；即使如此，每個知識份子或是具有時代使命的人，都不能自外於「內聖外王」的時代課題。

　　孔子首先提出「仁」的概念與主張，「仁」包含了「個人的道德實踐」與「對人群社會的善化」兩個層面。若仔細加以考察之，即可發現《論語》中經常可見孔子是從這兩個層面來對「仁」加以闡述，

這就是他畢生致力於「攝禮歸仁」、「攝禮歸義」，以期其時代能夠回復到「鬱鬱乎文哉」的禮樂文化世界。以是，個人認為，吾人研究《論語》，宜同時兼顧「內聖」與「外王」兩面以進行之，方能窺得孔子與儒家思想之全豹。

四　小結

我們可從不同的視角來看《論語》的研究方法：

（一）若從「成書過程」與「文字訓詁」的角度來看：《論語》的研究屬於文獻學的考據進路。

（二）若從「德性實踐的指引」（內聖）的角度來研究《論語》，則孔子「仁」的義理或許可說相當於西方倫理學的範圍；不過，《論語》談論「仁」的義理之深、實踐內容與應用層面之廣，顯然不僅止於西方倫理學的討論範圍，此是吾人若欲從倫理學的視角來研究《論語》時宜注意之處。

（三）承上，若就德性實踐（德性修養）的面向加以研議論析，則《論語》既是一部踐聖成德的路徑導引，亦是一部哲學智慧的寶典。當《論語》成為後者時，它是一「被研究的客體」，而其中談論德性修養的內容，則可視為是一「實踐性的知識」。

（四）若從孔子回應其時代課題的挑戰，而欲拯救禮壞樂崩的世代，重建周初之禮樂天下與社會秩序（外王）的角度切入研究《論語》，則此一研究將包含了政治哲學、倫理學與社會哲學的討論範圍。而孔子所提出的「仁」，則是化入具體生活的實踐之中，此是將「仁」推擴到「攝禮歸仁」、「攝禮歸義」的政治與社會面的具體實踐。

「禮」是使人成為獨立的個體（禮以別異，個體化原則，principle of individualization）。「樂」則有陶冶性情、促進人際和諧（樂以合同，principle of socialization）的效用。哈伯瑪斯認為：維繫社會秩序靠「溝

通理性」；在中國儒家則是靠「禮」與「樂」來維繫社會的秩序與人群的和諧，在這個基礎上，個體化過程即是社會化過程（The process of individualization means the process of socialization），這是儒家禮樂思想的獨到之處，由孔子繼承周代文明、融會貫通而提出的「仁」作為禮樂新生的核心生命。

　　禮與樂是一體兩面，是個人與社會連結的核心原則，故個人利益與群體利益是一體的。故孔子講「仁」，是兼顧個體性與社會性，這是孔子的初衷，也是他所要重建的禮樂社會——以「仁」為核心與出發點，來活化禮樂、回復周代文明與秩序，這才是孔子思想、亦即《論語》的「基源問題」。

　　因此，孔子提出的「仁」，既是禮與樂的核心精神，也是二者背後的原點。「仁」的實踐要領是「忠恕之道」（例：「己所不欲，勿施於人」）。從「忠恕之道」出發，由個人實踐、推己及人，而至善化人群、重建禮樂社會，這是孔子的初衷、核心思想與其理論的基源問題。了解孔子的初衷與《論語》的基源問題，使其原始初衷（內聖與外王）顯現出來，而不至偏解一隅，這是個人為當代研究《論語》學界提供的一點淺見。謝謝！

金培懿：《論語》「解法」研究法及其衍生次研究到廣義《論語》研究

　　今天我所要談的是我當初研究日本《論語》學的構想、採用了什麼樣的方法、獲得什麼樣的研究進路，以及藉由此種研究方法的開展，進而延伸出的研究內容以及其與此種方法的交涉。另外，我也想談一下今天我們討論所謂的「研究方法」，我們的目的是什麼？又我這幾年所思考構想的理想經學研究可以是什麼？最後，我也想藉本次座談機會來談一下從四年前開始，由林慶彰老師門生們與政治大學車行健教授、中央大學楊自平和劉德明及孫致文教授、臺大張素卿以及

史甄陶教授、成大黃聖松教授、中研院文哲所張文朝老師，同時也集結了一些經學研究的同道善友，我們所以定期舉辦「經學講會」，我們想達成的活動目標大概是什麼？

一　師友的疑問

　　我自一九九三年至二〇〇〇年於日本留學期間，受林慶彰老師及荒木見悟（1917-2017）老師影響，先後以江戶古學派之回歸原典思潮、《論語》注釋發展史為研究對象時，屢被九州大學中國哲學研究室的日本師友問道：「為何要研究經學？」「為何要研究日本漢學？」而結束留學生活返回臺灣任教後，則常被臺灣學界師友問及：「為何要研究日本漢學？」「為何要一直研究《論語》？」我將臺、日學界師友們關心自己或對自己所作之研究有所不解的相關提問合而為一，便是：「為什麼是經學？」「為什麼是《論語》？」「為什麼是日本漢學？」的這一連續提問。

二　我的設想

　　我個人所以持續以近世、近代日本《論語》詮解方法之嬗變，以及其中除注經之外所關涉之日本漢學發展演變、日本文化特質、日本漢學教育變遷、日本社會與政治、乃至中日文化與典籍交流等問題，作為自己主要的研究議題，其研究動機與理由，一言以蔽之，乃是試圖以《論語》作為一個核心研究對象，一個聯結「經學」與「域外漢學」的中介，目的則在朝向一個開放文本的經學研究。

三　研究經學的理由

　　任何想研究中國哲學、中國思想或是儒學的人，豈可棄經學於不顧而言之？正所謂聖人之學，千古未變，畢竟中國兩千年來，最優秀的頭腦都是持續不斷地跟經書對話。同理，任何想研究日本儒學、日本思想、或是日本哲學的人，又豈可無視日儒千年來之經解或是經學研究著述而言之？

四　經學研究

那麼，要如何定義「經學研究」？如果我說自己是個研究「經學」的人，就我個人意見，區別的重點不在研究方法或論述、論證形態的差異，而在研究檢證的依據主要是就十三經或是儒者注經、解經、說經的著作本身而言。事實上，研究中國儒學、哲學、思想的「方法」，最好的或許便是就中國思想史本身所孕育出的問題意識來思考，繼而創造，才是最好的選擇。針對這點，經學研究掌握了最原始且根本的素材，照顧到了中國思想獨自的特殊性與獨創性。此點在研究日本儒學、日本思想或是日本哲學時，亦可同理類推。

五　「經解」研究

而我之所以選擇研究注經、解經、說經之作，乃是因為在東亞各個區域、各個時代裡，有著各式各樣注解、詮釋、理解、講述《論語》的方法。就這樣，可以視為是先秦文化結晶的《論語》，在異質文化形態的漢文化、唐文化、宋文化、明清文化；奈良文化、平安文化、江戶文化、明治文化、大正昭和文化；高麗文化、朝鮮文化等東亞各地歷時的文化體系中，延續其經典生命至今。

六　《論語》研究

所以我們也可以說：漢代的儒學思想、文化是透過該時代特有的《論語》理解方法，而被孕育出來。唐宋時代的儒學思想、文化也是透過唐宋時特有的《論語》解讀方法而產生出的。同樣地，江戶、明治；高麗、朝鮮的儒學思想、文化，也是要在江戶、明治日本與高麗、朝鮮的時代環境中，以其特有的《論語》解讀法，而被營造出來。所以經典注釋作品的研究，其實廣涉儒學、思想、文化、文學。

七　「注經法」遞嬗研究：「古義」、「徵」古文辭、「語由」、「集說」

攻讀博士期間，我聚焦「注經法」遞嬗的這一研究視角，而來研究江戶古學派的《論語》注解發展，如何從求索「古義」、「徵」古文

辭、發掘「語由」、綜匯「集說」的這一連串轉折發展史，既考察伊藤仁齋（1627-1705）、荻生徂徠（1666-1728）、龜井南冥（1743-1814）、安井息軒（1799-1876）等四位儒者的經解方法、內容與學術立場和為學主張，同時也藉由爬梳古學派代表性儒者的《論語》注釋，如何從超克朱子《論語集注》，直探《論語》本文原意；繼而試圖藉由憑藉「古文」，以求超克時間隔閡而正確掌握《論語》時代的真意；進而透過確認當下發語原由，設定語錄體《論語》的發言場面、發語原由，以掌握發語理由及對話意義，最終則發展為綜整彙集古今、中日歷來之《論語》相關文獻與歷代經解，試圖客觀考證《論語》經義。我藉由研究江戶古學派《論語》注釋發展史，以描繪出江戶古學派如何過渡到考證學的發展軌跡。而在爬梳此一江戶古學派的《論語》注經方法發展演變過程中，也涉及明學與清儒著作對江戶古學派所產生的影響。

八　《論語》「解法」研究

二〇〇〇年結束留學生活返臺後，我繼續透過研究近代日本諸多注釋、講說、研究《論語》的專著，而試圖達成的研究目的，除欲探究《論語》這一傳統經典之文化精神，亦在究明彼等日本學者又是如何將傳統經典文化精神，融入其所處的明治、昭和近代日本。研究視角一樣聚焦在注釋、詮解、講述《論語》的「方法」上。

九　《論語》「解法」流變：「會箋」、「弁妄」、「講義」、「物語」到「教科書」

其中特別是彼等所採用的所謂「會箋」、「弁妄」、「講義」、「物語」到「教科書」等等，此種近代日本注解、講授、詮解《論語》的「方法」流變，究竟凸顯了何種日本《論語》學研究的承繼沿革與轉折創新，又彼等是如何使經典詮解與社會產生關聯？而使經典生命得以別開生面？包括有意或是特意的「誤讀」與「曲解」。進而以昭和

十年（1935）左右與終戰作為兩次分水嶺，探討《論語》研究於近代日本產生了何種轉折發展？而此種轉向又標誌著近代日本人的《論語》觀、《論語》接受態度產生了何種改變？乃至此種改變如何建構出《論語》於近代日本社會中的傳播發展實態。

十　《論語》「解法」中可見的中西學術資源擇取

所謂「注釋」這一江戶時代的《論語》研究方法，在明治維新以後，隨著日本舉國開始從事「文明開化」的近代化政策，傳統江戶漢學也被迫開化轉型。據我個人研究，江戶漢學的近代化並非直接跨越到京都支那學，而是有近三十年的摸索期。江戶漢學者一夕跨進近代，彼等作為一近代日本學者所能設想的有關先進的學問，仍是將視線投向中國，試圖找尋學問的新出路，結果便是仿清儒為群經作新疏。而這一作為恰與東京大學留歐回國的新銳學者，以西洋哲學概念或方法直接套用在江戶漢學的作法相對照，可以說是日後京都支那學的胎動，也是江戶考證學與清朝考證學的匯流，日後終於形成涵塑京都支那學的重要要素。

十一　新《論語》「解法」與舊學、新學之過渡轉換

據我的研究，東京大學於明治十年（1877）成立以後，日本漢學界的《論語》研究，或者說經典研究，要經過十年左右的沈滯期，才使得傳統江戶漢學開始摸索各種「新」的經典研究法。而在《論語》研究學史的發展方面，近代日本學界、教育界之經典教育同時試圖轉型的對比研究形態，便是明治二十年代以還，大量發行問世的《論語講義》群書，以及竹添光鴻（1842-1917）長達近三十年的《左傳會箋》、《毛詩會箋》、《論語會箋》等三會箋之注經作業。

十二　研究《論語》「解法」而衍生的日本漢學研究議題

自二〇〇三年至二〇一三年的十年間，我持續以近代日本《論語》研究專著為主要研究對象。首先釐清「舊學」竹添光鴻《論語會

箋》於日本漢學乃至日本《論語》學研究史上所具有之意義與定位，同時也考察了安井息軒之門生松本豐多，其藉由撰作《四書弁妄》，對東京帝國大學教授服部宇之吉（1867-1939）「漢文大系四書標注」中誤解息軒《論語集說》之處一一擊駁的內容，究明近代日本之《論語》詮解，反映出何種江戶漢學近代轉型的問題，而此等問題又涉及了何種注經作業之本質問題，比如說注經的假設是什麼？注經的限制是什麼？注經的目的是什麼？注經的規範是什麼？關於這些問題，我在松本豐多的《四書弁妄》中就做了比較詳細和深刻的探討。繼而再從學術、國族、政治等層面，對於名之為「論語講義」的《論語》講解書，以及作為教科書、參考書之《論語》讀本，乃至改寫《論語》而以小說形態問世之「物語」化《論語》相關著作進行研究。

十三 研究《論語》「解法」的「經學」及「日本漢學」研究方法

如上所述，我對近代日本《論語》相關著作的考察研究，在研究方法上主要是透過聚焦近代日本的《論語》「詮解」方法，其隨時而下，在不同時間不同階段各產生何種應運而生、歷時轉變的「解經法」、「講經法」，試圖考察描繪出《論語》詮解於近代日本的發展軌跡，以及傳統日本漢學之近代變遷轉折樣貌，同時觀察近代日本漢學「研究方法」與「研究觀點」如何發展演變。另外，關於近代日本社會中傳統思想所具有的意義究竟為何？以及近代日本之社會文化與民眾思維價值又經歷了何種發展變遷等問題，也獲得一定程度之釐清。

十四 由研究日人《論語》「解法」而衍生的次研究

也就是在上述我個人的研究歷程中，從我的博士論文《江戶古學派に於ける《論語》注釋史の研究》[1]以來，之後就有了《近代日本

---

[1]《江戶古學派に於ける《論語》注釋史の研究》（日本：九州大學博士論文，2000年）。

《論語》詮解流變》[2]、《日本儒學之社會實踐》[3]、《儒學的日式開展》[4]等幾本書的研究展開。

在《日本儒學之社會實踐》這本書裡面，我綜觀處理了儒學東傳日本後的社會實踐嘗試和模式，然後透過聖德太子的《十七條憲法》而來探討其採用的儒學典籍，以及其所要形構的大和民族精神是什麼。也關注到《詩經》〈二南〉在進入江戶以後又是怎麼參與日本女德的建構，導致日本原本以天照大神（太陽神）、女皇為尊的文化價值認同，因為《詩經》〈二南〉與女德教育建構，遂使得女性形象價值表徵從太陽神轉成月兒娘。繼而本書再論述日本古學派的治學方法，如何以「用夏變夷」翻轉成日後的「華夷變態」。這本書同時也收進了有關湯島聖堂內孔廟的設置，究竟跟江戶初期儒學發展有何關聯？也還探討了關於九州地方佐賀藩的聖廟設置，其與江戶中後期的儒學振興政策有著什麼樣的指標作用。

關於《儒學的日式開展》這本書，我是擷取經書，或是關於小說、笑話、電影、文人畫裡面一些在中國本家聽起來耳熟能詳的觀念，或者某一種文化價值定義，它們傳到了日本以後，究竟產生了什麼樣的一個形變？所以，本書內容大概有從《詩經》觀探討如何從「溫柔敦厚」到「義理人情」；從江戶庶民啟蒙讀物「往來物」──《經典余師》探討「庶民經學」如何發展到「天朝正學」的問題；以及透過江戶漢文笑話探討漢文笑話的書寫，很大一部分是要透過漢文去顛覆漢文裡頭的某一些聖人觀或是價值觀；本書也透過依田學海（1834-1909）的小說《譚海》探討小說所標舉的人格典範價值，其如何從「忠孝仁義」轉變為「奇異情義」，同時論及何以江戶中後期

2　《近代日本《論語》詮解流變》（臺北：萬卷樓圖書公司，2017年）。

3　《日本儒學之社會實踐》（臺北：萬卷樓圖書公司，2017年）。

4　《儒學的日式開展》（臺北：萬卷樓圖書公司，2024年）。

會有《近世畸人傳》此類書籍的問世；本書更透過山田洋次「武士三部曲」電影探討當中吟詠《論語》章句的「漢土儒士」情節，其實其真正要形構的是「大和武士」的精神；本書最後一章則從文人畫的流變，去談中國的「文士心韻」價值如何轉為日本文人畫最為看重的「人間意趣」。

十五　近現代日本經學諸相研究

最近五年我開始從《論語》解法的研究，將目光轉向近現代日本經學研究發展變貌諸相的研究，這些議題我大概已經完成了一半。首先，我探討了「明治漢文教科書集成」這系列的漢文教育書籍中為什麼經學會退場？經學材料為什麼不被收編在漢文教科書裡面？還有香港作為曾經是日本領地的一部分，其在短暫被日本佔據為殖民地的時間裡，許地山（1893-1941）又是如何透過和胡適（1891-1962）的通信，最後還來到臺北帝國大學，僅透過一次談話後，回到港大就把中國經學的相關課程刪除？另外，透過《日本中國學會報》〈彙報〉戰後二十年的討論辯證內容，我考察了戰後日本學界對經學研究法之摸索軌跡，以及其中經學研究的發展與走向，包括研究「經學」範疇的名義如何被「哲學」給取代？而現在我手邊已經蒐集相關資料並完成的初稿，則是有關日本所謂「中國經學史」專書問世以後，當時在中國學界傳譯開來後，周予同（1898-1981）等學者作了怎樣的反響？另外，本階段我同時進行的研究，還有關於近現代日本學術性《論語》研究的確立，是由哪兩個近現代日本學者的《論語》研究而被確立並標舉出的？我在二〇一七至二〇一八年去京都大學客座的時候，有系統地收集了《東光》雜誌中，以京都學派為核心的代表性學者群，彼等如何對「支那學」進行商榷？也因為曾關注港大的經學課程問題，日後我也會試圖把以前收集到的臺北帝國大學的中國經學相關教學資料作一個梳理。

十六　《論語》「解法」研究到廣義《論語》研究

而對於《論語》「解法」的研究，也讓我展開另外一條研究進路，那就是更廣義的《論語》研究。我關注到「物語」演義造成的《論語》衍義現象，因為「小說化」的結果，《論語》的意義和廣度也有極大的延伸，所以我其實在討論的是日本近現代《論語》人物學的展開。

而因為在研究生時代就閱讀過武內義雄（1886-1966）《論語の研究》與津田左右吉（1873-1961）《論語と孔子の思想》，我個人認為這是近現代日本兩種《論語》研究的研究進路與研究型態，包括他們作為論敵學術陣營彼此之間的學術對話交鋒與思考齟齬。現在我手邊正在從事的研究是有關白川靜（1910-2006）與錢穆（1895-1990）的兩種「孔子傳」，其分別成書於一九七二年十一月和一九七四年二月，這兩部幾乎可以說是同時代完成的「孔子傳」，但他們的研究視角、研究取材及研究目的，可以說是截然不同的。我試圖藉由研究兩者而來探討：《論語》研究與儒家研究，在一九七〇年代的日、臺學界之間有何開展、異同以及其意義為何？

剛剛冠宏老師提到人物形象的問題，我大概是在留學日本的期間，開始關注到下村湖人（1884-1955）、中島敦（1909-1942）、井上靖（1907-1991）等人小說中關於「子路」的形象。幾年前，林慶彰老師退休時，我就針對胡玫導演、周潤發主演的《孔子——決戰春秋》電影中所欲傳遞的顏回形象進行研究。子路（前542-前480）和顏回這兩個人物，是我藉由電影和小說去談中日近現代《論語》人物形象演繹的問題。事實上非常清楚的，近現代日本有許多人都想談論他們所理解的孔子，結果也就出現了所謂「十人十色」（各式各樣）的孔子，而其中我基本上主要是關注由澀澤榮一（1840-1931），到井上靖，再到山本七平（1921-1991）這一路由近代經戰前到戰後的日本《論語》詮解。同時我也關注以京都學派為核心代表的，彼等對《論語》

新讀的某種嘗試和著作,而我選取的研究對象乃是貝塚茂樹（1904-1987）、宮崎市定（1901-1995）、吉川幸次郎（1904-1980），到山本七平。而在這兩條《論語》研究追索線上，交會點是在山本七平。換言之，在所謂日本社會中生活實踐化的《論語》，與所謂日本學界對《論語》可以有什麼樣的研讀方法的思考，在這兩個問題上，文化人山本七平都參與兩者的建構。

十七　從日本《論語》研究到朝鮮《論語》研究

　　我在二○一二年至二○一三年，受臺灣師範大學國文系派任，前往韓國外國語大學客座講學，終於得以開始展開正式的韓語學習。藉此赴韓講學契機，我也開始關注朝鮮的《論語》研究。我關注的是關於李退溪（1501-1570）以後的嶺南退溪學派，特別是十八世紀三○年代以後，嶺南退溪學派的新銳朱子學者，彼等如何透過對《四書大全》的修正，同時藉由對朝鮮先儒《論語》注解的引用與商兌，展開朝鮮時代中晚期具有學派脈絡、朝鮮漢學發展脈絡、文獻往來脈絡的《論語》發展考察，我更試圖將之拿來與日本江戶時代古學派《論語》注釋之變遷發展比較研究。因為時間有限，這部分我只能暫時介紹到這裡。

十八　擬開展之日本《論語》研究

　　另外，我近五年持續蒐集、分析、觀察而展開的日本《論語》研究，我把它的標題定義為：當代日本的《論語》熱——作為「萬能藥」的《論語》學研究。這是呼應剛剛冠宏老師和瑩暖老師所講的，也就是說《論語》當然不是只拿來研究的，而要是有能動性的、能夠達成生活實踐，並且足以對應到當下現實的，這樣的《論語》學到底是什麼？我想給現場及線上的與會學者們看一下我收集到的一些書籍資料（簡報《論語》相關著作的圖檔）。這是進入二十一世紀以後，尤其是二○○五年以後，我所收集到的當代日本社會中，針對各種年

齡、各種性別、各種對象所撰寫的《論語》讀本。其中近三年比較明顯重要的現象是，因為新天皇就任而有日本年號的改革，跟萬元幣值的改版，還有年度大河劇《直衝青天》的製編，所以近代日本的大企業家澀澤榮一再度受到高度關注，因此近三年日本出版的《論語》相關專著中，大量出現有關澀澤榮一的《論語》學，我們甚至可以說這是一股澀澤榮一《論語與算盤》的熱潮，其中不僅有實體書，更有許多電子版書籍，甚至還包括漫畫版的，另外連一般雜誌期刊也都特別製作了有關澀澤榮一或是《論語與算盤》的專刊號。而這兩年我因為受林朝成老師、高美華主任和黃聖松主任邀請，到成大中文研究所開授「日本漢學專題」課程，修課學生中有位日文程度非常好的學生鄭歆嚴，有心想研究日本漢學，由於他已經考過日語能力檢定測驗一級，大學又是商學院出身，所以我就建議他不妨研究澀澤《論語》學。

　　當然，當代日本的《論語》熱，不止有商業的《論語》，也有運動家的《論語》，還有童書的《論語》，更包括漫畫版的《論語》，從中我們可以看到「超展開」的《論語》熱。「超展開」一語，如果用剛剛冠宏老師講的意思，就好像它可以隨意截取、刪除、合併、改編，當然用好聽的話講是「你可以用自己的話重說一遍《論語》」，因此我一直在思考，包括這類像胎教、從零歲開始來學《論語》，或者是帶點搞笑，包括藉由小動物，例如讓貓兒來說《論語》，這些包羅萬象，無奇不有的「十人十色」的「去脈絡化」的當代日本《論語》學，倘若要提出作為下一個國科會的專題研究計畫，我到底又該用什麼樣的研究視角來切入？關於這個問題我到目前還在思考中。也就是說，我必須思考的是：到底要用什麼樣的「研究方法」，才可以讓學界師友們覺得那是一個具有效力的研究方法，可以脈絡清楚地去說明二十一世紀後，這十五年日本當代的「去脈絡化」，乃至「隨意解」的《論語》熱問題。

而從剛才我秀出的 PPT 資料，我們可以看得出來，伊藤仁齋在江戶時代提倡：「天地之道，存于人。」[5]又說：「凡聖人所謂道者，皆以人道而言之。……道者人倫日用當行之路。」[6]仁齋這樣的一個訴求，若從近十五年日本的《論語》熱這一現象來看，是一點都沒有錯的。這也是安岡正篤（1898-1983）所說的：「學問畢竟就是知識。只是此知識並非猿猴之物，亦非飛鳥之物，而是人間之物。……其知越深則其越不會是遠離人間獨特高貴情感、情操、理想之物。……泥於流俗之生活，如何可開啟真知？生命之躍動、開眼，亦即獨步（國木田獨步〔1871-1908〕）所謂意欲驚奇之誓願，正是學問之根底。」[7]倘若日本這十五年的《論語》熱即是知識學問的開眼與躍動，我還在想我要用什麼樣的研究方法，去研究說明這種「躍動的人物學」《論語》，使其在學術界被認可是一種有效用的學術研究，這是我目前還在努力思考的問題。

　　今天我們這個論壇叫「經學研究方法」，我也一直在想，什麼樣的研究方法才算有效？我想講的是：「好奇」、「想像」之必要，以及「創見」提出、悅納之必要。假若在座、在線上的每個參與學術研究的人，都努力想在學術界留下一丁點的足跡，大概求知若飢，虛心若愚，多聞深思，持續勤修是必要的。換言之，研究是沒有一時半刻停止的。然任何一種創意的「研究方法」，都應該是融會貫通後所找到的「唯我獨屬」的，探討、思考研究對象的「我的途徑」，說得白話一點，就是從我自己心裡長出的學問。若如是，則「好奇」、「想像」是必要的。在個人而言，它需要時間沉澱醞釀、操作試行、靜待熟

5　《論語古義》，頁5。

6　伊藤仁齋：《語孟字義》，收入井上哲次郎、蟹江義丸編：《日本倫理學彙編》，卷上，〈道〉，頁18-19。

7　安岡正篤：〈學問論〉，《人物》〈學問〉，頁249-250。

化;在環境而言,我們必須共創一個勇於且樂見「異說」、「新論」提出的學界。因為學術界的生生活化之道,就在允許、悅納「新意」、「創見」的提出;而不是固守「己見」、「成見」、「定見」,甚至特執「偏見」。我覺得我們這十幾年,都在所謂核心期刊的標準和宰制裡面,很多有創見,或是跟既定成見不太一樣的論文,經常是需要有很大的運氣,才能夠找到那個悅納、允許、樂見他創意提出的審查人。

此外,我還想強調的是:重新定義經學研究之必要。我們讀書研究的初衷是為了改變腦袋、轉換思考。我們今天討論經學研究的方法,目的不僅僅只是為「研究經學」,而是要重新定義「經學研究」。真正自由的「經學」研究的目的,不應該被解消於經學自身內部,而應該超越「經學」。套用溝口雄三(1932-2010)所謂「作為方法的中國」這一概念,「作為方法的經學」,就是以經學為方法,以諸學術範疇為領域、以世界為目的。既要把「經學」當作是構成「中國傳統學術」全體的獨特重要構成要素,也是構成中國以外的,主要以東亞地域為主的「世界」之獨特重要構成要素。如此一來,經學之外的「哲學」、「文學」、「史學」也只是「傳統中國學術」中的另一種獨特重要構成要素,「歐美」也只是「世界」中另一種獨特重要構成要素。通過這個「多元學術範疇領域」與「多元世界」的強調,可以解消將「世界」等同於「歐美」;將中國學術思想文化等同於「某一特定」學術研究範疇的慣性思維,乃至學術話語權寡佔、獨佔之流弊,從而獲得真正平等對話的可能。值此之際,「經學」的獨特性及其之於「傳統中國學術」與「世界」的獨特性與特殊定位,便可獲得認同。

將經學研究朝向「作為方法的經學」這一概念來嘗試,則經學研究在「方法上」的操作,除了可以藉「經學」以關涉史、子、集領域,展開經學於「中國傳統學術」內部的跨域研究之外,這個「領域」概念當然也可以是「地域」上的橫跨。再者,除了「作為方法的

經學」之外，我們當然也應該探討經學研究的「方法」問題，且這方法可以是過去既成的歷史真實，也可以是當代眼下正在進行的研究現況，當然更可以是展望未來的理想型研究方法。而這正是我個人近五年來力邀臺、港、日、韓經學界同道善友，共同參與「儒家經典的跨域傳釋國際學術研討會」以及「經學講會」的初衷。

提問與回應

黃瑩暖：

我想先拋磚引玉，請問金培懿教授一個問題。剛剛我在培懿教授的報告中看到兩種不同的「孔子傳」，一個是白川靜的，一個是錢穆的，是不是可以請培懿老師介紹一下這兩本「孔子傳」各別的重點和特色？謝謝。

金培懿：

謝謝瑩暖教授。錢穆老師的《孔子傳》，是在民國十四年寫成《論語要略》、民國二十四年寫成《先秦諸子繫年》之後，到了民國五十二年又寫成《論語新解》，錢穆老師是在這些著作的基礎上，整理了《論語》、《左傳》、《史記》以及先秦古籍的材料，然後才寫成了《孔子傳》。錢穆老師的寫法，是關於孔子生命軌跡的進程，我們透過錢穆老師的《孔子傳》就好像跟著走了一遍孔子的人生軌跡。但是白川靜不太一樣，他撰寫《孔子傳》是在日本上個世紀全學共鬥的漫長學運時期，那時還在京都御所附近的立命館大學幾乎鎮日無法上課，白川靜卻是一個令人崇敬的學者，在這樣的環境下，他一樣每天到研究室，即使和學生們交涉到深夜十一點，他仍然再度返回研究室做研究，白川靜研究室的燈每天都是在深夜中才熄滅。換言之，他的

研究並沒有因為激烈的學生運動而中斷。在這樣的時空背景中，白川靜思考的是，那有沒有什麼人可以告訴我們在這樣的變動處境中該怎麼生活？於是他想到了孔子。白川靜開始在期刊發表連載，用不到一年的時間就把《孔子傳》撰寫完成。這本《孔子傳》一開始講東西南北人，接下來講儒的源流，他顛覆了戰後中國、日本對「儒」的討論。立足於他自己對金文、甲骨文、文字學的研究擅場，白川靜重新提出了「儒」的定義，接著再談孔子的處境，然後便突然把視角對準那些批判儒教的批判者身上。換言之，白川靜思考的是：你是誰，不是你說了算。也就是說別人怎麼定義你，也是你是誰的重要參考值。因此，我認為可以把《孔子傳》這本書當成一九七〇年代以後，日本物語化《論語》的一個延伸，但也同時是過往諸如「儒」是什麼？等近代日本中國學界儒學相關研究議題的延續探討。

車行健：

剛才金培懿教授所講的內容觸發了我一個想法，在講到日本對中國學問的研究，有提到京都學派跟東京大學的學風不同，舉了安井息軒和竹添光鴻，說有一批從歐美留學回來的學者，放棄了用傳統注解的模式來研究《論語》。但竹添光鴻卻選擇了用乾嘉學者的方式，繼續進行研究，並對《毛詩》、《論語》、《左傳》三部經典都做了注解。您也提到當時竹添光鴻的處境，這也讓我聯想到我們在漢語學術圈也有異曲同工之妙。同樣的一部《論語》，文哲所經學組和哲學組的學者各自怎麼去看？如何對話？我建議文哲所應該可以考慮舉辦類似的活動。近現代學者，雖不乏為傳統經典做注解者，但也有像研究哲學的學者，他們就不去為經典做註解，但朱熹不一樣，朱熹不但有為經典做注，也有像語錄或理學式的研究，我們在場的黃瑩暖教授是出身於新儒家陣營，應該對此更有感受。有時候會覺得，雖然學術有各自

的領域和陣營，各有研究的範圍和宗旨，但有時候，你又好像要強調一種交流、跨域和對話，但我不曉得兩位老師（金培懿教授、黃瑩暖教授）怎麼看待這樣的一個問題？

李明輝：

剛才車教授提到文哲所經學組和哲學組的交流，其實之前辦《孟子》研討會的時候，我們就有邀請林慶彰和秋華來參加，當時我們編的論文集裡面，也收有他們的文章。當時我們就是希望交流。像最近經學組辦的經學研習營時，也有邀我去講了一次。當然這不太容易，畢竟現在學科分化太嚴重了，每個人精力太有限，所以很難說花時間去了解別人的研究，這是個長期的問題，很難憑短期或主觀的願望可以解決。我主要是想對黃瑩暖教授的報告提一點，你後來提到禮和樂的區別，你說禮是個人化的原則，我覺得把禮說成是個人化的原則是有點問題的，因為嚴格講，禮是社會角色分化的原則，禮和社會化是不能分開。其實禮、樂都是社會化的原則，可能這部分要再思考一下。另外一個小問題，就是你引《論語》〈八佾〉「郁郁乎文哉，吾從周」，那個「郁」不是憂鬱的「鬱」啦。這是我的評論，就到此為止。

黃瑩暖：

非常謝謝兩位教授的指導。我先回答李老師的問題，我非常贊成也感謝李老師為我指正簡報上的文字。關於「鬱鬱乎文哉」的「鬱」字，我找到兩個版本（或作「鬱」，或作「郁」），後來我選用了「鬱」字，是因為在古文中它有「繁茂昌盛」的意思（例如「蓊鬱」）；但是，我也同意使用李老師說的「郁」字。再來是關於「禮以別異」的「異」之義，我簡報上寫的是「個人化原則」，李老師糾正我應是「社會角色分化的原則」，這我贊同，因為「禮」、「樂」都是

社會化的原則,這是沒有錯的。只是,在「禮」的部分,我個人認為它在「社會分化原則」中的「個人的社會角色」裡還包含了「個別化的差異、角色與角色之間的分際」等等,這是我當初會使用「個人化原則」的原因。李教授是新儒家與哲學家,在詞語的界義與使用上特別精準,我很感謝李教授的指正。我也附和車教授的意見,即我們可不可以來進行一場經學和哲學的交流,也許我們以《論語》為中心,作一個學術性的交流討論會。我覺得,經學研究者和哲學研究者,各有自己的研究視域,以我的管見所及,目前這兩個視域的交集似乎不多,我看經學研究者的《論語》論文與哲學研究者的《論語》論文,二者視角的差異的確很大。在這當中是否有交流的可能?或是完全沒有對話的平臺?我覺得我們可以更精密的來訂一個主題,讓經學和哲學的學者都能夠在這個主題上,來作更聚焦的交流,我認為這將會產生很好的效果。的確,經學研究者和哲學研究者在詮釋方向上,各有不同的角度,我跟培懿老師剛好就是兩個不同的領域,我們哲學研究基本上比較會從哲學思維的部分去做論析,經學研究者的關注面向就應該請專家培懿老師來回答(笑),而就我一個哲學研究者看到的經學研究面向,他們會比較關注到經典所在的時空,或者是經典詮釋的流變,或者是經典義理上的開放性,以及時代方面的影響。是不是這樣?請培懿教授指正。那我簡單回答到這邊,謝謝李教授和車教授。

金培懿:

關於車老師的問題,我想我的理解是這樣,我在研究探討竹添光鴻在東京大學的落魄處境時,我是將之與井上哲次郎、服部宇之吉等人相互對照,但我剛剛也說了,屬於中、日、法三合一的京都大學的客觀實證研究方法與學風,我們可以看到近代日本東京大學、京都大學這兩大學術陣營,彼等在學術性質上的某種對壘性,但我在研究過

程中一直覺得，這樣好像並不衝突。比如我和瑩暖老師都在臺灣師範大學教書，以前瑩暖老師屬於我們系學術分組中的哲學組，我則屬於經史組的，當然兩年前我系哲學組、經史組都合併起來了，都歸屬於我系目前兩大學術分組中的「思想語言文字組」。當然，我們在講課上，或者是在討論研究學問的一個進路上，或者說為學立場上或許會不太一樣，但我覺得這種「不一樣」很好啊！因為我覺得做學問跟我們的日常生活一樣，當這個社會越能悅納多元、接納跟自己不一樣的人，這個社會才是健全的。因此，在我剛剛發言的最後思考裡，比如我在上《四書》課時，我跟同學說自從韓愈表彰了孟子以後，經過了唐肅宗（711-762），再到了南宋，孟子地位一路是怎麼抬升的，他們必須要去閱讀這些相關文獻；但我在講到孟子的性善論的時候，我也要學生去參考黃俊傑老師的《孟學思想史論》，還有李明輝老師的《孟子重探》。但同時在某些關鍵原典文獻，我也還要求學生們的基本工夫是必須確實讀過趙岐的《孟子注》、朱熹的《集注》，以及焦循的《孟子正義》，而且我會請教學助理把部分原文都影印出來，然後我會分派作業讓修課學生必須對之進行句讀。學生們閱讀我所提供的這些《孟子》授課相關議題研究文獻與資料，但對於這些文獻資料，在我個人而言，我其實並沒有去區分哪些文獻資料是屬於所謂的「經學」研究？哪些文獻資料又是屬於所謂的「哲學」研究？也就是說，我所設想的理想的一個學界狀態是，每個人會因為他的個人興趣、天生秉賦，或者因為他求學過程中的學術訓練，所以他可能會選擇某一研究領域，就像剛剛李明輝老師所說的，現在的大學教育分科是細化的，你大概不可能不被歸類。但我認為我們應該相信也應該如此努力，那就是沒有任何一個人是可以被單一學術領域歸類或範限的，而我一路以來所做的研究，也一直努力想證明這件事。比如，我也研究討論了關於《牡丹亭》中援引《詩經》和《四書》的問題，而且我現

在也在關心晚明戲曲小說合刊本中的一些經學問題，所以我覺得結合不同學術範疇領域而來做研究並不衝突，如果我們認為學問只有一種面貌，那等於畫地自限。

車行健：

我再簡單問一題，同樣是兩位不同背景的老師，你們會想像竹添光鴻、錢穆、朱熹一樣替《論語》做一本注嗎？

黃瑩暖：

謝謝車教授的提問，老實說，這個問題讓我愣了一下（笑）。如果就我個人而言，我是會有這份自我期許的，剛才培懿老師說，真正健康的學術界是可以容許多樣化的存在，包括剛剛培懿老師透過畫面讓我們看到日本的《論語》出現了各式各樣的各說各話，非常有趣。我作為一個中國哲學的研究者，我想問的是，這些固然可以各說各話，但它能不能算是「學術」呢？也就是說，關於《論語》詮釋，怎麼樣才算是學術性的研究或學術性的詮釋？如果我們可以各說各話，那我們背後的根據是什麼？如果我們的詮釋不算學術、或學術性不足、或不屬於學術研究的範圍，那麼它的價值是否依然能夠被肯定？我覺得這是我們需要釐清的地方。若將來我有作注的能力，我也願意把我自己對《論語》的體會寫出來，至於夠不夠資格成書，可能從不同的角度有不同的認定。只是在《論語》的閱讀和深究中，我會盡可能地去體會到孔子言論背後的深心、孔子對天下人的關懷，以及孔子對人的品質的提升的主張，還有他為什麼對其主張要那樣的堅持……，這都屬於個人體會的部分；當然，我也必須很清楚，這樣的個人體會是不是也是一種各說各話，還是說我是有經典作為依據的？當然，我們說，沒有正確的詮釋，只有更好的詮釋。那我們對於各說

各話，是否要有一個更趨近於原意的詮釋？還是可以隨自己的體會地講？若是可以任隨己意地講，那《論語》本身會不會變成只是一個憑藉，或是，我們所講的還是「孔子義（儒家義）的《論語》」嗎⋯⋯？不過，不同的講學當是呈現其時代意義或不同的價值，所以我認為這些問題都是需要我們去仔細思量的。僅簡要回答到這裡，謝謝車教授。

金培懿：

我覺得行健問這個問題，表示他沒有聽懂我剛剛對我個人研究的介紹（笑），其實即使在江戶時代，注解法也是一直在變遷的。但我同意，將近二百七十年的江戶時代，江戶儒者不管他是研究朱子學，或是他一開始的研究有其他的擅場，可是他們最後的工作常常會回到《論語》面前，試圖好好地跟孔子對話。所以以前我去日本留學時，我的指導老師町田三郎（1932-2018）先生就說：「如果我晚年學問成熟時還有體力，我也想注解《論語》。」日後我博士論文指導老師柴田篤先生，寫信給我時也曾跟我提到諸如關於「七十從心所欲不逾矩」這一問題，他最近有何新體會。柴田老師也會跟我說明他的心得體會，但即使如此，柴田老師也不見得會去撰作一本《論語》經解著作。因為論及學術研究，或是談到要不要去跟《論語》這部經典或是與孔子對話的型態，恐怕未必就要往回頭去走老套的路數。所以我比較關注的是，到了近代日本，中島敦仍持續過著他認為的漢學者的生活，而讀者們或是研究者們都認為中島敦（1909-1942）《弟子》這本書裡面，符合子路形象的就是他的叔父漢學家中島斗南（1859-1930）。我要說的是，中島有這麼好的學術背景，他自己也是漢學家系出身，一個系出名門的近代日本人，可是他受了近代教育，然後在現實的人生經驗裡，他又去了南洋，某天他想透過撰述來表達他所理解的漢

學、《論語》，乃至自己的生命與生活狀態，他採用的是他覺得最恰當的《論語》認知、最能去展現的方法——「物語化」《論語》解。所以，我才說我究竟要如何去展開我剛剛給大家看的，那些超譯的、非學術的，但卻能夠對應當下日本真實的《論語》書呢？我們要怎麼讓它達到學術有效性？這是我還在思索的學術研究進路問題。也就是說，一言以蔽之的《論語》／「經學」研究，我們可以有各式各樣的思考、研究方法。所以我們當然也同意，如果有一個人擅長寫小說，他對《論語》或對孔門弟子的理解就用小說來表達，就像我大學時很喜歡現代詩，假若未來有一天我能進一步和孔子默會、相知，或是我非常確定孔老夫子在我人生中的某一個生命時刻曾經歸來，我想屆時我第一個想用來表達此種心領神會的神聖時刻的「方法」，最有可能的會是寫一首詩，或是寫一篇散文吧！而不會想要去注解《論語》這本書。不過，因為我是研究《論語》、儒家的人，更重要的是我還是一個當老師的人，所以我知道我非常喜歡去講授《論語》，不僅對大學生們講，還要對小朋友講，對一般人講，若有人邀請我，只要情況允許，我通常不太會拒絕。所以我覺得不一定要執著去做經注，因此這個問題也可以丟回給行健，也就是說，你認為我們必須要回去做經注的目的是什麼呢？我想最後就容我為行健和今日在現場與線上的經學研究的同道善友們，朗誦一小段羅智成老師《諸子之書》詩集裡面的〈莊子〉一詩：

　　從知識的傷口望出
　　濃雲正被急速拖曳
　　萬里美景的包裝正被打開——
　　只是等了許久還不現天光
　　因為大鵬過境

大鵬過境

　　大塊噫氣

　　所有心思被連根拔起

　　所有空虛的事物被吹出聲響

　　甚至凝聚的視野

　　也被舞成彩綢萬匹——

　　有人才要去追他的鋤頭

　　轉眼又失去了自己

　　在一場不愉快的爭辯後

　　我們緊緊攀住脫韁而逝的大地

　　暈眩

　　當層雲橫流成瀑

　　隱約的浮石

　　是我們被沖擊的心智

我的意思是，當年還是大學生時，在閱讀羅智成老師這首〈莊子〉現代詩時，我完全可以把它跟我在修習劉文起老師的《莊子》課搭聯起來。換言之，如果我真的讀懂了《論語》、理解了孔子想告訴我的這些那些，我還執著我一定要注解《論語》嗎？我想我最後就用這樣的一個方式回應行健這個提問。

陶亮（提問人）：

　　各位老師好，我聽了各位老師的發言很有收穫，謝謝。我來自四川大學，目前在念博士，主要的研究方向是經學文獻和經學史。我想請教金教授和各位先生，金教授提到一個問題，即日本學界的中國經

學史成立，這個問題也一直盤旋在我心中，因為在大陸學界這邊如果想研究經學的話，近代經學史的著作好像不是非常多，而且同質性非常嚴重，這是我研讀經學史所帶來的直觀感受。想問金教授，關於日本的中國經學史成立，翻譯過來比較著名的可能是本田成之（1882-1945），包括林慶彰先生他們編譯的安井小太郎，但我看包括日本學界的中國經學史書寫，好像受到中國學界的影響也是蠻深的，特別是本田他們的經學史在書寫之中，也經常以皮錫瑞（1850-1908）的《經學歷史》去立論，是不是可以說，日本經學史的書寫有很大一部分也是立基於中國經學史的書寫傳統，但同時又有西方學術體例的範式？也就是他是一個雙向互動的過程？但我覺得我的理解還很粗淺，不知道可以如何去看待這種同質性？第二個問題是民國過後，不是太多這種著作，我想問的是關於思想史、文化史和經學史的關係，那麼經學史在民國的定位是什麼？還有在民國時期哪些著作可以視為經學史？以上是一些比較困惑我的粗淺問題，謝謝各位老師。

蔣秋華：

這位同學提的問題蠻大的，一時可能很難完全回答，而且我們的時間已經超出蠻多了，可能沒辦法做比較全面的回應。或許我們後面還有幾場關於其他經的座談，最後會有一場關於經學史的專門探討，或許到時陶同學可以特別留意。如果沒有其他問題的話，很抱歉時間超過這麼多，我相信不管是經學或哲學，交流的大門是一直敞開的，彼此可以敲門進來。今天我們就到此結束，謝謝五位老師做了非常精采的報告，也謝謝線上各位的參加和討論。

《易經》的研究方法

主持人：蔣秋華（中央研究院中國文哲研究所）
發言人：
　　　　孫劍秋（國立臺北教育大學語文創作學系）
　　　　陳威瑨（國立臺灣大學中國文學系）
　　　　陳睿宏（國立政治大學中國文學系）
　　　　黃忠天（國立清華大學中國文學系）
　　　　楊自平（國立中央大學中國文學系）
　　　　賴貴三（國立臺灣師範大學國文學系）
　　　　羅聖堡（國立臺灣大學中國文學系）
整理人：盧啟聰（中央研究院中國文哲研究所博士後）

蔣秋華：

　　現在已經一點半了，那我們就開始了。線上的所有嘉賓大家好，今天是由文哲所經學文獻組舉辦的「經學的研究方法」工作坊第三場座談會。今天所要討論的是《易經》的研究方法。很高興能夠邀請到七位老師，把他們長期研究《易經》所獲得的經驗，來這裡談一談他們怎麼研究《易經》，提出他們的看法和研究方法。我先簡單的介紹這七位主講的老師，按照這個發的通知上頭的姓名筆畫次序，依序介紹。然後報告的時候，就不一定要按這個次序。首先，介紹第一位，是孫劍秋教授，孫老師是國立臺北教育大學語文創作學系的教授。他現在還擔任副校長的行政工作，這個責任是相當的重大，而且他非常

繁忙，在這麼多公務之下，還抽空來參加，非常感謝他。第二位是陳威瑨老師，他是臺灣大學中國文學系的教授。第三位是陳睿宏教授，陳老師是政治大學中國文學系的老師。第四位是黃忠天教授，黃老師是清華大學中國文學系兼任的老師，他原來在高雄師大經學所，退休下來在新竹幾個地方兼課。第五位是楊自平教授，她是中央大學中國文學系的教授。第六位賴貴三教授，賴教授是臺灣師範大學國文學系的老師。他現在也擔任系主任的職務，也是行政工作相當忙碌。他上個禮拜還主持師大的百年校慶的會議。最後一位是羅聖堡老師，羅老師是臺灣大學中國文學系的教授。他是相對在這裡頭，應該是最年輕的老師了。以上這七位老師，都有很長期的研究。所以羅教授年輕，我想至少也有十年以上了。資深的老師三十年以上都有啦。七位簡單介紹過後，下面我想按照我們所得到的資料，就是各位老師傳來的資料，按照它的性質，通論性的我把它放在前面，至於談個人的研究路徑的，放在後面。我待會會先請孫劍秋教授第一位報告，第二位陳睿宏教授，第三位楊自平教授，然後第四位黃忠天教授，接著第五位賴貴三教授，第六位陳威瑨教授，最後就請羅聖堡教授來報告。好，我這個開場到這裡，待會每一位報告的老師，大概可以有十五到二十分鐘的時間來報告。好，我們就先請孫劍秋教授。有請劍秋兄。

孫劍秋：

　　好，謝謝主持人。我就先做一個簡單的報告。我今天報告的是我之前已經有寫過的《易經》研究方法。這次因為要跟大家做一個簡單的報告，所以我就又把它重新再整理過，我就來跟大家談一下。我在上課的時候覺得比較重要的《易經》研究方法有哪些？我的對象是針對初學《易經》，以及想對《易經》有比較了解的，所以就了解這個內容。好，我就開始來做說明。我原稿因為已經傳給大會了，所以在

座大家請去參考大會的文稿,是可以給大家作參考。好,我們來看第二頁。

　　清儒張之洞(1837-1909)在《輶軒語》的〈語學篇〉提出:「讀經宜讀全本,解經宜先識字。讀經宜正音讀、宜講漢學、宜讀國朝人經學書、宜專治一經。治經宜有次第,治經貴通大意。」這是《輶軒語》提到的大概內容。那麼我呢就是把之前幾位大師他們談到治國學的方法,[1]整理出一個治學方法,大概是《易經》研究方法的來源是這樣子。

　　我覺得《易經》最重要第一個應該要懂得源流體系。懂源流體系,就首先要懂《易經》這本書到底是在做什麼的。宋朝人程迥說:「《易》以道義配禍福,故為聖賢之書;陰陽家獨言禍福,而不配以道義,故為技術。」所以說我們怎麼看待《易經》這本書,就決定了你是屬於哪一類的人。所以我是覺得我們學《易經》應著力它對當代政治、軍事及社會人心的影響,由此來著手。

　　因為卦爻辭文字非常簡樸,後人不易理解,所以戰國中晚期,出現解經的《十翼》。我想大家都了解,《十翼》有七種十篇:其中〈彖傳〉、〈象傳〉、〈繫辭〉是有上下;其他〈文言〉、〈說卦〉、〈序卦〉、〈雜卦〉都只有單篇。

　　《四庫全書總目提要》提到兩派六宗之說,所以我們研究《易經》,要先知道歷代以來的《易》學大概有哪些派別。第一個就是象數派,第二個是義理派。象數派的部分,最重要當然是《左傳》所談到的占筮例子,《左傳》加《國語》總共有二十二條占例,這是在探討先秦古代的占例,可以用歷史故事來了解它的內涵。還有就是漢儒

---

[1] 案:【投影片】a早期:章炳麟講,曹聚仁記《治國學的方法》、陳鐘凡《治讀書的方法》、胡適之《研究國故的方法》;b近現代:高仲華《國學的研究》;c杜松柏《國學治學方法》、劉兆祐《治學方法》。

所談的象數，也離古聖賢之說不遠。另外，就是象數派從京房、焦贛將象數轉入禨祥。陳摶跟邵雍則是用它來講太極、圖象、窮造化。義理派裡面最有名是用《老》、《莊》說《易》的王弼（226-249），闡明儒理的胡瑗（993-1059）、程頤（1033-1107），以及參證史事的李光（1078-1159）、楊萬里（1127-1207）。我們想說讀《易經》首先要明瞭兩派六宗，有一個脈絡之後，比較容易入手。

　　如果我們要研究《易經》，首先應深入到某一個派別鑽研它。譬如說如果你想要學的是象數派，要從漢儒著手，知道他們授受傳承，他們的師法，怎麼把《易》例做個歸納。如果你要研究的是義理派，開頭就要注意王弼，王弼重要的書，像《周易略例》，可能就要了解它。現代的人有新作經傳文本，我的建議是可以參考陳鼓應跟趙建偉教授的《周易注譯與研究》，商務印書館出的，以及最近剛去世的，我們敬愛的黃慶萱（1932-2022）老師，他剛完成的大作《周易六十四卦經傳通釋》，這是由三民書局來出版。

　　第二個就是要「立扎實根基」。古人讀書有圈點、抄寫跟熟誦，我建議剛開始讀《易經》，每次從這邊入手。歷來各個大學也都是要求研究生做圈點，其實目的也是在這裡。如果圈點、抄寫過程中遇到訛字難詞的時候，要怎麼辦呢？當然首先要選擇好的本子，接著就是要用傳統知識文字、聲韻、訓詁等等的方式，來弄清楚這個句子的原意。

　　那麼讀《易經》除了《周易》經傳之外，還要了解哪些歷代的重要參考著作。第一個像先秦《易》學，《左傳》、《國語》的二十二條古筮例是非常重要的參考。漢魏到隋唐有三十多家的象數《易》的古注，這裡面唐朝李鼎祚的《周易集解》，以及清朝李道平（1788-1844）對《周易集解》作的《纂疏》。這個部分拿出來看，對於象數《易》會有一些幫助。至於如果要對義理《易》了解的話，就要了解王弼《易》說裡面，他雖掃除互體跟象數，卻標榜玄學性，所以代表作反而是唐

代孔穎達（574-648）的《周易正義》。宋、元以後的理學家《易》說，比較有名的當然是程頤的《易傳》、朱熹（1130-1200）的《易本義》，還有其他經說，都存在《通志堂經解》裡面。清朝學者的《易》說，比較重要的存於《皇清經解》和《續皇清經解》，清朝學者的《易》說最重要的就是惠棟（1679-1758）、張惠言（1761-1802）跟焦循（1763-1820）。這也是提供大家的建議。

第三點應該是「尋明師指引」。就像《易經》〈屯卦〉六三爻辭說：「既鹿无虞，惟入于林中，君子幾，不如舍，往吝。」應該是說一個人如果走到山麓邊，如果沒有嚮導引領你過山的話，很容易半路迷途。學《易經》也是一樣。如果你不遵循某一個派別，反而東學一點，西學一點，很容易就走入術數象數類的卜算那邊去。所以說還是要有一些引導，才能夠學到比較完整的概念。

那麼我們怎麼樣才能夠認識《易經》呢？這個途徑該怎麼樣走？我個人的建議，第一、借重群書目錄的指引，譬如歷代藝文志、經籍志、公私的藏書目錄等等。舉例來講，清朝有個朱彝尊（1629-1709）的《經義考》，它本來是個非常好的書，經過林慶彰老師在中研院的時候，做了《點校補正經義考》，總共八巨冊，其中前兩冊半即為《易經》經義考辨。我覺得把它拿來唸一唸，也會對《易經》的整個歷史演變會有一些幫助。現在的查詢是比較方便，可以直接用電腦去查詢，不過在早期像林慶彰老師的《經學研究論著目錄》的正編、續編、三編等等，都是花很多功夫做的，其中有不少《易經》研究的相關內容。另外，像黃沛榮教授也做了一個《周易序跋輯錄》，還有《歷代文集易說叢輯》。這對我們初學者也可以做一些參考，對大家了解到不同的學者在文籍中出現的《易》說，可以拿來做參考。

再來就是我覺得讀《易經》除了看書以外，還要找到名家來指導。大陸比較有名的《易》學大家，我覺得第一個應該是山東大學劉

大鈞教授，他領導《周易研究》這個期刊，因為歷史悠久，而且很多研究者都非常認同。還有林忠軍教授編有《象數易學史》，北京大學朱伯崑（1923-2007）教授有《易學哲學史》，中國社會科學院有位李申研究員的《易圖考》等等，這些對我們研究《易》學都是很重要的參考書。又譬如說福建師範大學張善文教授、北京師範大學鄭萬耕教授、武漢大學孫勁松教授、華中科技大學唐琳教授、深圳大學問永甯教授、湖南大學陳仁仁教授等。剛講的幾位教授都是大陸的《易》學研究會的，可能是理事長或者秘書長，就是目前主導幾個省或是整個大陸《易》學研究的方向，我們如果要討論或是要常常參加他們的研討會的話，會對我們的領域可以擴張很快，而且他們也培育不少的《易》學人才。

在臺灣部分，大家比較熟悉的，像徐芹庭老師、趙中偉老師、高懷民老師、黃沛榮老師、鄭吉雄老師、黃忠天教授、林文欽教授、胡瀚平教授、陳睿宏教授等等。臺灣的教授因為很多，沒辦法都舉出來，我建議是可以參考賴貴三教授編的《臺灣易學史》，他這個書編得很好，可以知道臺灣近一百年來的《易》學變遷，也可以認識臺灣當代的《易》學專家。

第四個，我覺得研究《易經》應該要先找對的書，所以要辨別真偽。就是說《易經》這個書哪些是真的，哪些是假的，或者說時代演變過程。這樣子，我們在立論時才不會出現混亂。最早對《易經》展開定位工作的，應該是歐陽修（1007-1072）的《易童子問》。

另外要做的是蒐集輯佚。古書如果不見的話，我們要找出材料討論，有幾本是重要的。像宋朝王應麟（1223-1296）的《鄭氏易注》，明朝孫瑴（1585-1643）的《古微書》，清朝馬國翰（1794-1857）的《玉函山房輯佚書》、黃奭（1809-1853）《黃氏逸書考》等等。近代出土文物也非常重要，像陝西的周原甲骨，雖然只有二百七十七個字，

可是我們可以知道紂王和文王的互動關係。又譬如說長沙馬王堆的《帛書易傳》、上海博物館的《戰國楚竹書》等等，也有些臺灣的學者做了很有名的研究，大家可以做參考。

那麼字句的謬誤，當然要來找出證據解釋，這是不容易的。舉例來說，像〈屯卦〉六三爻辭：「女子貞不字，十年乃字。」這個「字」我們一般解釋為嫁，守貞潔不嫁，多年後乃嫁。但正確解法應該是妊娠，指女孩子一直未能懷孕，多年後終於如願。像這樣的解釋，哪邊有把它做整理跟歸納呢？我的建議是清儒王念孫（1744-1832）、王引之（1766-1834）的《經義述聞》，還有俞樾（1821-1907）的《群經平議》等等，已經把這些做了一些討論，可以看一看。

再來最後一項，學《易經》最重要是除了讀書之外，還要有體驗實踐。《論語》說：「加我數年，五十以學《易》，可以無大過矣。」這個五十不是指年紀，也可以指人生歷練，所以朱子（1130-1200）的《語錄》說：「經歷天下許多事變，讀《易》方可明理。」也就是說我們多讀書，多多的了解世故的體會，我相信學《易經》也可以有不一樣的了解，不一樣的體會。

讀《易經》我覺得最重要是對卦爻的「時位中正」四個字，治《易經》沒有不了解這個「時位中正」。裡頭的「時」可以分成兩個，一個是趨勢，一個是時機。趨勢是不能變，所以我們稱為趨勢。時機是指一個卦有六個爻，六個爻表示有六個可變的時機。掌握時機，轉危為安。這個引申下去比較久，有機會再聊。第二個是「位」，位有「本分」。如果是本分，是不可變的，如為人子要盡孝，為人臣要盡忠。「職分」之「位」表示利害相待關係，這種關係合則來，不合則去，是可變。還有「中」跟「正」，兩權相害取其輕就是「中」，選擇有利而去做。「正」是有雖千萬人吾往矣這種胸懷。我建議可以參考元朝學者許衡（1209-1281）的《讀易私言》，裡面對「時

位中正」有比較深入的體會。

　　簡單做一個結論。我覺得如果把前面讀《易經》的研究方法都做到了，也只達成學《易》的入門。最後還是要躬行實踐，才能夠窮理。因為《中庸》裡面說「學、問、思、辨」，最後是要篤行。這個慎思明辨之後，還是「行」。所以，思之後還是行，知之後還是行，知行才能合一。最後結論，我們讀書之外，還能夠躬行實踐，才能證諸天地。以上是我的簡短報告，請大家指正。謝謝。

蔣秋華：

　　謝謝劍秋兄。孫老師他總結研究經驗，提出了五點「明源流體系」、「立扎實根基」、「尋明師指引」、「勤蒐集考訂」、「重體驗實踐」，也都很明確舉出一些實例，讓研究《易經》初入門者應該可以做很好的參考。下面我們就請陳睿宏教授。睿宏兄，請你開始。

陳睿宏：

　　我完整的內容在我的那一份資料裡，各位學者如果有興趣，可以自行參閱。因為時間關係，我就用簡報的檔案作快速說明。

　　我的題目是「《易》學研究方法芻議」。簡單介紹一下我的整個學思歷程。我事師呂凱（1936-2021）教授，老師以王弼《周易注》、朱熹《周易本義》為主，兼採漢《易》的《易》例詮說之法。整個《易》學研究歷程，研究之起點，大概以《易緯》作為重要開端。博士論文《惠棟易學研究》，著力於清代《易》學與漢《易》的研究。透過惠棟對於宋代學者的批判，進一步關注朱震與朱熹的《易》學，進行深入的了解。再延續到宋代的有關學者之研究，並有一些成果論著。開展歷時性的研究，延續到元代的有關《易》家，包括胡一桂、吳澄（1249-1333）、張理、郝大通（1140-1212）等等，特別是圖說方面。再

繼續延續到明代《易》學的研究，明代方面，包括朱升（1299-1370）、胡居仁（1434-1484）、熊宗立（1409-1482）、韓邦奇（1479-1556）、陳士元（1516-1597）等等，並連結到關於《易》學會通的部分。未來持續延伸的，主要為明代與清代《易》學與有關圖說方面的議題。

以下從幾個面向，提出我個人的看法：

一　對於《周易》研究方法的看法，認為研究方法所傳遞的幾個重點

第一、達到《周易》學術文化歷史傳承之功。第二、提升《周易》學術研究的學術價值。第三、提升《周易》學術研究的方便性與效能。第四、發揮《周易》作為歷史經典的通天道明人事之具體功能。第五、傳統經典的當代性對話與應用。第六、後出轉精，提供《周易》研究創造性的價值。

二　當代《易》學研究的優勢與困境的部分

可能的優勢方面：第一、資料檢索與資料取得容易：資料庫、數據化、電子化，以及蒐尋、檢索的方便性，使有關研究與學術養成所需之文獻資料，易於掌握與取得。第二、文獻開放性高，易於擷取，以及學術參與平臺與機會多，提高學術成果之參考運用，與學術現況掌握及交流。第三、學術考評之刺激，帶動學術之活躍性，以及學術成果的快速成長與公開。第四、學術研究取向的多元化、不同學術領域的整合，提供多元接受與多元價值的可能。第五、經學發展的時代性衝突，相對於《周易》的傳統文化性本色高，復以其卜筮的神祕性特質，以及民間的接受與應用，《周易》仍有其傳承與接受的優勢。第六、古籍文獻點校本之快速增編，提供文獻運用的便捷性。第七、經師就學增加方便性，亦少有門戶之見。

現實上的可能困境。第一、本土化意識的擡頭，主流價值的變異，傳統中文領域研究，有骨牌式推擠之傾向。第二、現實經濟與實用學門，以及具市場就業效益學門的先位性，人文學門出路面對嚴峻

的挑戰，投身大學碩、博士班就學研究深造的意願嚴重萎縮，基本專業能力優異者，明顯銳減。對於知識系統複雜、難度較高的《易》學領域，研究者相對減少，深下功夫之俊傑難覓，整體《易》學專業學術之養成與授受環境，相對不利。第三、大學學術研究評量的功利化指標，致使研究者追求之研究對象與議題，某種程度走向短線「數量化」的普遍考量，易操作、速成者，成為研究的重要取向，宏觀、深化、難度較高的議題，乃至需要長期建構的可能優質研究成果，因功利現實而易於減縮湮沒。第四、學術的使命感，學術成果附加價值的誘因式微，學術成果的累積，缺乏正面活力與合理誘因，專著的成就，失卻應有的合理報償，專著的撰作動能低，成就價值的代表性低。如大學教師專書出版，成為被出版社主導與控制的卑微者，努力的心血與成就，幾為升等的必要性掠奪標的。出版環境不友善。第五、《周易》知識系統的龐雜，知識的建構，非短時可就，長期的積累成為必然之道。工夫根柢不足之下，成為《周易》領域研究傳承的隱憂。第六、研究內容上的困境，明顯的現象為少有創新，缺乏當代課題的相關研究。如何多向度、多視野開拓研究領域，有值得正視者。第七、學術研究社群或組織鬆散，缺乏整合的《易》學研究中心或組織，無法有效發揮協調、合作的功能，既有的成果，亦無法總結匯聚，活力不足。第八、文獻資料之增補，以及有關文獻的整合，可以再提升。可以再擴大文獻資料庫的建置，鼓勵典籍文獻的點校。

三　總結歷代之重要研究方法取向

　　歷代《易》學的發展，有其各個時代的特色，從方法與內容的綜合性概念言，不外乎為幾個大面向：其一、象數（含圖書）與義理兩大範疇內容；其二、《周易》經傳的章句訓詁之內容與方法；其三、時代性特殊時空的《易》學發展傾向與方法運用；其四、《周易》經傳的形式分合與以傳解經之理解向度；其五、思想主張的特殊創發與

結合個人思想體系的建構。總結歷代《易》學研究內容方法，綜合歸納：第一、歷史研究方法與視野，立基於歷史的當下，關照時代《易》學、專家《易》說與重要命題，客觀面對，準確定位。第二、文本文獻之歸納與分析，用於重要《易》例、思想主張之流衍與闡說，並確立自屬之觀點。第三、章句訓詁之法，普遍的文義運用，並有繁簡之異。第四、考據與辨偽，尤用於象數諸法、圖說、《周易》經傳之形成與作者問題。第五、有以《易傳》詮義，以及經、傳相互闡義之法；另有經、傳相分，各自分觀，別自分闡者。第六、時代思想融入之體系化建構，如氣、理、心論等。第七、《易》學流衍認識與學派歸類之定位，主要涉及歷時性之問題。第八、義理與象數有關思想主張之勾稽，有刻意分野、相融並重等不同態度與概念方法之運用。第九、典型會通的創造性詮釋系統之新制，除作為「《易》外別傳」的圖式數理與思想的構說，如《太玄》、《參同契》、《皇極經世》、《潛虛》、《元包》、《洞極》、《洪範》數占等之會通新制。第十、廣納群籍詮義之傾向，如漢代煩瑣章句訓詁之法、清代考據樸學之法。第十一、歷代《易》說之義疏引述，與集解詮說之法，如「集解」、「義疏」、「大全」等之釋義論著。第十二、根柢前人某家之說進行通釋衍義，如以朱熹《周易本義》為本，擴申其義，並闡發己見。

四　研究方法運用之前置基礎觀念，提出兩個面向

第一，多元複雜的知識系統需要行健踏實的根柢。《易》學發展歷程，與歷代個別思想家，或是不同的學派與時代學術主流傾向的發展，甚或與天文、曆法、數學、醫藥、丹道、自然科學等領域，形成積極的聯繫與會通吸收的關係，建立與擴大其龐富多元的思想與知識系統。如就思想概念範疇言，如太極、陰陽、五行、乾坤、象意、道器、體用、理氣、形上與形下、象數、言意、中道、變化、德義、心性、性情、化生等等；就純粹象數或《易》例概念言，如消息、卦

氣、卦象、八宮、卦變、卦主、爻位、爻辰、納甲、納音、互體、衍數、推占、河洛、先後天等等；乃至與《易》相涉與會通的思想系統等等。《周易》學術研究，仍有其根本的傳統基礎與知識系統，必須奠基於此。這個傳統基礎與知識系統，是一龐富多元的體系，是延續歷代《易》學與其特色下，共同支撐與面對的應該具備的基礎知識能力，這些能力需要不斷吸收建構，不斷的健行積累，基礎根柢穩固，在《周易》研究的道塗上，才有匠心獨運之理想效能。第二、象數與義理之客觀接受與對待。方克立（1938-2020）指出中國《易》學發展，向來有象數與義理兩大傳統，且長期爭論不休，兩派皆將《周易》視為儒家聖典；而「兩派雖研究方法和學風不同，但都對中國文化的發展作出了各自的貢獻，它們之間既互相對立又互相影響，互相吸收對方的觀點或思想資料來充實自己的理論體系，甚至可以說是一種互補互動的關係」。因此，研究者「應打破傳統經學家的門戶之見，全面認識中國《易》學的發展過程及其學術文化價值」。象數與義理無法全然劃開，固無對立之必要，價值性或有接受上的不同，但意義上相輔相需，難以分割。且以片面的象數或義理，斷立專家之說的定位，恐易生紛歧與偏囿，慎其過於主觀之分殊。

五　個人經驗概括的《易》學研究態度與方法

　　第一、典範性文本之精讀，奠定紮實之基礎。選擇傳統重要的文本，進行熟讀與理解，如孔穎達等撰《周易正義》、李鼎祚《周易集解》（以李道平《周易集解纂疏》輔助）、程頤《伊川易傳》、朱熹《周易本義》等。強化基礎知識，擴展學殖。

　　第二、辨章學術，考鏡源流，釐清概括之《易》學流變與譜系。理解《易》學學術源流分衍與流派分類，如傳統上以象數與義理進行兩大分流，或許宋代之後，可擴及增加圖書之學，乃至清代《四庫》館臣區分「兩派六宗」之說，客觀認識有關「物類群分」的學術分類

之方便性與必要性，但勿以刻板式的認知，截然分立，恐致沾染過度主觀的抉擇，與形成理解上的侷限和偏狹。

　　第三、掌握理想文獻運用的適當性，乃至研究對象之選擇考量，熟悉文獻的實況與優劣，亦即提升《易》學文獻學、版本學與目錄學有關的知識，使達到文獻使用上的合宜性。如《四庫》館臣之《易》學認識，其文獻蒐輯確有其功，《四庫全書》收錄或普遍為具時代性學術成就的較佳論著文本，但收錄文獻可能存在本身文獻辨偽與評價，乃至版本優劣之問題，同時亦有因為時代主觀價值的認定，出現成就低估的漏網之魚。不論《易》學史或專家《易》說之研究，《四庫提要》可為參照，但宜綜合參證多元的考評文獻，如朱彝尊《經義考》、《續修四庫提要》、潘雨廷（1925-1991）《讀易提要》，以及晚近學者《易學史》、歷代《易》學研究與有關研究成果，而詳考文本的本身才是主體，避免前人的刻板認識，走向同一「罐頭工廠」的內容，難見新義與更高的學術價值。例如，評價《易》說，避免《四庫》館臣評說的主動牽引，影響文獻核心內容的確立，以及學術定位的客觀性。

　　第四、去除主觀的價值認定，努力接受全面而完整的《易》學知識系統。多元領域的研究，不論象數、義理、圖書、丹道等，都有其存在的價值，理性合宜的闡發，可以不相扞格，尤其認同象數與義理的包容性，兼容共治，體用同源，相需無間。

　　第五、思想觀念與知識系統的整合，包括《易》學名詞觀念、《易》例、時代的主流觀點等，如有關象數的基本主張、太極無極的思想衍化、河圖洛書的認識等等，為應當建立的知識觀念。同時，漸次就有關思想主張的源流發展，進行成熟的掌握與運用。

　　第六、把握《易》學史的基本認識，將歷時性與共時性的時代性眼光，立基於研究對象的歷史當下，掌握時代學術發展時況，確立前

因後啟、與共時相涉的有關《易》家與主張的實況，提升研究內容的深度與研究價值。

第七、培養研究系統性、客觀性與合理性建構之能力，確定研究內容與架構之系統化、條理化與完整化。子題合宜建立，論述之處理，可採先易後難，再作統整修訂，確立與論題之相應性，掌握論題的核心內容。

第八、文本之研究，以「述」為基礎，以「評」落實其價值，體現接受、繼承、批判、創新之可能。文獻運用，旁引相關文獻，進行對比核論，確立異同、流衍之可能關係、影響與定位。

第九、文字訓詁基礎工夫之養成，擴大培養原典文獻之詮釋，豐富自我論述之內容與深度。

第十、接受與運用新方法、新觀念，實現創造性的理解，惟當建立在既有的《易》學思想與知識基礎上，不違背原有知識系統的基本認識。西方哲學觀念的援引，能夠確立其實質的意義，不在於畫蛇添足，迎合「國際化」。

最後，我做一個結論。學術文化之發展與接受，即為面對每個時代所面對的歷史時空之不同，政治、社會、學術、文化等環境的差異，形成其特殊的時代傾向，如漢代陰陽災異化的影響，帶動《易》學以卦氣為主的象數之學的發展，魏晉老莊玄學化的新的學術慧命，《易》學的高度義理化，象數式微而走向以王弼之學為主的漸趨統一路線。隋、唐以降學術的發展，同樣面對其自屬的環境問題。每一個《易》學研究者，適應與接受新時代的環境與價值，以及可能的侷限和挑戰，嚴肅面對自身領域的傳統與現代性應合下，所要堅持的那份學術認同，同時確立面對研究所可以展示的新的思維方式之建立，以及可以掌握的研究需求，而其根本的基礎，不管環境如何的改變，如同《老子》所云：「合抱之木，生於毫末；九層之臺，起於累土；千

里之行，始於足下。」德與學皆本於積累，坐冷板凳的工夫，雖孤寂雖辛苦，工夫基礎，日積月累，若「水積則生吞舟之魚，土積則生豫章之木」，研究學問貴在持恆積累，勤勉不懈，介然於山野必可成路；基礎工夫為學問的第一步，是入門的降龍十八掌，鍥而不舍，亦能放乎四海。至於方法之運用，則是一種學問技巧、價值選取、應接時代、經驗磨礪的省用與學習轉換。新時代的研究思維，從多元整合中追求個別的研究價值導向，並在個別的價值認同中，為整合的《易》學學術領域，創造可能的貢獻。同時，並在主體的或同化的價值認同中，追求自身或許可以獨特的差異，又能在差異中展現可能的學術共性，不走向歧路，苟於小技而遊於江湖，自慚於聖學。不必然一定可以卓越，但一定可以自我優化，需要敢於像花錢一樣敢於花用時間，需要像投身賺錢一樣投身努力！《易》學研究薪火不已，無窮無盡，每個時代都可以顯現其基礎發展與創新擴展，本質上需要研究者勤學穩健，篤實求新，在學群的相承相持下，使《易》學研究不斷茁壯成長。這是我自己的期許，謝謝！

蔣秋華：

　　謝謝陳睿宏教授精彩的報告，陳教授剛才是從個人的研究歷程說起，然後也提出當前研究的優勢，還有困境。然後在他提供的材料裡頭，有很豐富的資料，對歷代的研究方法取向，作出深入的報告整理，也提供很多參考的訊息。如果想研究《易》學，可以好好看他提供的材料論文。在剛剛投影片的介紹，也總結指出一些研究要點，都是他長期研究下來最寶貴的經驗。好，我們謝謝陳教授。接下來請楊自平老師。請，自平老師。

楊自平：

謝謝蔣老師，感謝文哲所的邀請。剛聽了孫教授跟陳教授精彩的報告，受益良多。在此簡要的跟各位分享自己淺近的心得。

我的報告將按以下順序：一、前言，二、《易傳》開啟治《易》方法之先聲，三、王弼開啟以傳解經之先例，四、伊川重視《易》辭，著重義理闡釋，五、朱子恢復《易》本義，折衷眾說，指導後學用心讀《易》；六、象山（1139-1193）以六經注我，我注六經，體悟不易之理；七、陽明治《易》，體之於心，得魚忘筌；八、結論。

在現今學界，從事學術研究，無論自然科學、社會科學或人文學皆強調須有方法的自覺，如田野調查法、觀察法、實驗法、文獻研究法、實證研究法、定量分析法、定性分析法、跨學科研究法、個案研究法、功能分析法、模型法、探索性研究法、資訊研究法、經驗總結法、描述性研究法、數學方法、思維方法（歸納演繹、類比推理、抽象概括、思辯想象、分析綜合）、系統科學方法。其中人文學較常使用的是文獻研究法及思維方法，田野調查法、個案研究法、模型法亦常運用。近來結合數位工具發展出的數位研究法，亦可視為跨學科研究法。

重視研究方法看似是近世的趨勢，古史辨派《易》學則受到西方史學觀念衝擊，產生新方法的自覺。但古代《易》學是否沒有研究方法呢？若深入考察歷代《易》著，有些《易》家會明確表達自己的方法，有些僅表現在實際治《易》中，因此需仔細研讀，並透過比較分析，方能彰顯特色。

就整個《易》學發展來看，《易傳》無疑是重要關鍵，也是關注治《易》方法的先聲，有必要就相關議題做深入論析。重要《易》學大家也扮演重要角色，在此以王弼、程、朱、陸、王作為代表，分析其獨特觀點，提供後人治《易》之參考。

《易傳》是最早的解經之作，歷代《易》家認定出於孔子（前551-前479）之手，成為解經重要依據。雖然經現代學者考訂，非孔子所作，而是戰國至漢初的儒者所作，但因《易傳》是最早的《易》注，且受到歷代《易》家重視，故有極高重要性。

　　《易傳》開啟治《易》方法之先聲，有以下幾個要點：明確指出聖人作《易》、指出聖人作《易》之目的、指出聖人作《易》之深意、對聖人大義是否能探究提出討論、提供重要治《易》之方法，即透過理解卦畫及卦爻辭以掌握聖人大義。

　　《易傳》提供哪些重要治《易》方法呢？〈彖傳〉、〈小象傳〉提出「中」、「正」、「當位」與「不當位」，「承」、「乘」、「比」、「應」等的解經義例。〈說卦傳〉提供八卦所代表的象，作為解釋卦爻辭取象之由的依據。〈大象傳〉示範上下二體之象與卦名之關聯。〈繫辭傳〉提出對聖人大義的看法，同時示範詮解爻辭的方式。〈序卦傳〉揭示六十四卦具有義理的先後關聯。〈雜卦傳〉揭示卦與卦間相反與相對的原理。〈彖傳〉、〈序卦傳〉、〈雜卦傳〉也提供卦名涵義之詮釋。

　　其後，由王弼開啟以傳解經之先例。王弼《易》學的重要性包括：主張由象、辭以盡意，在釋《易》實踐上，釋卦爻辭，多依據〈彖傳〉與〈小象傳〉。王弼亦對漢代象數《易》進行反思，他批評漢代象數《易》過於強調解釋卦爻辭取象之由，並未多關注經義。另個重要特色是體用論之存有論哲學，主要體現在卦主說及論大衍之數，這部分岑溢成教授有精彩的論述，非常值得參考。

　　接下來介紹伊川治《易》特色，伊川重視《易》辭，著重義理闡釋。曾建議對《易》文義不熟的人，可先讀王弼、胡瑗、王安石（1021-1086）的《易》學。對於歷代《易》學之省思，伊川批評漢象數《易》家過於拘泥解釋取象之由，雖然肯定王弼、胡瑗、王安石三家《易》之義理闡釋，但對三家仍有所批評。

至於伊川的《易》學觀，有以下幾個重點：一是對於《易》道，體悟出隨時變易以從道。特於「易」的三義，強調變易。二是肯定《易》以明天人性命之理。伊川承繼〈繫辭傳〉的說法，認為《易》是一部開物成務之書，以其能說明性命之理也。三是主張《易》乃假象以顯義。

伊川《易傳》強調由《易》辭以明聖人大義。伊川多年研《易》，體悟出「至微者理也，至著者象也。體用一源，顯微無間」的深刻道理。並指出：「觀會通以行其典禮，則辭無所不備。……予所傳者辭也，由辭以得意則在乎人焉。」並強調《易》應萬變，不宜將一爻拘於一事一理。正因伊川透過對義理深刻體悟，並通貫融會《易》人事之理，故所言之理合於儒家聖哲本懷，立論中正不偏。

關於伊川的治《易》之實踐，有以下幾個特點：一、以義理釋《易》，尤重人事義理的發揮；二、引史事為證；三、表達方式重分殊之理，採分解式的解法；四、於〈乾〉、〈坤〉兩卦後的諸卦，將〈序卦傳〉內容打散，用於解經，藉以說明該卦居前卦之後；五、主張乾坤卦變說。

接著談談朱子《易》學。雖然我們常將程、朱並論，但他們的《易》學立場是不同的。伊川重在闡發《易》的聖人大義，或是豐富的人事之理，但朱子有不同關懷。朱子注意到王弼、伊川雖然對《易》學有很大的貢獻，但也讓學《易》者只讀他們的註解，不讀《易》經傳，所以他嘗試把這些加諸在《易》經傳上的東西拆掉，他也常講支架太多會障蔽光明。因此，朱子希望恢復《易》的本來面目。有三大面向值得關注：恢復《易》本義、折衷眾說、指導後學用心讀《易》。朱子治《易》重在探求《易》本義，肯定四聖相繼作《易》，並區分經、傳、學，將卦爻辭區分象、占，僅簡要釋《易》，認為《易》非一事一用。

朱子亦曾提到讀《易》之法，有幾個要點：一、學《易》前，先讀《四書》，再讀《詩》、《書》、《禮》、《樂》；二、《易》不可輕易略讀；三、讀《易》需經歷事變磨練，若經歷尚淺，仍可藉心虛明寧靜以體悟《易》理；四、先讀經文，尤其是〈乾〉、〈坤〉二卦；五、可就《十翼》中分明易曉處及〈繫辭傳〉論言行處讀；六、《易》本是卜筮之書，但卻包涵萬理。然經文並未直接說出許多道理，故說《易》不須說得太深太多。

　　朱子亦曾談到讀《易》體驗，〈答袁機仲〉：「玩之久熟，浹洽於心，則天地變化之神，陰陽消長之妙，自將了於心目之間，而其可驚可喜可笑可樂，必有不自知其所以然而然者矣。言之不盡，偶得小詩以寄鄙懷，曰：『忽然半夜一聲雷，萬戶千門次第開。若識無心涵有象，許君親見伏羲來。』」這段文字鮮活紀錄朱子讀《易》的歷程及讀《易》之樂，也很值得我們參考。

　　接下來介紹跟朱子立場不同的象山。我們對象山的認識，認為他是心學，對於象山《易》學會認定為心學《易》。但「心學《易》」這個詞，個人認為是複雜的，不宜簡化使用。關於象山之學有兩大重點：一是「六經注我，我注六經」，二是體會不易之理。

　　象山絕非不重問學，只是不像朱子顯現重視讀書的形象。對於讀經，有許多重要觀點：（一）讀經不可只在文字表面推敲，宜深思體悟背後義理，通貫融會，方可謂知本；（二）讀經宜對人的心志、情感有所興發入手處，從易曉處玩味，切己默會，再擴展至難曉處；（三）讀六經需參看重要古注。象山的教法與朱子不同，強調順著經文用心讀，不必強解，不以己意妄解，不專信經注，用心體會經文本旨。至於為何不著書，象山的理由是：「我註六經。」意指象山所論已合經旨，既有古註，實無須再增添。

　　至於象山《易》學，象山根據《易傳》反對文王重卦說，主張伏

義便已完成三畫卦及六畫卦。並認為《易》核心思想在於一陰一陽之道，闡發陰陽並立與陰陽之流行變化。象山〈易說〉亦闡釋卦爻辭，於〈晉〉與〈大壯〉、〈泰〉強調明理的重要，於〈大壯〉發揮依禮而行的觀點，於〈泰〉九二闡發寬容汙穢之事的必要。象山認為治《易》不宜僵固，對於伊川釋《易》有褒有貶，肯定釋爻辭這部分，確認為伊川釋卦辭略有不足。

象山對《易傳》亦予關注，曾就〈革〉〈大象〉闡釋「治曆明時」與〈革〉義之關聯，亦曾論及讀〈繫辭傳〉之法，也承繼〈繫辭傳〉論《易》數，以《易》數亦有其一定之理。此外，象山亦議論及宋人圖書《易》非聖人作《易》本旨，不可據以說《易》，亦指出後世《易》數學，多只是眩惑人的說法。並強調後人無須自立新說，深刻體悟並順著聖賢本旨闡釋即可。

最後談談陽明（1472-1529）《易》學。我們常將陸、王並稱，但二子仍是有所不同。關於陽明思想特色，有兩點值得留意，即體之於心與得魚忘筌。對於象山學，陽明肯定象山立本之工夫，並以個人心性體悟來釋經，故能自出深義，與一般學者拘限於表面文義有別。但陽明從更高的標準評論象山之說仍顯得疏略，關於評論象山學「粗些」，恐與象山心力著重在修練身心及實事實行有關。但後學若能依象山之指引深入，亦會有所得。

對於朱、陸二子，陽明肯定二子兼重德性與問學，對於聖賢經傳有深入理解，皆能闡發經典深義。只是在表現上，朱子較致力於學術研究，折衷眾說，勤於著述，為後人研習經傳做出貢獻。象山重在個人生命實踐與經世致用，以讀經明理為媒介，較不顯治學與著述興趣。此外，在教法上，朱子肯定讀書窮理的工夫，象山則留心過於耽溺學問恐有害，故在教法上有別。

陽明身處龍場逆境，透過訓釋經文，安定身心。且釋經以自身對

經意的體會為主，不求盡合先賢，正符合象山「六經注我，我注六經」之意。他強調為學要法在於自得於心，盡吾心以得之。陽明的治經觀，一言以蔽之，即「聖賢之學，心學也」，不廢棄讀經，並視《六經》與《四書》為學聖之戶牖與階梯。強調讀經須通貫於心，避免支離外求。

　　陽明曾具體描述龍場讀《易》經驗，一開始對《易》旨未有所得，即便用心苦思，仍茫無所獲，又繼續沉思，略有所得，並繼續深入體會，終致豁然開朗，《易》之本末精粗無不通貫。此外，陽明亦以「卜筮是理，理亦是卜筮」來會通程、朱《易》。陽明沒有《易》學專著，唯留有《五經臆說》保存有限釋《易》成果，陽明藉〈咸〉、〈恆〉二卦闡明天地及人事普遍之理，藉〈晉〉、〈遯〉闡發修德經世之理。此外，陽明忤逆劉瑾，下錦衣獄，曾作〈讀易〉詩，亦可見出對《易》的體會。詩云：「囚居亦何事，省愆懼安飽。瞑坐玩羲《易》，洗心見微奧。乃知先天翁，畫畫有至教。包蒙戒為寇，童牿事宜早。蹇蹇匪為節，虩虩未違道。〈遯〉四獲我心，〈蠱〉上庸自保。俯仰天地間，觸目俱浩浩。簞瓢有餘樂，此意良匪矯。幽哉陽明麓，可以忘吾老。」

　　為何陽明傳世的《易》學成果極少，甚至連《五經臆說》都不想留存，目前傳世之《五經臆說》實為殘稿。陽明認為《易》既已得之於心，故無需在文義上窮索，所寫之訓釋文字亦無須留存。此想法可由錢德洪（1497-1574）整理保存的《五經臆說》所留下的一段說明文字見出：「既後自覺學益精，工夫益簡易，故不復出以示人。洪嘗乘間以請。師笑曰：『付秦火久矣。』洪請問。師曰：『只致良知，雖千經萬典，異端曲學，如執權衡，天下輕重莫逃焉，更不必支分句析，以知解接人也。』後執師喪，偶於廢稿中得此數條。洪竊錄而讀之，乃歎曰：『吾師之學，於一處融徹，終日言之，不離是矣。即此以例全經，可知也。』」陽明不欲留存舊作，一來自身學問有所提

升，再者指導弟子的工夫趨向致良知。

　　陽明〈五經臆說序〉更揭示他「得魚忘筌」的觀點。〈序〉云：「得魚而忘筌，醪盡而糟粕棄之。魚醪之未得，而曰是筌與糟粕也，魚與醪終不可得矣。《五經》，聖人之學具焉。然自其已聞者而言之，其於道也，亦筌與糟粕耳。竊嘗怪夫世之儒者求魚於筌，而謂糟粕之為醪也。夫謂糟粕之為醪，猶近也，糟粕之中而醪存。求魚於筌，則筌與魚遠矣。」又云：「則吾之為是，固又忘魚而釣，寄興於曲蘗，而非誠旨於味者矣。嗚呼！觀吾之說而不得其心，以為是亦筌與糟粕也，從而求魚與醪焉，則失之矣。」

　　陽明「得魚忘筌」的觀點，一方面是他個人面對經典的態度，另方面是提醒弟子、後人面對《臆說》的態度。前者強調於經典掌握聖人本旨，後者則是強調讀陽明之作，亦須得其本意。此意正符合象山「六經注我，我注六經」之意。關於前者，陽明認為三聖作《易》皆本於心。陽明認為讀《易》重在心悟，若不能深體「易」道，未能有得。至於後者，習《易》後的體會，易道不外吾心，良知本體變動不居，動靜不失時，便是易道表現於我。

　　最後就前面這些前賢的論點，做個小結。從《易傳》、王弼、朱子，到象山、陽明，基本上都強調務本，不要拘泥文義，要掌握《易》背後的深意。雖然各家體會不同，但都是經過用心理解，深入闡發而得。他們不認為後學應該關注其詮解，而是希望以他們的詮解作為媒介，進一步體會《易》經傳所言。現今治學重視對象化，強調客觀性的研究，運用分析法，但傳統《易》學它重視回到經典本身，掌握聖人大義，強調所學要有益自家身心，以及重視經世致用，這些精神都值得我們重視。透過這幾位《易》學大家，可發現後出的《易》學家，都重視前面《易》學大家的成果，就前賢的說法，深刻體悟、辨析，並進行對話。此外，在治《易》實踐強調《易》整體

性，並關注與儒學其他經典間的通貫，同時結合自身的體悟。

最後作個總結。我認為深入研讀《易》經傳非常的重要，隨著我們閱歷增加，對讀《易》的體會也會不同。瞭解民國以來《易》學成果也非常重要，進而在現有基礎上思考未來發展方向。此外，研習歷史以印證《易》理，用心觀察生活世界並體驗人生，終身用心習《易》，必有所得。這是我今天跟大家分享的一點淺見，請各位多指教。謝謝。

蔣秋華：

謝謝楊教授非常精彩的報告。楊教授從時代派系來論述，她選擇《易傳》、王弼、程、朱、陸、王作為代表。她上溯這幾家，都有精闢的介紹。最後也提出她的心得、研究的要領。我想這都可以供有志研究《易》學的人很好的參考。下面我們請黃忠天教授接著報告。有請忠天兄。

黃忠天：

各位同道大家好，很榮幸蒙中研院文哲所經學文獻組的邀請，參加此次「《易經》的研究方法座談會」，以下且野人獻曝，來談個人研究《易經》的心得。其實每個學者都有個人的學習心得，也有不同的學習歷程，恐怕很難在短短的一、二十分鐘內說清楚。以下我打算從個人學《易》、研《易》的路徑，來分享《易經》的研究方法。

從事學術的研究，主要在發掘問題，解決問題，並撰寫合於學術規範的論文。學術論文不同於一般性的閱讀與寫作。因此，自然需要懂得一些治學的門徑，方能深造有得。坊間許多前賢以《治學方法》、《研究方法》為名的書籍，大抵均有助於學術上的研究，自然開卷有益。惟學科不同，研究的方法與要求，也會有些差異。即使以

《易經》學的研究而言，由於宗派不同，處理議題不同，方法也會有些差異。若將這些不同的差異，滙集起來，誠可編為一部《易經學研究方法》。

在經學研究的領域當中，《易經》與《春秋》學的研究，其前置工作，尤其重要。《易經》由隱以之顯，藉由辭變象占等等，來表達卦爻的旨義。《春秋》則是由顯以之隱，藉由顯明的史事，來表達孔子所寄寓的微言大義。兩經向稱難讀，所以歷來更講求師承師說，亦即老師在此兩大領域的學習與研究，佔著很重要的角色，影響甚大。

任何經典的研究，最重要的前置工作，莫過於對原典的通讀。其次則是選擇適當的注本。然而歷代《易》學注本數千種，故選擇千百年來，學《易》者所通讀的文本，如程頤《易傳》、朱熹《本義》，藉以建立與學者對話的基礎，便非常重要。其次則是明白《易經》基本《易》例，如中正乘承比應之類（尚有其他《易》例），有了如斯的前置工夫，接下來始可談研究（尤其宋代以降）。行有餘力，再以程、朱《易》學（宋《易》）為基礎，上探漢、唐《易》學，並可閱讀唐孔穎達《周易正義》與李鼎祚《周易集解》、惠棟《易漢學》等書。

至於《易》學的一些基本的知識，則可閱讀如朱伯崑《易學漫步》、張善文《周易漫談》之類的入門書籍。至於其他新材料（如簡帛之類）、新方法（如東西方理論之類），自然均有助於研究上的新發現。惟本文擬從個人四十多年來實際的學《易》、研《易》過程，來分享個人對《易》學研究方法的淺見。

一　研究方向的確立

學習經典可分為三個階段：誦經──習經──研經。即從幼年的誦經（兒童讀經），到稍長的習經（社會大眾），乃至於透過鑽研而欲從中深造有得的研經（研究學者）。惟群經浩瀚，即使皓首，也難以

窮通群經。因此，古人每言「宜專治一經」[2]。欲從事經典的研究，第一步，自然宜先確立擬「專治那一經典」？一九八五年九月，我以高雄鳳山中正預校高中國文教師在職身分，錄取高雄師範大學國文研究所碩士班，即積極思考未來研究的方向。在碩一下學期，便決定以《易經》作為個人研究的專業。

選定《易經》作為研究專業，自然與個人昔日在政治大學中文系與天德黌舍的養成教育有關。猶記得指南山下政治大學中文系四年的學習過程中，周咸靖老師的現代文學、簡宗梧老師的文字學、傅棣樸老師的《左傳》、閔宗述（1933-1998）老師的詞選、朱守亮（1925-2020）老師的《詩經》，這些都是我較喜歡或學習上較有心得的課程。但對我日後學術影響較大的，卻主要奠基於大學時期，晚間自行至臺北溫州街巷弄的民宅（天德黌舍），隨從前清遺老——愛新覺羅・毓鋆（1906-2011）老師的學習。

由於黌舍側重傳統經典的講授，所以，大學四年，舉凡《四書》、《易經》、《詩經》、《尚書》、《禮記》、《春秋繁露》、《老子》、《莊子》、《荀子》、《孫子》等書，得以大量地學習，並奠定日後良好的研究基礎。

天德黌舍的《易經》教材，早期曾採用坊間朱熹與程頤合刊本，中後期則以書院自行刊印明代《易》家來知德（1526-1604）《易經來註圖解》（掃葉山房本）為主，這也是我學習《易經》的啟蒙讀本。此課程的修習，直到我大四畢業，離開了臺北，方畫下句點。

整體而言，以《易經》作為研究專業，原因有四：

（一）個人的優勢：由於個人昔日在天德黌舍所修讀的課程，主

---

2 如張之洞《輶軒語・語學》：「十三經豈能盡通，專精其一，即已不易。歷代經學大儒，大約以一經名家者多，兼通群經，古今止有數人。今且先治其一，再及其他，但仍須參考諸經，博綜群籍，方能通此一經。不然，此一經亦不能通也。」

要以傳統經典為主，從事經典的研究，對我而言，應該是個人較諸他人所具有的優勢條件，可收事半功倍的效果，在所學過的經典中，《易經》又是我曾較具系統學習的課程，選擇作為個人的研究專業，自然具立足點上的優勢。

（二）個人的興趣：學術研究是長期性的工作，若缺乏興趣，恐難以持久。《易經》較諸其他經典充滿機智、活潑，又兼具實用性與神秘性，對我更具吸引力。

（三）學科的發展性：經典的研究固然應以個人的興趣為優先考量，但學科發展的現實問題，也應列入參考。因為所研究的學科如果過於冷門，就業市場相對窄狹，或幾與市場脫節，難以學用合一，恐影響未來的就業。以《易經》而言，是群經之首，無論研究義理思想的學者，都無法繞過《易經》，否則所學的本業必然無法登峰造極。所以在國內各大學，大多數開設有《易經》課程。此外，在國內外的學術會議中，有關《易經》的會議也相對較多。即使在民間，學習《易經》的人數，在所有經典中，也可說是名列前矛，所以就學科的發展性與市場性而言，《易經》無疑是較佳的選擇。

（四）研究材料的取得：所謂巧婦難為無米之炊，所研究的對象，若其研究的材料不足，或取得困難，勢必難以支撐長期而且深入的研究。原本碩一時，受到劉文起老師治學方法課程的影響，我對版本學的研究頗有興趣，也想以此為研究專業，但後來思及版本的研究必須親自接觸善本原書，然而大多數的善本古籍，幾乎都在北部，考慮現實層面，遂打消此一想法。回頭重新思考經學專業的研究，於是又浮現以《易經》為專業的念頭。幸好歷代《易經》著作，汗牛充棟，就研究的材料而言，取得較容易，甚至可謂浩瀚無窮，即使窮極一生，都無法盡窺，足供長時期持續性的研究。

基於上述四個因素，於是便確立了個人的研究方向。方向既經確

定，接下來便開始進行相關書籍的閱讀。

二　研究議題的選定

　　相關書籍的閱讀，對於一個剛踏入研究所的碩士生，在其研究基礎知識的加強，與未來研究議題的選定，至關重要，亦有很大的助益。相對於研究方向是指研究較大的範疇，如《易經》學、《詩經》學、《春秋》學之類。研究議題則是指在此大範疇中，聚焦於某一專題，亦即是縮小研究的範圍。尤其面對《易》海浩瀚，研究者在研究的初期，最好只取一瓢飲，專注於特定的議題，不要訂定太大的題目，容易流於泛論性的研究。

　　對於研究議題的選定，我們可以先從歷時性來觀察，瞭解歷代《易》學的發展情形。所以，第一步工作便可從《易》學史相關書籍開始閱讀。其中《四庫全書總目》〈經部〉〈易類〉所收歷代《易》學書目，以及《四庫》存目書目，更是重中之重。藉此不僅可以瞭解歷代有哪些重要的《易》學著作，也可看出《易》學的流變，並從中掌握《易》學的重要議題。

　　我個人在閱讀《四庫全書總目》〈經部〉〈易類序〉時，即發現當中提到了歷代《易》學的「兩派六宗」，直覺上，便對史事宗頗有好感。由於我對中國歷史掌握尚佳，加上祖籍是江西省虔南縣（今江西全南），又正好與楊萬里（廷秀，誠齋，1127-1206）的故鄉吉水（今江西省吉水縣）相距甚近，於是便以史事宗《易》學代表人物——楊萬里，作為碩士論文的研究對象。由於史事宗《易》學的特色是援史證《易》，因此，需要瞭解許多歷史事蹟。為此，也在拮据的經濟下，購置了鼎文版的廿五史（共119冊），以及許多史學方法的專書，當然《易》學書籍就更多了。其實要作好研究，不能吝於購書，在我所認識的師友圈中，研究的支出（購書上），往往與研究力、研究成果成正比。

除了《四庫全書總目》外，我也先後閱讀了戴君仁（靜山，梅園，1901-1978）《談易》、杭辛齋（1868-1924）《辛齋易學》、朱伯崑（1923-2007）《易學哲學史》等等《易》學史的相關著作。惟整體而言，這類著作在當時並不多，對於《易》學視野的開拓，不免有些侷限。惟自一九九〇年以後，《易》學史著作如雨後春筍，一一冒出。迄今已有《易》學通史、斷代《易》學史、宗派《易》學史、專題《易》學史、區域《易》學史等等二、三十種《易》學史著作的問世，提供了學《易》者良好的研究津筏，誠為學者之福。

三　研究議題的深化

民國七十七年（1988）五月，在黃慶萱老師的指導下，我以《楊萬里易學之研究》一書，通過碩士口試，取得碩士學位。並於同年獲聘至國立高雄工專（今高雄應用科技大學）任教。翌年，以碩士論文申請國科會乙種論文獎助，也僥倖獲得獎助。民國八十年（1991）我進入高雄師範大學國文系博士班就讀，並在碩論《楊萬里史事易學研究》的基礎上，由針對一人的史事《易》學研究，衍為一代史事《易》學的研究，在應裕康老師的指導下，於民國八十四年（1995）以博士論文《宋代史事易學之研究》通過博士論文口試。

之後因為在大學任教的關係，研究重心略有轉移，但對於史事《易》學仍有零星的研究，先後曾發表相關論文約十一篇，如〈周易與上古史的關係〉（2000）、〈伊川易傳對宋代史事派易學之影響〉（2003）、〈彭作邦周易史證述要〉（2004）、〈史事宗易學研究方法析論〉（2007）、〈宋代史事派易學的道家色彩〉（2006年）、〈歷代四川地區史事易學綜述〉（2007）、〈易學與世變——明清之際的史事易學〉（2008）、〈葉矯然《易史參錄》述要〉（2008）、〈史事易學的轉化——談史料易的發展歷程及其易學價值〉（2019）等等。而我對於史事《易》的研究範疇，也由宋代漸漸聚焦於元明清三代。

整體而言，史事派《易》學的研究，仍有許多可著墨的空間，特別是清代部分。由於清代《易》學著作存世較多，今可見者，至少有一千三百餘種。許多《易》學著作，塵封書架，乏人問津。相信其中必然存在許多以史事釋《易》為特色的作品，猶待後人繼續研究。例如：賴貴三教授近期甫出版的《黃敬「易經初學義類」校釋》，全書以史證《易》，堪稱清代臺灣《易》學史上第一本以史證《易》的著作，彌足珍貴，即為一例。至於史事《易》學研究的方法與研究重點，有志的同好或可參考拙作〈史事宗易學研究方法析論〉一文，當中有較深入的討論，不擬在此贅述。

四 研究範疇的展開

（一）二程《易》學

1 《易程傳》的教學與註評

個人《易》學的研究重心，從「史事《易》學」，轉向「二程《易》學」，與我的《易》學教學工作，息息相關。一九九四年，在高雄師範大學汪志勇（1932-2004）教授的推薦下，至高雄市政府社會局開辦的長青學苑講授《易經》，這是生平首次的講授。尤其面對的學生均在耳順之年以上，不免忐忑不安，於是請教同年齡層的家父，他只教我「謙卑」二字，我聆記在心。

在授課教材的選擇上，我幾經思量，最後選定了北宋程頤的《易傳》[3]。主要的考量有二：

其一：對話研究的基礎共識。程頤《易傳》上承漢魏以義理解《易》系統，下開宋代以後官學系統，為北宋以來，學《易》者所必讀之書。尤其自元仁宗皇慶二年（1313）下詔科舉取士，《易經》採用程頤《易傳》、朱熹《本義》，自此以降，程、朱《易》學向為

---

3 程頤《易傳》，又稱《伊川易傳》、《周易程氏傳》、《程氏易傳》、《易程傳》，或簡稱《程傳》。

《易》學主流,而為學《易》者對話的基礎與共識,對學《易》、研《易》者來說,都是重要的《易》學讀本。試想若欲研究元明清三代某家某派《易》學,不讀《程傳》、《本義》,如何援之以比較彼此《易》學的異同?因為所謂的「同」,可能即傳承於程、朱,而所謂的「異」,可能即《易》家個人《易》學的特色。蓋所謂「特色」者,自然是唯我獨有,而他人所罕有者;或是我所常見,而他人所罕見者。《易》學的特色,惟有透過比較,方能真正顯露得出。初學《易》者,未來雖未必走向研究之路,但是捨棄大家都讀的《程傳》,而去讀某家白話《易經》,若其中又多屬個人主觀偏見,非但無法打好《易》學根基,更無法與《易》學同好對話,那就徒勞無功了。(見附錄)

其二:平實明白而切於用世。自魏王弼《易注》盡掃象數,使《易》學重返義理之路。王弼《易》學雖重在說理,但高蹈玄虛,空言形上。直至宋代胡瑗、程頤,改以平實而切合人事的儒理,於是《易》理更為明白可從。故何喬新(1427-1502)云:「自漢以來,考象占者,泥於術數,而不得其弘通簡易之法;談義理者,淪於空寂,而不適乎仁義中正之歸。迨程子作《易傳》,《易》之義理始大明;朱子作《本義》,《易》之象占始益著。蓋程子之《易》,發揮孔子《十翼》者也;朱子之《易》,則推三聖教人卜筮之旨也。後世有功於《易》道,非程子而何哉?」[4]所以,朱熹說:「《易傳》明白,無難看處。」[5]對於學《易》、研《易》者來說,《易程傳》以淺近之言,寓醇實之理,不失為入門的最佳選擇。

職是之故,一九九四年六月,我獲聘至高雄師範大學國文系任教,七月受命至「中等學校教師暑期碩士學分班」,九月受命於大學

---

4 見朱彝尊:《經義考》卷二十引。
5 馬端臨:《文獻通考・經籍考》卷三引。

部，分別講授《周易》課程。這是繼胡自逢（1911-2004）教授於高雄師範大學停授廿餘年後，終得以重啟的課程。而上述兩個學程，我所選用的教材，均為坊間出版有新式標點的《易程傳》。

但由於坊間的《易程傳》標點斷句錯誤頗多，復無註解，不便教學。於是便在任教的第二年（1995），開始著手《程傳》的註評工作。為此，花了相當當時三個月薪水，特別添購嚴靈峰（1904-1999）先生所編《易經集成》全套一九五冊，以便查考歷代《易》家之說。由於高雄師大授課工作繁重，又須擔負高師大國文系散佈全省各地的實習教師輔導工作，因此，僅能利用課餘及寒暑假期，逐卦逐爻註評。由於經典的註評，稱不上學術，在當時無法申請學術經費的補助，無力聘請助理，一切只能親力親為。

本書在點校方面，以清光緒十年（1884）《古逸叢書》景元至正九年（1349）積德堂刊本為底本，加上新式標點，並輔以明福建巡按吉澄（1507-？）校刊本、明嘉靖間建寧刊本、清康熙五十四年武英殿原刊本等參校。為求學術的謹嚴，避免失之主觀偏執，凡遇《周易》經傳字詞音義疑義，必一一查考工具書，其間亦廣蒐《程傳》多種版本，悉心比對，擇善而從。對於《程傳》所援引的人事，亦廣覽史籍作簡要的說明。以致，看似簡單工作，竟耗費五年光陰而後撰成《周易程傳註評》[6]一書。

透過《程傳》註評工作，使我對《周易》經傳，以及二程《易》學，有了更深的瞭解。真正領悟了清初大儒顧炎武（寧人，亭林，1613-1682）所說：

> 昔說《易》者，無慮數千百家，然未見有過於《程傳》者。[7]

6　《周易程傳註評》（高雄：復文出版社，2000年）。

7　顧炎武：《亭林文集》（臺北：中華書局《四部備要》本，1966年），卷3，頁3。

而清代乾嘉學者丁晏（儉卿，柘堂，1794-1875）亦謂：

> 蒙少而讀《易》，自漢、唐迄宋、元、明之注解，汎濫旁求，無慮百數十家，驚然而無所得。迨年逾六旬，篤耆程子之《傳》，朱墨點勘，日觀一卦，兩閱月而卒業，為之歎絕，以為孔子之後，一人而已。[8]

在完成《程傳》註評後，我深有所感：「讀書不如教書，教書不如著書立說。」畢竟個人經典的閱讀，或囫圇吞棗，或一知半解，沒人曉得。不同於教書，教者必須先行理解，方能傳道授業解惑。但著書立說，白紙黑字，不僅要理解，更要接受天下人的檢驗。因此，不容許有半點差池，自然得全力以赴了。

此書在臺灣出版十六年後，應北京愛智達人教育科技公司崔正山先生之請，首度在大陸刊行《周易程傳注評》簡體字版[9]，目前更積極著手進行《周易程傳譯注》的出版計畫，預計在二〇二三年完成是項工作。由於對《程傳》長期的教學與研讀，後來也陸續撰寫多篇與《程傳》相關的期刊論文，如：〈論《伊川易傳》之價值與得失〉[10]、〈《伊川易傳》對宋代史事派《易》學之影響〉[11]等等。

2 《二程易說》的編纂與研究

二〇〇五年初，旅居美國賓州的程德祥先生知我撰有《周易程傳註評》一書，雙方魚雁往返，相談甚洽。德祥先生為程伊川二十九代

---

[8] 丁晏：《周易述傳·書後》（上海：古籍出版社影清同治元年刻《頤志齋叢書》本，收錄於《續修四庫全書》）。

[9] 《周易程傳注評》簡體字版（石家莊：花山文藝出版社，2016年）。

[10] 〈論《伊川易傳》之價值與得失〉，中山大學《文與哲》第三期，2003年。

[11] 〈《伊川易傳》對宋代史事派《易》學之影響〉，《高雄師大學報》第十六期，2004年。

裔孫，雖是理工專長背景，卻熟諳二程家學，並惠寄〔清〕康熙年間，朝鮮學者宋時烈（英甫，尤庵，1607-1689）所編《程書分類》〈易類〉[12]，該書將散落在《二程集》中之《易》說彙集為一卷，頗便於閱覽。惟拜讀之餘，信手核對家中書案前《二程集》，發覺其中頗多疏漏，[13]既驚嘆二程《易》說及與《易》學相關資料如此的繁富，誠可輔翼《程傳》，並提供宋代《易》學史撰述的參考，復憾惜宋氏疏漏如斯，於是仿朱鑑（1190-1258）編《朱文公易說》之例，而有續貂之志。

自二〇〇五年起，陸續發表：〈二程集易說初探〉[14]、〈二程易說的編纂與研究〉[15]。二〇〇九年並以《二程易說拾遺》專書寫作計畫，獲得國科會通過補助，得以展開編撰工作，經過漫漫八年，《二程易說》[16]終得以在二〇一六年問世。有志於編輯前人《易》說者，或可參考上述文章或本書導讀前面的編纂說明。

3　《周易程傳參正》的點校與研究

二〇一〇年，政治大學車行健教授自政大圖書館特藏室偶然發現昔日南京金陵大學陳延傑（1888-1970）教授所著《周易程傳參正》手鈔本。此書撰成之後，始終未曾出版，僅存當年參加學術獎勵獎的送審手鈔本，於是車教授有意將此民國罕傳經學著作鈔本加以整理出版。車教授知我對《程傳》略有涉獵，遂委請我針對該書內容撰寫一

12　《程書分類》〈易類〉（韓國大田市：學民文化社影安東權尚夏跋《程書分類》本，1994年）。

13　宋時烈：《程書分類》〈易類〉共收錄有關《易》說二八七筆，筆者檢核《二程集》，從中擷取約六百筆，較《程書分類》增加一倍之份量。落差之大，恐因宋氏只摘錄明引《周易》的部分，忽略了《二程集》中許多暗引《易》說，及其他與《周易》相關的材料。

14　〈二程集易說初探〉，山東大學《周易研究》2006年第五期。

15　〈二程易說的編纂與研究〉，《嘉義大學中文學報》第一期，2009年。

16　《二程易說》（高雄：麗文文化事業，2016年）。

些評論，並寄來《周易程傳參正》原書影本。基於長久以來與《程傳》的不解之緣，在閱讀此書後，尤驚喜其內容誠有可觀者。感於此書竟能倖存於天地之間，於是便撰寫了〈陳延傑及其《周易程傳參正》〉一文，藉此探究前賢的《易》學思想，以發其潛德之幽光。

後來車教授更在南京大學文學院徐興無院長和房地產管理處方文暉處長的協助下，進一步將《周易程傳參正》、《詩序解》和《經學通論》，這三部陳延傑現存完整的經學論著，重新整理點校出版，並且將此三書納入「南京大學校史工程」項目下出版，我也銜命負責《周易程傳參正》一書的點校，並於二〇二一年四月順利出版《陳延傑先生經學論著三種》。[17] 藉由《周易程傳參正》的點校，使一代《易》學家之名山偉業，不致塵封於陰暗書架，衍為《易》壇憾事。

以上是個人繼史事派《易》學研究之後，在二程《易》學研究的梗概。試想，當初若非做了正確的選擇，掌握近千年的《易》學主流，從事最基礎的教學、註評工作，大概就不會有這些與《程傳》相關的研究與成果。

（二）基礎《易》學

基礎《易》學的研究，是我在繼史事《易》學與二程《易》學研究之後，所展開的研究。由於研究者在研究的過程中，每每為了避開前行者的研究，欲發人所未發，於是在研究的議題上，往往求新求異，因而忽略了最基礎最根本的研究，往昔個人也不能免於此病，正如《中庸》所云：「知者過之，愚者不及也。」

二〇〇九年十月，受邀參加臺灣大學中文系鄭吉雄教授籌辦的第三屆「《易》詮釋中的儒道互動國際學術研討會」，並發表論文。由於本次主題為自然與人文的對話，於是我重新回歸原典，擬從《周易》

---

17 《陳延傑先生經學論著三種》（南京：鳳凰出版社，2021年）。

中尋找「自然」的元素。再加上我一九九九年曾在政治大學《中華學苑》發表〈談卦爻辭中的動物及其象徵意義〉，便在此基礎上，以〈從「自然主體觀察」論《周易》經傳的書寫〉為題，再度嘗試基礎《易》學的研究。

本文以「自然」（Nature）做為主體觀察的對象，分別從經傳對大自然整體的書寫，如「天」、「地」、「山」、「川」、「雲」、「雨」、「動物」、「植物」等等，藉以瞭解其指涉義涵與背後書寫的意義，陸續撰寫數篇文章，如〈《詩經》與《易經》中動植物及其象徵義涵的比較〉（2011）、〈清代《詩》《易》互證會通的學術意義與價值〉（2012）等等。

又為了探討經傳中神鬼與天人的關係，也歸納了《周易》卦爻辭中的宗教用語，如「盥」、「薦」、「享祀」、「祭祀」、「匕鬯」、「殺牛」、「禴祭」、「王假有廟」、「用大牲」等等字詞，發現了一部應談、可談鬼神的典籍——《易經》，竟然沒出現一個「神」字，即使「鬼」字亦頗為罕見，經文中所出現的三處，扣除〈既濟〉、〈未濟〉的「鬼方」，所指為殷商時期的外患外，僅剩〈睽卦〉上九「載鬼一車」一例。[18]「鬼」字，依《說文》「鬼，人所歸為鬼」，本指已死的祖先，或引伸為陰氣害人之物。但在爻辭中只是藉以譬喻厭惡的對象，並未見明顯的宗教義涵。一部原應為占筮交神交鬼的卦爻辭中，卻絕少論及「神」、「鬼」二字，頗令人匪夷所思。從中見證了《易經》是在位者為救贖原始宗教的陷溺，隱藏了西周初年宗教人文化的重要工程。此一發現並分別於北京師範大學發表〈絕地天通與周易人文化成精神〉（2014）、中國社科院文學所發表〈《周易》的自然書寫及其文化意義〉（2016）等文。

---

18 《周易》〈睽卦〉上九：「睽孤，見豕負塗，載鬼一車。先張之弧，後說之弧，匪寇婚媾，往遇雨則吉。」

透過上述對《周易》的基礎研究,從中可以瞭解《易經》中自然書寫的素材與書寫的方式,及其背後書寫的意義。其中包括人本思想的基調、生態倫理的關懷、天人相合的進路等等問題。可見即使是基礎《易》學的研究,苟能真積力久的窮究,有時也能獲致溫故知新的效益,發掘出許多新的問題、新的觀念出來。

六　研究發展的未來性

(一) 傳統《易》學的深化

許多研究者往往誤以為歷代重要《易》家,或《易》學議題,幾乎已為前行研究者,開發殆盡,能著墨的空間有限,惟考諸實際則不然。蓋傳統《易》學的研究空間,仍幅員廣大。即以《四庫全書總目》所收錄《易》著一七一種而言,仍有乏人問津者,更遑論《四庫存目叢書》收錄的一八三種、《續修四庫全書》收錄的二三一種,此外還有海內外公、私所藏的刻本、稿本、鈔本《易》學專著,以及民國《易》學、新中國《易》學等等近現代《易》家的《易》學著作。

(二) 域外《易》學的研究

除了海峽兩岸三地現存的《易》學典籍外,域外《易》學的研究可包括:

其一:域外公私圖書館所藏中國歷代《易》學古籍的研究。可就中土所未見或罕見中國歷代《易》學古籍,展開相關研究。例如對黎庶昌所編印《古佚叢書》中所藏《易》學古籍的研究。

其二:域外在地國對中國歷代《易》學古籍的出版。例如:日本名古屋「蓬左文庫」所藏尾張德川家的舊籍,以程頤「易傳」言,即見有如下不同四種版本:

《周易經傳》二十四卷十三冊,日本寬文四年 (1664) 野田庄右衛門刊本。

《伊川易傳》八冊,日本貞享元年 (1684) 據壽文堂所刊,明·

徐必達（1562-1631）校正之《二程全書》本。

《周易傳義》，日本慶安二年（1649）至承應二年（1653）京都林甚右衛門刊本。

《周易傳義》，日本享保九年（1724）皇都郁文堂今村八兵衛刊本。

其三：在地國《易》家的《易》學著作。如日本江戶時代即有伊藤東涯（1670-1736）、太宰春臺（1680-1747）、中井履軒（1732-1817）、皆川淇園（1735-1807）、佐藤一齋（1772-1859）、中井竹山（1730-1804）、白井重行（1753-1812）、河田孝成等等諸多《易》家，均值得吾人觀察研究。

又如韓國成均館大學於一九九六年以來陸續出版《韓國經學資料集成》，在其全書一四五冊中，《易經》即佔有四分之一，計三十七冊，其中專著即有七十種之多，當中除兩種著作使用韓文外，餘皆以漢文撰寫，為《易》學研究者提供一批罕見而豐富的資料。

凡此，不僅可探究在地國《易》學的狀況，亦可援之與中土的《易》學作比較研究。除日本、韓國外，歐美與越南等等國家，亦有不少以漢文或在地國語言所撰成的《易》學著作，均有待研究者投入研究的行列。

（三）《易》學史的撰述

雖然從一九九〇年以後，《易》學史著作頗多。《易》學史的類型也呈現多元，如《易》學通史、《易》學斷代史、《易》學宗派史、《易》學專題史、《易》學區域史等等，均一一出現。在經學史的大範疇中，《易》學史的著作，蓋可謂獨步群經。然而，由於《易》學著作汗牛充棟，存於今世者，遠逾他經，以致《易》學史著作雖多，但較理想的《易》學史，始終未能出現。以近人所作有關清代《易》學的《易》學史為例：

	年代	作者	書名	備註
1	1989	朱伯崑	易學哲學史	清代部分錄王夫之等九家
2	1991	廖名春	周易研究史	清代部分錄王夫之等十五家
3	2004	汪學群	清初易學	針對孫奇逢等十五家
4	2009	汪學群	清代中期易學	錄王心敬等十三家
5	2012	楊自平	明清之際士林易學與殿堂易學	錄孫奇逢等八家（種）
6	2017	楊自平	清初至中葉易學十家之類型研究	錄黃宗羲等十三家
7	2018	林忠軍等	清代易學史（上、下）	錄孫奇逢等三十家

在上述七家的《易》學史，於清代《易》學部分，以最近的林忠軍教授所撰《清代易學史》所錄孫奇逢（1585-1675）至杭辛齋（1869-1924）等三十家，在現存清代《易》學著作一千三百餘種中，所佔比例仍然是九牛一毛。其書就《易》學宗派，但分為義理《易》、辨偽《易》、樸學《易》、會通兼採《易》等四種類型，仍難以概括清代《易》學整體面相，可見《易》學史的撰述與研究，仍待後人的努力。

七　結語

　　以上為個人這些年在史事派《易》學、二程《易》學、基礎《易》學的研究，並說明在研究過程中，所採用的研究方法，以及所獲得棉薄的學術成果。並對未來《易》學的研究，提出一些看法與研究展望，希望藉此野人獻曝，提供給有志於《易》學研究同好的參考。

附錄：歷代《易》學沿流表

朝代	年代	主流《易》學與相關內容	備註
三皇五帝	4400B.C.	八卦	相傳伏羲始畫八卦
夏	2197 B.C. 1766 B.C.	《連山易》（以〈艮卦〉為首）	今已失傳
商	1600 B.C. 1066 B.C.	《歸藏易》（以〈坤卦〉為首）	今已失傳
周	1122 B.C. 770 B.C	《周易》（以〈乾卦〉為首）《易經》的確立	相傳文王作卦爻辭 或云文王作卦辭、周公作爻辭
春秋戰國	770 B.C. 221B.C.	《易傳》的形成（〈彖〉、〈象〉、〈文言〉、〈繫辭〉、〈說卦〉、〈序卦〉、〈雜卦〉）	孔子《易傳》又稱《十翼》 人更三聖、世歷三古（上古伏羲、中古文王、近古孔子） 占筮《易》（原始象數《易》）興起
西漢	206B.C. 8A.D.	前期以義理《易》為主（楊何） 後期以禨祥《易》為主（京房）	漢武帝立五經博士（《易》博士） 禨祥《易》興起（京房、焦贛）
東漢	25-220 A.D.	官學以禨祥《易》為主（民間以費氏《易》為主）	天文《易》興起（鄭玄爻辰） 丹道《易》興起（魏伯陽《周易參同契》）
三國	220-265 A.D.	鄭玄《易注》、虞翻《易注》、王弼《易注》	虞翻——兩漢象數《易》學集大成 老莊《易》興起（王弼、韓康伯）

朝代	年代	主流《易》學與相關內容	備註
魏晉南北朝	598-617 A.D.	北方：鄭玄《易注》 南方：王弼《易注》	干寶《易注》
隋唐五代	618-907 A.D.	孔穎達《周易正義》	王弼注、孔穎達疏 李鼎祚《周易集解》
北宋	960-1128 A.D.	孔穎達《周易正義》	圖書《易》興起（陳摶、邵雍） 儒理《易》興起（胡瑗、程頤）
南宋	1129-1279 A.D.	程頤《易傳》、朱熹《周易本義》	史事《易》興起（李光、楊萬里） 心學《易》興起（楊簡、王宗傳）
元	1279-1367 A.D.	程頤《易傳》、朱熹《周易本義》	吳澄《易纂言》
明	1368-1644 A.D.	胡廣《周易大全》（以程、朱為主）（割裂董楷《周易傳義附錄》、董真卿《周易會通》、胡一桂《周易本義附錄纂注》、胡炳文《周易本義通釋》而成）	胡廣《周易大全》以程、朱為主 來知德《周易集注》 禪理《易》興起（藕益智旭） 考據《易》興起（熊過）
清	1644-1911 A.D.	李光地《周易折中》	錄程、朱全文並附個人按語
民國／新中國	1912- A.D.	多元發展（學界以程、朱《易》學為主）	史料《易》、科學《易》、出土《易》興起

蔣秋華：

　　謝謝黃教授的報告，黃教授從他自己個人的經歷，做了很詳細的介紹。同時也對未來可以展開的研究，指出發展的方向。好，下面，我們就請賴貴三教授接著來報告。有請貴三兄。

賴貴三：

　　主持人秋華兄，在座的先進、後進們，大家午安。我的標題是「探賾索隱，鉤深致遠」，這兩句話當然是對《易經》研究的一個比較高的研究目標。這段話事實上是引自於《周易》〈繫辭傳上〉第十一章：「探賾索隱，鉤深致遠，以定天下之吉凶，成天下之亹亹者，莫大乎蓍龜。」我自己從事《易》學研究，教授學生，第一個部分，就是一定要會占卜。要占卜，前提就是要會八卦、六十四卦的卦象、卦畫，一定要懂。這是基本的東西，一定要先學好。然後八卦、六十四卦的各個面向了解以後，再去讀卦爻辭，就是《易經》的內容的理解。這裡面從卜筮之書的傳統面向，再轉到《易傳》哲學的面向，層層進逼，就可以有本有源，這樣的學習就有個層次性。所以，學生學《易經》占卜，就要讀完《左傳》的十九條占例、《國語》的三條占例。也一定要讀相關學者的論述，譬如尚秉和（1870-1950）《周易古筮考》，可以做參贊。重點還是要回到自己，「反身而誠，樂莫大焉」這種方式，試著從自我的解讀與詮釋的方向發展。

　　因為《易經》本身有卜筮性的問題，要探本溯源。所以我的學生，他們都要能夠讀甲骨文。甲骨文與《易經》密切相關，「龜，象也。筮，數也」。所以甲骨文與《易經》具有交集性。所以，甲骨文卜筮的文字脈絡能理解的話，對《周易》的內涵就能掌握住。我一般上一學期的課程，要考兩次期中期末，六十四卦卦名、卦畫，還有透過卦象結構將卦的內涵，掌握得清清楚楚，才可以讀經傳文字的部

分。剛剛幾位當前臺灣《易經》研究的同道學者，陽盛陰衰。我們七位只有楊自平教授是女性的傑出研究學者，男生很多，女學者稍為不足，應該乾坤並至，剛柔並濟才圓滿。所以，如果有女性的研究學者，其實《易經》也是很好探索的目標。

整體來說，我本身是從專家《易》學的相關研究著作入手。所以，剛剛孫劍秋老師說「辨章學術，考鏡源流」，對於文獻資料的掌握，我是非常的強調與講究，碩士論文研究項安世（1129-1208），我找到國家圖書館典藏最好南宋版本，那時候民國七十七年左右，申請微卷複印一頁五塊錢，裝訂成厚厚數冊花費了不少金錢。前往大陸交流研究，申請複印一級文物一張五十到八十人民幣，跟剛才忠天兄講的一樣，砸了大筆經費，都在做「上窮碧落下黃泉」，蒐集資料，然後分析資料。誠如《孟子》說的：「頌其詩，讀其書，不知其人可乎？」知人論世基本上是我做研究時的方法，要對相關人物與相關的東西，做地毯式的搜索，所以我有編項安世年表，考證他的生卒年，相關的著作，都有做很細部的考證，厚實自己的研究基礎。我的博士論文是清代的焦循，我也編了年譜新編，花了很多時間。我的老師黃慶萱教授，他七十歲、八十歲、九十歲時，我都幫他編年表。我受業的老師，雖然不是門生，像汪中（1925-2010）老師過世時八十五歲，我也幫他編年表。所以都是知人論世。對於學術生命的了解，就有很多的開展與理解。

《易經》「生生之謂易」，是生命的學問，學問的生命。所以方東美（1899-1977）先生說「生生之謂易」就是創造的創造性（creative creativity），具有創造性，「以通神明之德，以類萬物之情」，有這樣的想法，所以我簡單做背景的說明。我的學生也不少，包括等下將報告的陳威瑨教授。而我指導學生的原則是兩個：你有題目，我就助成你，沒有題目，我提供給你參考。師生教學長相，相觀而善之謂摩。

我的學生的研究，有些具有開展性，有些是因為我在大陸、日本、韓國相關的地方會議遊歷的時候，蒐集了一些材料，讓學生去做深入的研究。以下透過投影片介紹我本身做《易經》的歷程、碩博士指導教授黃慶萱老師對我在治《易》方法上的評述。

　　牟宗三（1909-1995）先生曾經說過，我們做思想會通的工作，有以下幾個大要點：時代性（歷時性、共時性）與學術性、特殊性與普遍性、本土性與國際性、傳統性與現代性、分判性與會通性，這都可以做個思考了解。在整個經學研究過程中，我們要有基本觀念。《管子》說：「一分耕耘，一分收穫。」蘇軾（1037-1101）說：「博觀而約取，厚積而薄發。」《易經》的思想裡面，與歷代哲學結合也蠻深厚的。楊自平老師剛才報告，宋元明清學者，對《易經》哲學、理學的開發，也深有見地。所以在郭店楚簡有說「《易》所以會天道人道也」，這是個天人和合思想，類似牟宗三先生《周易的自然哲學與道德函義》，具有自然性、道德性，而這就是人文，可以從事很多方式的考查。

　　二〇一八年我應邀去揚州大學開會，這是史可法（1602-1645）寫的書法：「得知千載上，正賴古人書。」典出於陶淵明（365?-427）〈贈羊長史〉詩句，提供各位參考。其次，故宮博物院藏的清代黃易秋盦（1744-1802）：「書鏡照千古，筆華開四時。」這副對聯，我也覺得在治學上，有很好的警醒抖擻作用。我因為博士論文從事焦循研究，到現在都沒有做完所有材料的研究，但大體上都已有很好的收攝。焦循這段話講得很好：

　　　　經學者，以經文為主，以百家子、史、天文、術算、陰陽五
　　　　行、六書、七音等為之輔，彙而通之，析而辨之，求其訓故，
　　　　核其制度，明其道義，得聖賢立言之指，以正立身經世之法，

> 以己之性靈，合諸古聖之性靈，並貫通於千百家著書立言者之性靈，以精汲精，非天下之至精，孰克以與此？不能得其精，竊其皮毛，敷為藻麗，則詞章詩賦之學也。（焦循《雕菰集》卷十三〈與孫淵如觀察論考據著作書〉）

《易經》只是經學的一個部分，經學包含性、吞吐性非常大。焦循號稱乾嘉通儒，古今上下，縱之以通，橫之以通，上下縱橫無所不通，非常強調會通的作用，這也是從事經學各方面的學問上，非常重要的部分。焦循說旁通，相錯，時行，他的三大《易》例裡面，都是從《易傳》裡提攝出來，然後反本開新，開出新的《易》學詮釋象數與義理兩個面向的方法。一九九九年與千禧年，跟在座蔣秋華仁兄和幾位老師前往大陸江蘇考查「揚州學派」，進行田野調查，實地考察，得到非常多的驗證。

> 蓋古學未興，道在存其學，古學大興，道在求其通。前之弊患乎不學，後之弊患乎不思。證之以實，而運之於虛，庶幾學經之道也。（焦循《雕菰集》卷十三〈與劉端臨教諭書〉）

這段話講「古學大興，道在求其通」，要學、要思，更要求通，「學而不思則罔，思而不學則殆」這都是很重要的方法的掌握。焦循這段話是一個很好學經學的進路。「證之以實，而運之於虛」，文獻學，小學明而經學明，經學明而理學明。經學在實虛之間，理學比較是抽象，虛而實的，需要前後照應、呼應，證實運虛是很好的經學研究方法。

因為我是本土性、主體性很強的文化人，胸懷由小而大發展。因此我編撰《臺灣易學史》的時候，序言裡面，借用三希堂聯，新寫了「《易》學深心託毫素，臺灣懷抱觀古今」。在《臺灣易學史》一書中，

我都是學以致用，將六十四卦辭、爻辭、重要的《易經》的內涵與概念，都融入在論述與文學作品之中，這樣可以更深化對各卦各爻的了解。如同宋儒程頤《伊川易傳》〈序〉說「顯微無間，體用一源」，或王船山（1619-1692）「乾坤並建，兩端一致」。

先自我要求熟讀王弼、韓康伯《周易》注與孔穎達《周易正義》，慢慢建構歷史原典的了解。戴璉璋（1932-2022）老師〈王弼易學之玄學〉一文裡，分析王弼《易》學哲學的四大開展——「卦以存時，爻以示變，彖以明體，象以盡意」，進而使之「統之有宗，會之有元」。這是推展形上之道的方式，蠻有方法學的本體性理解。

明清之際王船山《周易內傳》〈發例〉：「乾坤並建為宗，錯綜合一為象，彖爻一致、四聖一揆為釋，占學一理、得失吉凶一道為義。」古聖先賢在《易經》相關著作裡自有方法，其實跟當代的方法在精神與內涵上，是沒有甚麼區別。以下是我專程前往北京大學抄書的時候，剛好看到明代學者黃潛翁《讀易備忘》四卷寫的小序：

> 讀《易》之法，當以卦為綱，以爻為目，以〈彖傳〉為案，以〈象傳〉為律，以卦爻為應，務以大象為體《易》，兼以觀象玩辭、觀變玩占，則庶幾乎其得之矣。

這段話很具體，明確簡淺，很容易成為研究的基本方法。我在《易》學的學思歷程，從中古時期宋代的項安世到清代乾嘉的焦循，清代學者是恢復漢學，回到《周易》經傳為先秦文獻，作縱橫視野上的擴充，先立其大者，小者就不可奪了。其後從焦循研究，轉進到域外《易》學相關文獻的研究。

我的碩博士指導教授黃慶萱老師對我研治《易》學面向做了大概的梳理，在此提供參考，兼緬懷老師。黃老師說我「重視文本，擅長

歸納之法：嫻於目錄，廣蒐參考資料，特重新近出土文獻，而作融通比較」。在我的相關論著裡，都有具體的呈現，可以請大家參考。我們治學方法裡，很多都是一步一腳印，自己做起來的研究。然後這邊是一些歸納的部分，單篇文章的呈現，都是大概的說明。

杜甫（712-770）說：「別裁偽體親風雅，轉益多師是汝師。」我有很多學術的機緣，與大陸、港澳、新馬、日韓與歐美《易》學界先進、後進交流觀善，得到非常多的教益，非常感謝。尤其，我所指導的博士生，具有各種的面向。像臺大中文系陳威瑨老師目前就是日本《易》學研究的後起之秀，明日之星。致理科大蔡郁君博士研究德國衛禮賢與衛德明父子《易》學，沈信甫博士研究英美的《易》學研究。而從事傳統《易》學文獻與相關主題的研究，碩士論文大概已有三十篇，這都可以看到不同的方法面向，提供參考。

我的學術生涯目標，就是以傳統與臺灣為本，以日韓東亞與歐美為相互融通，以明體達用為道，以培育裁成為志。目前鄭吉雄老師，對《易經》有很宏大的目標正在落實執行，這都是邁向國際化，不斷擴展的重要計畫。剛剛楊自平老師對宋明理學家、清代學者，心學上與理學上的說明，非常的清楚。而我則強調「漢宋兼采，博約兩至」，「古今並重，兩岸兼顧」，進而「植根本土，接軌國際」。然後盡力栽培後起之秀，薪火相傳，宇宙即我心，心有多大，世界就有多大，學術的領域就有多大。所以我期望年輕學者與中壯輩，可以攜手在經學、中國文化、國際漢學裡面，一齊努力做很好的開展。

最後，借用清儒鄭堂江藩（1761-1831）的這段話：「讀書當融釋，講學貴縝密。不讀書，無入德之門；不講學，無自得之樂。」期許在座大家對中華文化、中國經學共同奮鬥奉獻。以上是我簡單的報告，謝謝大家。

蔣秋華：

　　好，謝謝賴教授。賴教授以他的研究歷程，以及豐富的經歷，來歸納他的一些研究方法。從他的報告可以發現他的面向非常廣泛多元。這些對研究《易》學的愛好者，應該有很好指引。下面再請陳威瑨教授報告。有請。

陳威瑨：

　　主持人蔣老師，以及在座各位師友大家好，請問我這樣的音量可以嗎？不好意思，因為我現在喉嚨有點不太舒服，我有快篩，是陰性，不過音量可能會有極限。

　　非常榮幸接到文哲所經學組的邀請來參加這次的「《易經》研究方法座談會」，我的資歷跟在座各位老師相較，非常淺薄。我是賴貴三老師指導的學生，還有孫劍秋老師是我博士論文的口考委員。相較於各位老師的高見，我的想法非常不成熟，所以今天只是提供一些簡單的個人所見，來請各位指教。

　　我們現在先來看這個。這個是我在文哲所經學研究室的網站上面抓的一個說明。裡面有提到文哲所經學研究室的目標是要「以紮實的研究，為經學厚植更深廣的根基，拓展更多元的領域，建立跨學科的對話」，[19]我想這個是在當代做經學研究的學者都會非常認同的。其實這也呼應了當代經學研究所遇到的挑戰。因為經學其實是沒有辦法直接對應到當代學科的，在古代是直接浸潤到文化的全體層面中，以經典為本位來思考、開展。學術經歷過現代化轉變後，到了現代的框架之後，所謂的經學就遇到顛覆性的挑戰，在現代高等研究與教育體制下就顯得限縮。所以所謂的拓展更多元的領域，進行跨學科對話，就變成

---

19 網址：https://www.litphil.sinica.edu.tw/about

一個不得不為的結果。這也呼應到賴貴三老師以前曾經談臺灣的《易》學課程、教育、研究的發展困境的其中一點,是「創新少」。包括:

> 臺灣《易》學研究以傳統對象、專題為主,缺乏當代課題的相關研究,學術研究所能提供社會、國家的現代化助力有限,難以誘導學子積極投入,更難以獲得政府、企業界的奧援,發展潛力受限;而且,缺乏科際整合研究,未能將既有研發成果運用於其他學門,宏觀顯然不足。如何多向度、多視野開拓研究領域,值得正視。[20]

我覺得這也是蠻需要當代《易》學研究者一起來思考,來解決的問題。傳統對象與專題之研究,是一切的根本,是開拓對古代經學源流認識的工作,必不可少,然同時需要對當代研究方法的思考。除此之外,我們對研究方法進行思考,回應跨學科對話的需要,在當代延續經學生命之所需,這本來就是我們應該要做的事情。尤其是回到我剛才說的,經學在古代是浸潤到全體文化之中,也可以說經學在古代,本來就是一個跨學科的存在。所以同樣的,在現代的所謂跨學科對話研究,這本來就是我們應該要做的事情。理解到這一點的時候,其實就可以更樂觀的來面對這樣的狀況。這個座談會的主題是要談研究方法,不過對我來說,研究方法本身是一個先有議題學科之後,才會產生的東西。議題、學科之所以產生,是因為問題意識。所以我們是先有問題意識,才會有議題,先決定議題這個方向,才會有研究方法,所以剛剛幾位老師所鋪展出來的研究方法,都非常豐富。我們全部並

---

20 賴師貴三:〈戰後臺灣高等院校《易》學課程與教育的回顧與展望〉,車行健編:《傳經授業——戰後臺灣高等院校中的經學教育》(臺北:萬卷樓圖書公司,2020年),頁25。

列起來會看到有很多種，這是因為中間的議題就有很多種。我們是選定了議題，然後才做相應的研究。法無定法，用〈繫辭傳〉的話，「不可為典要，唯變所適」，所以我們在談研究方法時，對我而言，其實等於在探討有哪些重要的問題意識可以去切入。不同的問題意識就會引導我們研究者通向不同議題、不同學科。不同學科融合在一起，就會引導我們到不同的研究方法，最終提供融會貫通的契機，去導向我們剛剛說到的跨學科對話。

我是從二〇二一年八月開始接下臺大《周易》的這門課，這門課在大學裡面開，各位老師一定知道，就會有很多學生，或社會人士是為了想要學占卜而來的。就像剛剛貴三老師說的，凡是他的學生都要學占卜，我當初修課時，也是有操作過的。而且占筮本來就是「《易》有聖人之道四焉」的其中一個。對我來說，不僅要懂如何去操作，更要斷天下之疑，我覺得這背後有嚴肅的倫理意義。所以我不會簡單的否定卜筮的重要性，但是我又擔心如果有學生或社會人士只是為了對卜筮有興趣才來的話，可能會有一點得術忘道，所以我花了一點時間跟他們說，在學院裡面的《易》學研究者究竟在關心哪些問題。所以那時候我畫了這個《易》學相關問題舉例表給他們看。

表一　《易》學相問題舉例表

問題領域	問題意識	相關課程
文本內容	字句如何解讀	文字學、聲韻學、訓詁學
	書中的表述方式有何規律	經學
文化史	作為一門學科系統的演變過程為何	國學導讀、經學史、文獻學
	對世界文明活動過程造成什麼影響	

問題領域	問題意識	相關課程
考古	占筮操作方式為何	
	古代的相關制度為何	
哲學思想	書中反映的哲學思維為何	
	在歷代詮釋作品中發展出何種哲學	中國思想史

　　這個表因為是我自己要對大學生作解釋，所以其實都是做很簡單的歸納，可能掛一漏萬，要請各位老師多多包涵。大致上我把學術界關心的問題分為四個類型：一、文本內容，二、文化史，三、考古，四、哲學思想這四塊，每一塊又大致分為兩個問題意識。分別如下：

　　一、在文本內容這個部分，分為兩個：一是字句如何解讀？這就是我們在中文系裡，文字學、聲韻學、訓詁學在處理的問題，他幫助我們讀懂《周易》經傳字句本身。二是我們會探求書中的表述方式，也就是《易》例的問題。這個是做《易》學研究時本來就會關心的問題，可以說屬於經學問題。

　　二、文化史問題部分，我又列了兩個問題意識，第一個是《易》學作為一門學科系統的演變過程為何？這個部分如果以中文系的課而言，大概會給國學導讀、經學史、文獻學這些課程來負責探討。還有一個是對世界文明活動過程造成什麼影響，這部分可能是歷史學門會關心的事情，或者是關乎歷史系的研究方法。

　　三、再來是考古方面，群經都有相應的古史研究，需要同時關照。如果是以《易》學的領域來講，就需要關注古代筮法的探討工作。所以我在這邊又列了兩個問題，第一個是占筮操作的方式是什麼。譬如說你怎麼去讀通〈繫辭傳〉裡「大衍之數五十，其用四十有九」那段，還有《左傳》、《國語》占例部分，他們是怎麼樣操作得出這個。這個部分可以列在這個問題意識裡。另外，第二個是古代相關

制度如何，包括太卜之法是怎麼樣的存在，或是像數字卦、甲骨卜辭等等，這些有關占筮源流的研究，跟《周易》經傳成形是有關聯的，他們都可以被歸在這一類考古的問題意識裡面。

接下來，還有第四類是哲學思想，就像以前楊儒賓老師講過，經學在轉移到現代學術過程中被打散，被歸類到新興學科，譬如說《詩經》被歸到文學，《尚書》被歸到政治學，《春秋》被歸到史學，三《禮》被歸到社會學，《周易》被歸到哲學。[21]這裡有兩個問題意識，第一個是書中反映的哲學思維為何？第二個是在歷代詮釋作品中發展出什麼樣的哲學？在中文系裡面，有中國思想史這種課在處理。雖說其他經多多少少也含有一點哲學思想，並不是說這一類問題只屬於《易經》，但毫無疑問，在五經之中，《易經》最具有哲學性質，因為它的本質是由抽象符號架構建立起來，而且相較於其他經，更具有鮮明的推天道以明人事這樣的性質，所以它更具有哲學史地位。因此，我們其實也可以看到，在大學裡面，不是只有中文系、經學所有《易》學課，在哲學系裡面也有。同時我們也看到，哲學系可能會專門為《易經》開一門課，但不會開一門《尚書》哲學、《詩經》哲學、三《禮》哲學。哲學系跟中文系，在五經上的交集，恐怕就只有《易經》。同樣的道理，去看中國哲學史這樣的書，可能裡面會為《易經》專門列一節，可是不會看到其他經也得到同樣的待遇。所以就五經的範圍來講，《周易》的哲學問題可以獨立成一類。

第四類問題是《周易》研究會涉及的獨有問題，我們也會看到，歷來關於《周易》哲學這個宏大體系，裡面參與的研究者，他們不一定以經書研究的方式來面對《易經》，所以也不是只有經學家在參與這些事情。《周易》在經典化之前，非儒家所獨有；經典化之後，亦

---

21 楊儒賓：〈經學的「經」與「學」〉，《原儒：從帝堯到孔子》（新竹：國立清華大學出版社，2020年），頁50。

非只有儒家參與。這個部分跟前面幾個問題意識相較之下，又更需要一些別的研究方法。

我在列這樣子的表，跟大學生說明的時候，沒有將第二類問題稱為「經學史」，而是稱為「文化史」，原因在於傳統以經學史、經學家為研究對象的觀察範圍，其實都可說屬於文化活動的一部分；與《易》學相關的各種文化活動，也都可謂《周易》作為經書而產生的作用，正如同其在中國浸潤至文化之全體層面一般，所以用文化史稱呼更為全面。貴三老師也有做過類似的研究，他在做歐美《易》學研究時，談了白晉（Joachim Bouvet, 1656-1730）作為傳教士的活動。這就是一個《周易》參與世界文明活動的例子。所以這個部分我們如果用「文化史」或「世界文明」這樣的問題意識去看待的時候，其實能夠更貼切的去歸納我們目前高等研究與學術教育的機構裡面探討的《易》學相關活動。同樣的道理，第四類問題中的「歷代詮釋作品」，我們也可以用同樣的規模去看待。如果以這樣的整體系統來看，就有機會因為深入不同文化，去面臨到更多新議題，而促進當代《易》學研究「拓展更多元的領域，建立跨學科的對話」之可能。

我自己在碩士班時期是以《《周易》卦爻辭同文現象研究》為題，完成碩士論文，這是屬於上述四類問題中的第一類，問題意識為卦爻辭中重複出現的詞語，反映何種規律；而「同文重複出現」此現象又有何涵義。其後在眾多師長的啟迪下，以《日本江戶時代儒家《易》學研究》為博士論文之題，往後的關懷亦以此方向的後續研究為主，屬於上述的第二類與第四類問題，問題意識為《易》學在日本的接受與傳播情形為何、發展出何種詮釋、與中國《易》學之關係為何、可提供何種具普遍性之思想等等。筆者對於前述以國際傳播的角度看待《周易》的想法，係萌芽於此時。在此研究中，相關的先行研究來自香港的吳偉明教授，他以鳥瞰各文化領域的方式鋪陳，偏向整體的文

化史，我則是專門處理經學、儒學的部分。所以我選了與解經相關的三項活動：解釋、鎔鑄、對話，去採取一些個案探討，然後關注他們的《周易》注釋、或是利用《易》學資源建立自身思想體系的表現，還有圍繞著《易》學而展開的學派內部或是學派之間的論爭這樣的問題，完成我的博士論文。一直到現在，我的研究路線大致上也集中在這方面，因為我希望在累積足夠多的個案探討之後，我們可以對整體的日本《易》學史圖像有更清晰的了解。就像剛才貴三老師所說，希望最後完成朝鮮王朝《易》學史，我也是以同樣的期許來面對日本的研究工作。這個部分目前在全球的相關探討還不算多，所以我覺得也是方興未艾。就是因為先行研究不太多，所以往往必須從收集、整理原始材料開始。各種資料有些有被電子化，有些沒有，他們深藏在各大機構裡面，塵封許久，就像很多清人著作，需要研究者發掘。所以從收集、整理原始材料開始，分析他的基本形態，看他的解經作法，重要的是我會去留意不同學派之間的差異，我希望在這個過程中，去呈現經學史和思想史的動態發展過程，而不是停留在靜態的點跟點散落各地而已。學者之間彼此會互動，會交流，會接受，會批評，所以應該同時留意不同學派具體的內容差異，還有批判的內容，藉此擴充我們對思想史的整體觀察範圍，抉發更多潛在的義理激盪空間，能導向超越特定時空點，又非獨屬於中國或日本任一端的思想議題。

在這樣的過程中，我覺得目前可見的一些特色是日本儒者十分積極地面對他們所見到的最新中國《易》說。我所觀察的重點範圍，大概在十七到十九世紀，也就是所謂的日本的江戶時代。雖然從江戶時代一開始，中國就進入到清朝，可是書籍傳入有時間差，所以他們一開始是以接受明儒的說法為主，後來就比較能看到清儒的書。我的觀察是，他們非常重視能不能跟上、看到最新的中國《易》說，不只《易》說，其他學說也是如此。他們所引用或所欲對話的對象，也隨

著時代而從宋元明擴及到清初,這就反映了中國《易》說的傳播情形。因此也可以看到他們對中國《易》學並非一味接受,而是時時根據自身立場來評價。有些人選擇接受這個,有些人選擇接受那個。或者是都不接受,為什麼?他們有他們的理由,他們有他們的主體性,所以這方面的《易》說,不是對於中國《易》說的單純翻版複製,他們會導出各式各樣的詮釋。有些是要來強調日本優越性的《易》學詮釋;同時另一方面也有相當多的儒者,在批評中日其他《易》說的過程中,通往一種無特定時空背景的常道論述。當我們把《周易》作為跨國的共同平臺的時候,就可以看到更豐富的內涵。因為經之所以為經,乃在於其承載不侷限於特定時空、無時間性的常道,允許讀者乃至解經者站在自身處境與之對話而成為常道揭示者,尤其是《周易》的本質在於抽象的符號,抽象的符號就允許眾人就自己所見,去填充其涵義,形成「彌綸天地之道」的體系。所以我覺得做跨國研究,可說是這種「彌綸天地之道」的一種見證。因此,從思想史的角度,可以得見《周易》在特定的日本思想環境脈絡中發揮的作用;從哲學的角度,可以得見《周易》在日本儒者手上開展出何種無時間性的常道論述,而能和中國《易》說相呼應,這是我冀求能持續進行的方向,亦十分盼望學界出現更多相關研究。

最後,我也提供一些管見,思考未來《易》學可以往哪些方向持續發展,這並不是全部,只是簡單舉一些我自己想得到的例子而已。當然傳統的專題、傳統的專家,也有很多需要進行的,但那個部分大家都了解,我就不特別講。我以下列了三個基本方向。

第一是經傳本文解讀及語譯研究,這是我覺得可以持續進行的。因為「語譯」可謂現代出現的一種新的解經法,尤其是對於如何讓經典活化、普及,有很重要的意義。這種形式可以持續地讓更多人接受到經典,所以有必要認真面對。

臺灣目前最新可以看到的成果，當然是戴璉璋先生的《周易經傳疏解》[22]，以及黃慶萱先生的《新譯周易六十四卦經傳通釋》。[23]這兩部的內容、特色、風格截然不同。[24]戴先生之書較重視「回歸原典，探求本義」，所以是以具時間性的觀點看待卦爻辭的，在翻譯時立足古漢語語法，還有原初古史語境；黃先生之書較重視《易》學發展累積的豐富內涵，常以一種無時間性的義理價值觀點面對原典字句，在翻譯時有很多個人的發揮。兩者都有各自的價值。一種翻譯其實代表一種《周易》讀法，所以這類著作不僅只是翻譯，背後其實代表一種讀《易》法的理論。這牽涉到我們如何看待《周易》，就會有怎麼樣的讀《易》法，這背後延伸的議題都很豐富，遠超過語譯工作本身，需要持續進行。

另一方面，翻譯《周易》本自有困難之處，卦爻辭字句本身形式即相當特殊。就像日本儒者荻生徂徠（1666-1728）《辨名》說《周易》有一個特色是：「設辭不與他書同。」有些句子的表達方式只有在《易經》裡才看到，在其他同時代經書是看不到的。再加上一字多義、訛字、出土文獻與傳世文獻中的異文等等這樣的問題，這都會增加我們在解讀、翻譯上的困難程度。因此幾十年來的研究成果當然很大，但也有許多地方未能一錘定音。所以這也更顯示出新的語譯工作，永遠都有繼續進行的價值。

我們仍然可以持續比較歷代《易》解，納入出土文獻的研究成

---

22 戴璉璋：《周易經傳疏解》（臺北：中央研究院中國文哲研究所，2021年）。另，戴先生對此書之修訂稿雖未及於生前完成，但學界應可期待遺稿將來問世之時。

23 黃慶萱：《新譯周易六十四卦經傳通釋》（臺北：三民書局，2021-2022年）。該書分為上中下三冊，於二〇二二年三月出版完畢。

24 瑨按：本次座談會結束後，又有吳宏一先生：《周易新繹》（臺北：遠流出版事業公司，2022年）問世，不及一併論及，讀者諒察。該書共三冊，第一冊為「通論編」，介紹《周易》源流；第二與第三冊為「經傳編」，提供簡單的語譯，其特色在於將〈繫辭傳〉、〈說卦傳〉、〈序卦傳〉、〈雜卦傳〉置於各卦之前。

果，去做更完善的思考，也能引發更多參與者的學習方向。我想這對於《易》學研究社群的永續經營有一定的作用。

　　再來，我想到第二個可以進行的研究方向是《易》學及文化史的相關研究。因為前面說經學是浸潤到文化的全體層面中的，所以它本就與各種文化領域相關，尤其是《易》更是如此。所以《四庫全書總目》對經部《易》類的提要中說各家都可以「援《易》以為說」，雖然原文不是在肯定這種現象的價值，但事實就是所謂的「解《易》者」不一定只鎖定在經學家。他的定義可以有很多種。《周易》的文化地位是方方面面的，像吳偉明老師的書，就是從各種文化領域去探討，雖然他只做了一個起點，但已經開闢了很多研究方向。我們從《易》學史，再進入《易》學文化史，可以看到更多《易》學在許多文化領域的作用。

　　這種方向又有兩種意義值得思考：其一、從文化史的角度廣泛觀察《周易》在其他領域的作用，需要邁出以往的傳統經學研究範圍，與其他學科交融，對於前述賈三老師所言「多向度、多視野開拓研究領域」，這就是一種實踐。從《易》學文化史的角度，去仔細地釐清《易》學到底經過了哪些發展面貌，就此而言，便有重要意義。其二、《周易》在群經之中，以其與占筮相關的神秘面紗，最易吸引社會各界接觸，但也衍生不少附會之說，甚至有可能成為詐騙犯罪的工具，不利於《易》學的健康發展。所以我們其實需要對於《周易》參與各文化的過程有踏實的理解，進行一種正本清源的工作，讓人們真正認識文化中與《周易》相關處發展至今，哪些是健康的，可理解的，這亦可說是《易》學研究者的社會責任。

　　第三個我覺得可以進行的是國際《易》學研究。這方面的成果已經越來越豐富，當然可以做的還有很多，因為周遭的國家，還有他們累積的文獻數量還是非常多，還有很多並未被充分觀照到。把《周

易》當成世界文明中的經典，去建構一幅世界《易》學史圖像，是我們值得努力的長遠目標。吳偉明老師後來出的《東亞易學史論》，彙集以往他研究東亞《易》學的研究成果，貴三老師也有《國際漢學與易學專題研究》這本書，這些都有示範作用。[25]

除此之外，對《易》學史的描繪著重於「過去」的探討，相對的，對於「未來」的探討也是重點。這個部分必須在世界哲學的脈絡之中，去做一些比較哲學的工作。像以前福岡女子大學退休教授難波征男老師，從一個日本人的角度出發，把《周易》當作東亞共同的經典，他認為東亞的思想整體來講是以《周易》為基礎展開的，《周易》裡的基礎是以陰跟陽的兩種互相對立但是又互補這樣的體系的世界觀在運作，所以我們要認識我自己本身與相異於我們的對象彼此要互補，彼此缺一不可。我們是在和他人與其他事物的形成一個整體的情況去成長，去發展的。這裡面當然就有一種如何和他者共處，真正落實萬物一體的一種積極的意義。這裡當然也可以開展出一些公共哲學、共生哲學的部分。這個部分牽涉到更多未來關於國際《易》學中比較哲學的脈絡，這是我們可以去做的方向。

最後，貴三老師曾提出未來的《易》學研究展望，包括建置資料庫及電腦檢索系統，擴大文本的範圍，開發新研究領域，與時俱進，體認世界化時代的來臨，將舊學融入現代生活與文化中。[26]這樣的構想當然值得我們思考，所以我前面講的內容，可說是對此的呼應，期待能收拋磚引玉之效。以上的粗淺想法，來自於筆者自身者少，得之於各位師長者多，所以在這邊要致上感謝，也請各位師長不吝指教。謝謝。

---

25 瑨按：本次座談會結束後，又有劉正先生：《國際易經學史》（North Potomac: Eghbooks, 2022年）上下冊出版。不及一併論及，讀者諒察。

26 賴師貴三：〈戰後臺灣高等院校《易》學課程與教育的回顧與展望〉，頁27-28。

蔣秋華：

　　謝謝威瑨的報告。威瑨是從傳統《易》學的研究，拓展到做日本《易》學研究。他剛剛做的介紹，也指出未來《易》學可以研究的幾個方向，就是對文本的釋讀，還有跟文化史的相關研究。另外因為他研究日本《易》學，而認為國際《易》學的研究，是值得發展。我想，國際《易》學前面幾位也有提到，這個的確是未來可以擴大研究視野的一個方向。最後，我們請羅聖堡教授報告。聖堡，請。

羅聖堡：

　　各位師長、學長還有線上的來賓大家好。我是臺大中文助理教授羅聖堡，非常榮幸可以在「經學的研究方法」工作坊的《易經》分場分享自己的研究觀察。其實在座老師、學長都是我學習的對象，我自己其實是沒有特殊的研究方法，報告自己的研究內容，我其實很不好意思，假如大家手邊有稿件的話，這其實是我的引言稿。因此覺得自己很新，而且這個新是連第一年還沒結束的情況，就來這裡報告自己的研究方法或者分享，總覺得很不好意思。所以我就報告我向古人學習的兩位老師，第一位是對我來講比較舊的老師胡渭（1633-1714），第二位是博士後開始新研究的郝敬（1558-1639）。就像是賴貴三老師說的，是我以古人為師的一個面向。這其實就是我正在進行中的研究，真的是非常不好意思，所以我今日其實真的是抱持學習的心態，來跟大家報告自己目前正在進行中的觀點。

　　嚴格來說，我的研究不算是《易》學研究，也不太算經學研究，只能說我定位自己是《易》學史研究。因為在我的學習過程中，我的老師們像是張素卿老師、何澤恆老師，他們都會很著重你在做文本分析的時候，要拿捏你是做經學研究，還是經學史研究。我的老師輩都有這個經學研究的面向，像我自己，我認為我自己是沒有。所以我的

報告，都是歷史問題，以歷史脈絡的現象分析為主。可是即便是做歷史研究，在中文系，或者是以經學為主的歷史研究，該怎麼做呢？當然是要從經學問題為出發點。我以前常被張蓓蓓老師警告，她說：就算你要作學術史的研究，以經學為主的話，一定要去挑戰老問題。所以相較於各種當代研究潮流，我的老師們，會一直盯緊我有沒有持續關心傳統經學問題。在做個案研究的時候，會被要求不能只做一家，在做一家的時候，就要想到有三家四家，因為一個經學問題能夠開發的個案實在太多了。經過這樣的學習過程，到文哲所進行博士後研究。中研院是個明清研究很強的地方。我在這邊最大的感觸就是，真的在做明清研究的經學研究，蠻少的，這個少的意思是說，我所關心的問題是如何從宋明理學變成清代經學的議題。我的老師們都有這些研究，但是比較少來進行交流，所以一個人在這邊的時候，一開始都會覺得有些難以討論的感覺。反而也因為如此，我更加注意我自己如何在歷史語境很強的學術環境當中，加強自己論述的特性。於是呼應今天這個大會的主題，勾勒現象之外，如何分判怎麼樣是晚明學術，怎麼樣是清代學術。其實我主要分判的過程，就是從研究方法來進行分判跟討論。我的問題意識就是，第一個要去分析清代經學跟前代經學，或與宋明理學家的關聯性，這個是研究近代中國知識問題不斷地要追問的事情。而且站在學術變遷當中，如何轉折或如何變遷，這是一個問題，其實如何連續也是一個問題。有的老師著眼於如何連續，有的老師著眼於如何轉折，於是就有明清經學研究的一些差異性。我覺得到我這個階段，其實這兩個都要關注，我們同時要去研究如何連續，也要分析如何轉折。所以我的研究的主題、個案以及討論的內容，以及文獻，通通都是在希望可以找到能同時表現連續的一面，也同時表現轉折的一面的個案。這是我從博士後到現在長期觀察的目標。我需要找一個清代經學的基準，清代《易》學最重要的一家，可能還是胡渭。

比起閻若璩（1636-1704）來說，胡渭其實很難做，怎麼說呢？像閻若璩有《潛邱劄記》、有文集，胡渭就只有專著，而且他每一本都很難讀，像是《禹貢錐指》、《易圖明辨》，或《大學翼真》，這每一本都非常難讀。而且可能連經學通論都整理不完了，還要關心他的學術史脈絡，其實是非常痛苦的一件事情。因此，我們在討論胡渭的時候，其實討論完前九卷就已經很累了。前九卷的內容，對應朱熹《周易本義》前九圖。可是我們想要來探求明清之際轉折問題的時候，第十卷其實很重要。這個重要性有兩個，第一個就是胡渭的訊息本來就少，所以我們一定要透過專著來看。胡渭很有以述代作的風範，他如何去條列這些人的資料，就不能只是當作一個資料呈現，我們都要去詢問他說，胡渭為什麼要引這些人，這些人有沒有言外之意，其實這些人是有言外之意的。

　　假如我們去看前九卷，康節（1012-1077）一直被他罵，可是看到第十卷，你會發現胡渭一直在凸出邵雍的儒者氣象。譬如說他去徵引王應麟的說法，或是徵引宋代筆記，全部都是要去凸顯胡渭看待邵雍的儒者氣象。前九卷的邵雍之學，到底是怎麼樣變出來的呢？其實胡渭在第四、第五、第六卷，就是在交代這件事情。假如我們只看《皇極經世書》，特別是〈觀物內篇〉的話，其實你會覺得〈外篇〉跟這一些內容有差別。之後還有麻衣道者與溟涬生的資料，排列起來，胡渭其實是要告訴所有的《易》學研究者一件事情，我們看到這些邵雍《易》圖的相關說法，很可能是後學不斷衍生的內容。胡渭透過這樣的引述方式，告訴大家學術史的訊息。

　　第二個，假如我們再來看這一些資料的話，像是蜀隱者、或麻衣道者的事情，在今天都變成了常識。可是有一件事情還沒有變成常識，就是論溟涬生的相關事跡。關於溟涬生的事情，考量胡渭的學術環境，他可能看到比較多，可是也沒多多少。他舉出來的這些資料，

其實都是來自於明初學者。他引溟涬生的資料到底是要說什麼樣的事情呢？我們今天去研究明代《易》圖的接受，我們大部分都會說這是對於朱子《易》學的接受。可是我們看完這一些資料，其實胡渭是要告訴大家另外一件事情，整個元明時期不只是朱子學的一個高峰，他也是一個邵雍《易》學及其後學傳播各式《易》圖的高峰。胡渭就是告訴我們這兩件事情。我們可能只注意到前面那一個，朱子學的高峰，但是可能沒有注意到元明也是邵雍《易》學的高峰。證據就在《增補四庫未收術數類古籍大全》的明代之部。

這個方面，是要講一個小故事。那一個時候何澤恆老師，他看到我在讀這個書，他非常緊張，就把我叫到研究室去。跟我說，聖堡你一定要發誓，你以後千萬不要拿這些書來做賺錢的事情。所以這些內容有蠻多民間的成分，邵雍《易》學到了明代，還是民間接受的一個高峰。明代《易》圖的流行，對胡渭來說，不只是接受朱子學，他是一個邵雍《易》學演變的歷史，也是民間接受的潮流，它有由下而上的反映。

我要討論的第三個部分，是胡渭心目中的《易》學正宗。我依舊是使用「引書考」的方式來觀察。我們去看胡渭怎麼去引述王弼。他強調王弼雖然接受老、莊，可是如果跟陳摶（871-989）比，王弼《易》學是比較好的義理《易》學家。胡渭會條列宋代接受王弼的資料，像是李心傳。他就是要去強調一件事情，就是王弼《易》學有一些虛玄的部分，但相較於圖書《易》學，也只是部分而已。在「象數流衍」的脈絡當中，他常跳出來推崇王弼《易》學。

接下來就是胡渭怎麼樣批評朱熹《易》學。我們假如只看《易圖明辨》前九卷，只會覺得胡渭批評的重點是圖書《易》學。但是我們看他卷十的引書考，他批評朱熹的重點是什麼呢？其實是「《易》本卜筮之書」的說法，他把前代所有批評朱熹「《易》本卜筮之書」的

重要說法，全部條列出來。其中最多、最重要的就是顧炎武（1613-1682）的《日知錄》。從量化分析來看，最多是顧炎武。

再從質化研究的角度來看，前面都是負面批評，究竟《周易》該如何進行正面的經典詮釋？我們會發現胡渭用了不少明代的說法。譬如：胡渭接受《太極圖說》的說法，其實是從晚明儒者朱謀㙔（1552-1624）的說法而來。他卷一的時候有交代，可是到了卷三的時候，就沒有徵引出處，所以你會以為那是胡渭的話，但其實拿晚明儒者來對，就知道是朱謀㙔的學說。這邊可以看出一個與晚明經學的連續性。晚明經學對於這一些清初大儒，特別是大經學家，並不是完全不可取的學術內涵，這個是我所關心的一個事情。

第二件事情，就是今天的第二位主角，我的第二位老師郝敬。我在讀清初學者的這些論著當中，我本來以為郝敬只是零零碎碎地出現，可是當我看到閻若璩覺得郝敬比梅鷟重要。這跟我們今天看《尚書》學史的意思不一樣，我們今天就不會覺得郝敬比梅鷟高明，可是閻若璩、胡渭反而比較重視郝敬。《易圖明辨》云：

> 仲輿解經，多所創獲，而尤不喜宋儒，愚未敢深信，獨論《易》數，則最為精確。其曰：「聖人作《易》，立人之道而已。」此語大有裨於來學，故特表而出之，且為之暢其指趣焉。

這個就是我今天的題目「立人之道」。我覺得這一句話，是非常可以去說明，晚明經學跟清初經學既延續又轉折的內涵。這一個既延續又轉折內涵怎麼說呢？因為假如我們去看郝敬的原文，他去講這一個立人之道，其實是有三個面向。

第一個面向，就是「攝身之理」。這一個部分完全是明代《易》學的特徵。明代《易》圖有很多承襲道教《易》學的部分，但是郝敬

提醒大家，其實《周易》就有《易》卦跟人身搭配的意涵，《周易》本有及所開展的養生之理，還是有參考價值。可是胡渭引述這些，完全拿來做《易》圖辨論，而且強調「存而弗論」。胡渭徵引但「存而弗論」，赦敬不僅是徵引，也認為有可取之處。這是赦敬取，但胡渭不取的內容。

第二個面向，郝敬凸出明代學術總結宋明理學的涵義。他批評朱子學，同時也批評陽明學，可是他絕對不會一竿子打翻一條船，完全推翻宋明理學的內容。郝敬認為理學家化用經典的學說，是十分可取的。譬如「易簡之道」，他接受「易簡之道」就是中庸之道的說法。郝敬所說的「立人之道」，有取宋明理學的相關內容，對此，胡渭則是不取的。

胡渭只取哪一個面向呢？胡渭就只取郝敬化用〈說卦傳〉「兼三才而兩之」的舊說。宇宙論是圖書《易》學的重要特色，對於宇宙論的問題，郝敬回歸〈說卦傳〉在天為陰陽，在地為剛柔，在人則為仁義的說法。郝敬認為談論《易》學的人道，其實不需要象數，也不需要圖說，我們只取仁義就可以了。這是胡渭大加稱讚，標舉郝敬的面向。

我透過這樣三個方向比較，去說明「立人之道」在晚明的語境當中，有道教的面向，有宋明理學的面向，有回歸原典的面向。可是在胡渭的解說當中，只接受回歸原典的面向。當然這一個結論對很多歷史研究者來說，不是老生常談的結論嗎？可是中間的過程，如何把它說得清楚一些，而且提出證據，那是我一直在思考的事情。以上是我的分享，謝謝大家。

提問與回應

蔣秋華：

謝謝聖堡的報告。聖堡舉出兩位所謂他的老師，《易》學的老師，那就是明末的郝敬和清初的胡渭，他有精彩的說明。好，現在剩下的時間有十二分鐘。我想我就不多說，先開放線上參與的各位同道，是不是就上面七位老師的報告，有沒有一些問題，大家來互相討論。好，我們就開放，看有沒有。賴貴三老師他好像另外有活動，所以已經先離開了。

剛剛幾位老師的報告裡頭都有提到，就是說，在《易》學的發展上頭，好像沒有吧？在臺灣沒有一個組織，或者所謂中心。所謂的組織、中心，如《易》學研究中心、《易》學研究會。臺灣應該有《易》學研究會，不過，它好像比較不屬於學院派的，所以學院參加的人相對比較少。就是以真正學院的學術組織，好像並沒有。大陸的話，我知道的大概是山東大學有《周易》研究中心，另外，福建師範大學張善文老師那邊也有一個所謂的《易》學研究中心，或者研究所。大陸《易》學的學會我就不清楚了。我知道的是《詩經》、《尚書》的學會，《詩經》成立得比較早，它每隔兩年，就會開一次會議，持續現在已經十幾屆。早期是有論文集，後來因為參與者太多了，所以就選了他們的論文，在他們辦的刊物上發表。《尚書》學會也開過幾次會。但是最近也是疫情關係，活動暫停。臺灣的話，學院裡頭的學會，就是剛剛提到，想要發展的話，是可以朝這個方向去努力。看看有沒有有心的愛好者出來發起，來組織《易》學的研究學會，集合大家一起來參與。當然要學會的成立，未來可能也是要推動辦一些學術活動，就是會議，或者是能夠出個刊物。聊天室有人提問：「怎麼看待熊十力、牟宗三捨經就傳的問題。」問題應該都滿大

的，可能一下子，沒有專門研究的話，也許哲學系的可能對這些議題有一些專門研究，有機會可以向哲學系的研究者來提問。其他的，有沒有問題？

陳睿宏：

關於牟宗三的部分，我可以簡單的回應。有關牟先生的說法，覺得應該從一種多元開放的向度予以理解，其論述的方式仍當可以接受，其乃從本身的認識與自身觀點上進行建構。同樣的，熊十力先生的說法也是如此。我想他們有其自己所謂的歷史脈絡，有他們自己的主張，只要言之成理，並無不可，畢竟在《易》學的發展歷程中，本就是不斷的增衍與創造理解的過程，此亦學術可以多元發展與不斷延續的價值所在，故我們可以用一種比較開放的角度去面對。謝謝。

蔣秋華：

聊天室有人提到，《易經》學會在杭州南路那邊。

陳睿宏：

《易經》學會我可以回應一下，因為我本人目前為學會的副理事長。中國大陸有關《易經》方面的學會，多數的省或地區都有，而且複雜性與多元性較高，有的與民間術數密切結合，亦有多數與學術領域的聯繫性高。臺灣目前與大陸《易》學學術聯繫較為頻繁的，也就是中華民國《易經》學會，學會早期的創始，由六十四位國學領域的學者所發起的。那也就是說，早期的學術性格是比較強烈，但慢慢的後來就衍生成比較明顯的走向民間術數，同時仍然也有一個部分是承擔有關學術活動的面向。多年來，學會也希望，能夠有更多的學術參與的機會，尤其這一二十年來，兩岸有關領域的學術活動，常常由學

會與大陸直接的協調。由於在學術方面的對接，常態性的學術活動，主要為海峽兩岸《易》學研討會，目前已經辦到第九屆，另外，還有海峽兩岸的青年《易》學會議，這兩個研討會，兩岸輪流舉辦，臺灣的方面，主要由《易經》學會自行辦理，或委託國內大學主導。整體而言，目前學會的成員，相對比較民間化、術數化，如果從學術界立場來看，欲發展屬於具純粹的學術性學會，需要的是由有關領域的學術界學者共同發起，如此整體的開展，應該會比較健全，也才能維持學術的主體性。

蔣秋華：

是，就是要有比較熱心的人來提倡。不過在臺灣，辦學會是相對比大陸困難很多，大陸也多半都有半官方性質，背後都有很強烈的支持，在臺灣辦學會的話，後續的問題不容易。要怎麼樣去延續，真的相當困難。最重要的可能還是經費問題，因為你只收會費，絕對是沒辦法做的。就連臺灣經學學會，兩年要辦會議，都不是那麼容易。

另外一個也一樣是經費，就是《易》學研究的刊物，有一個刊物的話，就是有發表園地，大家集中投稿的專刊，反而會比較讓人留意。要研究的人，已經有人研究過的話，就可以找來看。像大陸的《周易研究》，他們有學校的經費支持，所以可以把這個刊物長期的舉辦下去。

許維萍（提問人）：

首先謝謝文哲所經學文獻組以及今天發言的各位師長，個人受益良多，我想藉這個機會，替敝校一個法文系的老師，提問題就教於各位。因為我想我們今天討論的研究《易經》的方法，對於本國籍的學者來說，其實不管是初學，或者是已經鑽研，學者都受益良多。但

是，如果一個外國籍的學者，或者是一個初學人士，想要進入到《易經》的殿堂，不知道各位學者有什麼比較好的建議，可以提供他們入門。因為這個尋求我幫助的法文系的老師，他似乎是透過法文來學習《易經》，聽起來中文的表達能力也並不強。所以我覺得有一定的困難，我想剛好今天有這個機會，是不是各位學者，可以就大家的經驗，提供一些建議和想法。謝謝。

蔣秋華：

就我所知，歐洲漢學應該有很多種《易經》翻譯。他如果中文不行的話，當然只能透過譯者了解，有了初步了解之後，如果的真的要深入，那真的得再來看中文。例如今注今譯，那是白話，臺灣也有，大陸也有。傳統古注，如《周易正義》、朱子的、二程的，直接讀文意，他們可能看不懂。今注今譯，也不一定看得懂，還是透過外國翻譯，如法文、義大利文、英文。初步我想大概是這樣。這個部分賴貴三老師可能比較熟，有機會也許可以請他跟賴老師請教。

陳威瑨：

中文的今注今譯，臺灣的部分我推薦戴璉璋老師的書，大陸的話，黃壽祺、張善文。英文的話，也可以請教鄭吉雄老師。

黃忠天：

鄭吉雄老師有一篇〈《周易》全球化：回顧與前瞻〉的文章，對整個域外《易》學，都有比較宏觀的解說。我也贊同，掌握英文，再來看中文的，順便學中文是比較好的。

蔣秋華：

有人提問《易》學跟道教的研究，有什麼發展性？

孫劍秋：

忠天兄提到，南部有很多學員，他們對道教《易》學很熱衷，也培養了很多人才。這也許可以看看南部學者的相關論述。

陳威瑨：

高師大有出論文集，包含深入《正統道藏》的研究，應該可以找到不少材料，而且可以看到《易》學不同的表現。

蔣秋華：

林慶彰老師的《經學研究目錄》，或是大陸的期刊網站都可以找得到大量的文獻。好，如果沒有問題，時間已經超過了，我們這一場就到此結束。

《尚書》的研究方法

主持人：楊晋龍（中央研究院中國文哲研究所）
發表人：
　　　　陳恆嵩（東吳大學中國文學系）
　　　　曹美秀（國立臺灣大學中國文學系）
　　　　許華峰（國立臺灣師範大學國文學系）
　　　　黃冠雲（國立中山大學中國文學系）
　　　　蔡根祥（國立高雄師範大學經學研究所）
　　　　蔣秋華（中央研究院中國文哲研究所）
整理者：劉軒廷（國立彰化師範大學國文學系碩士生）

楊晋龍：
　　大家好，歡迎大家撥冗參加中央研究院中國文哲研究所經學文獻組舉辦的「《尚書》研究方法座談會」，我是本次會談的主持人兼司儀。
　　這次座談會討論的主題是研究《尚書》的方法，大會給的主題包括三大類的內容，第一類是「傳統相承的研究方法」，第二類是「融合域外學術的研究方法」，第三類是「個人獨特的研究方法」。只要是涉及這三大類主題內容的範圍，都可以放在討論座談之內。
　　經學文獻組特別敦請六位出眾的學者作為引言人，針對前述的三大內容進行討論。這次座談會的時間總共有一百五十分鐘（即下午兩點到四點半）。

座談進行的程序是：首先，由我來介紹引言人，大概二十分鐘。其次，就是每位引言人有二十分鐘左右發表意見的時間。第三，請引言人發言結束後，我們再請引言人之間進行相互討論，因為這是一場座談會，我們希望引言人之間能夠相互討論。第四，就是引言人相互討論結束後，如果有時間再請與會的學者發言討論，與會學者發言討論時，請先自報單位跟姓名，方便主辦方作紀錄。另外，還要特別強調，引言人參與座談會的發言稿，僅供給座談會討論時使用，如果與會學者有需要引用發言稿的內容，請您先跟引言人聯繫，取得引言人同意後再引用。以下就依照姓名筆劃的多寡來介紹這六位引言人，並且在介紹之後開始發言。

按照海報排列，第一位引言人是東吳大學中文系的陳恆嵩教授，陳教授是東吳大學中文所的博士，師從賴明德老師跟劉兆祐老師，賴老師是我博士班口考老師之一；陳教授的研究範圍是經學、文獻學、《尚書》、《禮記》和《史記》等。陳教授做了一件對學術界極有貢獻之事，這件事大家沒有關注，陳教授曾經論證了明代的《禮記集說大全》，除了以陳澔（1260-1341）的《禮記集說》作為底本之外，還徵引衛湜《禮記集說》的內容，這個發現糾正自十七世紀末以來顧炎武《日知錄》、皮錫瑞《經學歷史》和《四庫全書總目》等的錯誤訊息，對經學史、尤其《禮記》學史具有非常大的貢獻，不過卻沒被注意，雖然今天是探討《尚書》，但我還是特別要講陳教授在《禮記》學的貢獻。經我介紹之後，現在就請陳恆嵩教授發言。

陳恆嵩：

非常謝謝楊晉龍教授的讚美，我愧不敢當。主辦方原本要求在二十一號收稿，最近因為家裡事情較多，沒有時間寫稿，匆忙寫稿，拖到很晚才交，先跟大家說聲抱歉。

我在《尚書》研究上成果不算豐富，而多年來研究《尚書》的原因，是念碩士時導師林慶彰先生讓幾位學生分別研究《五經》，其中張廣慶（1958-1998）選擇《左傳》（《春秋》學）、李光筠（1958-1993）選擇《詩經》、許維萍選擇《易經》；《禮記》、《尚書》沒有人選，林教授希望我在二者中選一部。由於《禮記》在東吳沒有老師，《尚書》看起來相對容易一點，故而選擇《尚書》。我的碩、博士論文都是經學史的問題，而非《尚書》，可是如果將來畢業後，要從事教學工作，一定需要專精一經，因林老師的關係，所以我選擇《尚書》。

　　當時選《尚書》後，非常苦惱，到底該怎麼讀它，因為對經學非常陌生。後來林老師推薦國內的經學大家──臺大程元敏教授，當時就邀約李先生去臺大旁聽程元敏教授的「中國經學史」跟「尚書」兩門課程，我除了在大學跟賴明德教授修習《尚書》，真正對《尚書》有了解是到臺大上程元敏教授的課。後來回東吳之後，在大學裡面教書必須從事科技部研究計畫，所以就一直選擇《尚書》的議題，在這裡持續鋪陳。在《尚書》領域，我持續碩、博士班的論題以外，還關注明代的《尚書》學；此外，林慶彰教授在文哲所有時候會舉辦隋、唐、宋、元的國際學術研討會，因此也會跨界到各個朝代，但主要還是明代居多。

　　我個人十分愚鈍，剛剛楊晉龍教授提到《禮記》的問題，我研究《五經大全》的過程，實際上林慶彰老師先寫了一篇《五經大全》纂修的研究論題，後來指定我作為博論研究題目，可是林老師已經研究此領域，所以我在後面賡續的時候，較為不易且有些困擾，屢屢遭人質問：「林老師已經寫過相關文章，你還拿來作為博士論文研究，有辦法超越老師或有新發現嗎？」我也為此苦惱一、兩年。後來我到圖書館逐步把每本書影印下來重新比對，跟著林慶彰教授的腳步，但我是做整部書的全面比對，閱讀後仍發現滿多問題，其中最大的問題就

是《禮記集說大全》在《四庫提要》、朱彝尊（1629-1709）、顧炎武（1613-1682）等人的說法是完全錯誤，也發現大概三百年來沒有人發現這個問題，好似幾乎大家沒翻過此書就開口說話，於是便在博論提到這個議題。其實，大家相對沒關注此議題，原因是《五經大全》歷來備受批評，大家相對不關注，因此也沒發現各家說法之矛盾處。謝謝楊教授替我說明和宣揚此說法，實際上我個人認為不值一提。

　　有關《尚書》研究的方法，主辦單位提到重點有三，一是清代以前的傳統研究方法，一是民國以來參考西方的研究方法，以及有別過往自己的新方法。對我來說，我沒有新的方法跟研究，還是秉持著做博士論文的研究精神——我不太相信前人的說法，像顧炎武《日知錄》中提到明代科舉考試等意見，我看了之後，實際研究，再核對顧炎武《日知錄》的說法，發現《日知錄》裡面大概至少三分之一到一半是錯誤的，因前人有此情況，所以在研究過程中大部分都是自行蒐集資料跟研究，而不太從前人角度看相關議題。我會了解整個文本，再回去看前人的意見。

　　因時間關係，在此簡單報告個人的讀書心得及淺薄的研究方法。

　　首先，我受林慶彰老師影響，做任一議題研究時，會初步作資料蒐集的工作，先了解《尚書》的文獻包括哪些，因為現在論文的文獻多僅限在《尚書》學專著，例如：《四庫全書》、《續修四庫》的《尚書》類、單行本和叢書中的《尚書》專著，實際上《尚書》學著作不僅侷限在這些專著，有些可能在文集的篇章裡，有些在類書裡，或在子部、史部、集部的資料裡，皆蘊含著直接或間接的《尚書》學研究文獻，而非僅有我們所見的《尚書》專著而已，不然有很多資料會遺漏。在座的許華峰教授曾做過《永樂大典》中的《尚書》資料，《永樂大典》保留許多《尚書》專著，有些資料不是很多，可是其中很多已亡佚的宋、明《尚書》學專著的篇章，至今無人將它們輯錄，這些

資料恐怕較少外人看到，許華峰教授可能比我還清楚，雖然我曾關注過這些，但是沒有輯錄出來，所以知道的相對較少。總之，宋、元許多專著都有保留，卻未被完整輯佚。

第二、我重視《尚書》學的文獻或目錄，我做研究時一定先從《漢書》〈藝文志〉、《隋書》〈經籍志〉目錄入手，到底他們怎麼著錄這些書籍，了解被著錄書籍的名稱、卷數，把目錄、史志裡的相關資料一條一條摘錄，之後再核對現今存世的《尚書》學著作，對照傳世著作與正史著錄的書名、卷數的差異。此原因是啟發於司馬遷（前145-前86?）《史記》，在《漢書》〈藝文志〉中作《太史公》，不叫《太史公書》，在〈太史公自序〉寫作《太史公書》，而後有人尊稱為《太史公記》或《史記》。透過目錄學的書可以簡單了解司馬遷的《史記》當作《太史公》，不作《太史公書》，〈太史公自序〉的「為太史公書」應解釋為「寫作了《太史公》這本書」。我經常從目錄學觀點先考察書籍，考察後先釐清相關議題，再了解書籍內容的問題。比如說，《四庫全書》裡收錄明代梅鷟（1483?-1553）的《尚書考異》，《四庫全書》文淵閣本、文津閣本作五卷，孫星衍（1753-1818）的《平津館叢書》本作六卷，香港中央圖書館有清代光緒十年的朱記榮（1836-1905）槐廬家塾刻本（二卷），北京圖書館有三種不分卷抄本：明代白鶴山房抄本跟兩種清抄本。我們除非到圖書館蒐集，否則無法完整看到部分資料，現在可見的有：文津閣本、平津館本以及北京圖書館已經影印的兩種抄本，經核對版本內容有滿大出入。大陸所藏的明代、清代抄本有影印在《四庫全書存目叢書》、《北京圖書館古籍珍本叢刊》中，裡面把《尚書譜》、《尚書考異》混淆在一起，原本可能是《尚書考異》，卻當作《尚書譜》來處理。因為現在無法到圖書館，而且也沒有找到書，所以就只能簡單口頭說明。其實，梅鷟《尚書考異》的版本、內容還有滿多問題可以進一步討論，如果版本不弄清楚，做《尚書考異》研究時，還是有許多問題。

第三、我會了解《尚書》每篇的寫作時代、背景。

第四、我認為要釐清《尚書》篇章裡的名物、典章制度。

第五、我著意《尚書》篇章的思想要義討論，過去參與文哲所的討論會時，曾經寫過有關孫星衍的《尚書今古文註疏》文章，閱讀清人《尚書》書籍，清人在從事學術研究工作時，總告訴我們「訓詁明而後義理明」，但是讀了之後，「訓詁明」，「義理」還是永遠「不明」。古人寫這些《尚書》篇章的用意是甚麼？他們為什麼要這樣寫？他要表達甚麼東西？我看清人的訓詁學著作時，常常被他們搞得烏煙瘴氣，例如〈堯典〉、〈禹貢〉、〈皋陶謨〉要告訴我們甚麼？而後我看到伏勝《尚書大傳》告訴我們「〈六誓〉可以觀義」、「〈堯典〉可以觀美」、「〈禹貢〉可以觀事」、「〈皋陶〉可以觀治」等，才從此體會出漢人所講的「通經致用」的說法。

第六、重視《尚書》科舉用書。《尚書》實際上就是傳遞歷史上重要的人事經驗，作為後人鑑戒的作用，所以《尚書》即使難讀，歷朝歷代都作為科舉考試的必讀著作之一，即使再難讀或不懂，還是要讀，原因就是可以作為人事鑑戒之用。當然今天無科舉考試，但這些道理仍可作為我們了解《尚書》的研究參考。例如〈禹貢〉告訴我們治河當採用疏濬法，然而我們看到鯀治水是用圍堵法，後代也經常用圍堵而非用疏濬，我們可以看到宋、明、清（尤其宋、明）的「〈禹貢〉學」十分發達，北京大學歷史地理研究所潘晟寫過有關「宋代〈禹貢〉學」的文章，後來四川大學王小紅教授將「宋代〈禹貢〉學」作為博士論文，他們談論北宋將「〈禹貢〉學」作為「水學」，即治理水患、黃河河患的書籍，基本上講的是原理、原則的指導思想，而不是〈禹貢〉真的拿來治河，《尚書》基本上也是作為現代問題的指導思想。這讓我想到中文系比較少提到的東漢張仲景（150-219）的《傷寒論》，古書到底能否治療現代人的疾病？我們可以發現中醫

現在還有人在閱讀,如果古書不能治今病,那中國古書就要丟掉了。原因為何,值得我們去思考。

　　唐、宋、元之後,《尚書》學不僅僅限制在經注本,也會有《尚書》的應用,比如經筵、科舉考試,清人指責科舉非常兇悍,認為科舉是高頭講章,但我認為科舉的《尚書》用書對《尚書》的傳播有極大貢獻。現代人看明、清學者,顯見的是今人基本經學知識不如古人,除了知名學者,我們可以發現清末受過私塾教育的老學者,在經學文字的造詣都超越後人很多,他們受的教育是科舉制度時代留下的《四書》、《五經》等書籍,所以我認為研究《尚書》時,其實也要關注有些科舉用書,不是說所有的都要注意,少數仍不理想,但還是有相當好的科舉用書。舉例來說,明代王樵(1521-1599)《尚書日記》也是科舉用書,卻被收在《四庫全書》裡,而且推許為明代《尚書》學相當有見地、心得的著作,清代編修《書經傳說彙纂》時抄錄許多王氏著作,雖然清人會批判明人,但仍抄錄明代書籍,在《欽定七經》中可以發現此問題。

　　第七、研究《尚書》時,要了解《尚書》的發展歷史,否則會產生很多問題。

　　我認為自己沒有什麼心得,只是跟隨林慶彰老師的研究,他非常重視文獻,從文獻入手,再進一步考訂文本等方面。我認為《尚書》文本研究,其實在清人和近代的屈萬里先生、程元敏先生研究以後,我們能夠突破的地方非常有限,除非有新資料或文字。所以我本身從事《尚書》學史方面的研究。再者,我認為《尚書》文本有不少問題,從春秋戰國時代大篆演變為小篆、隸書,隋唐、魏晉南北朝「隸古定」文字,一直到楷書的過程,其實今天我們很多讀到的文本都是楷書,但原來的《尚書》文本究竟為何?中間是否有文字是讀錯的?或是在隸古定的過程究竟產生多少問題?這個我們從唐代現存抄本敦

煌本的文字就可以看到，當時文字跟今天文本文字的解讀上還存在滿多問題，這也是為何顧頡剛（1893-1980）編《尚書文字合編》這部書，他想要先從解讀《尚書》文本、澄清現在所讀的文字，釐清隸古定的文本和春秋戰國、秦漢所傳的文本間到底有何差異；這部分若無法完全釐清前，去談《尚書》就會有很多問題。現在學術界非常重視清華簡的問題，但我對清華簡存有些微疑慮，因為清華簡並非直接在墳墓出土，而是從香港買回去，買回去的中間到底有沒有存在偽造的可能性，在尚未釐清其真實性前，我仍存有一半疑慮，不敢貿然完全相信清華簡，如果像馬王堆直接在當地墳墓挖出，而沒有經過他人之手，這部分便比較可靠，其存在也比較沒什麼問題。

耽誤很多時間，因為楊教授基於愛護，所以沒有阻止我講了這麼多話，很不好意思，我就講到這裡。

楊晉龍：

謝謝陳恆嵩教授！大家聽陳教授發言，大概可以知道陳教授比較重視文獻，從文獻角度可以看出很多事物，《尚書》的意見並不只有在《尚書注疏》裡，很多文本都有。我會把它分成兩類：一、若是專書，加上書名號作為「《尚書》學」。二、若超出專書之外，我會把書名號拿掉作「尚書學」。這是我自己的用法，我研究《詩經》學、詩經學也是這樣子用。

另外提醒大家，顧炎武寫《日知錄》，跟一般研究成果不太一樣，所以許多都是他的閱讀意見或看到事情的反響，我們引用時就不能以學術研究成果的角度評論他，若以學術研究成果的角度評論，可能對顧炎武有點不太公道，我的想法是這樣子。好，那我們謝謝陳恆嵩教授！

第二位發言人是曹美秀教授，曹美秀教授是臺灣大學中文所的博

士，師從夏長樸（1947-2021）老師。曹教授的學術研究專業是整個清代的學術，尤其是經學相關的學術，像她寫過與朱一新（1846-1894）、陳澧（1810-1882）相關的論文，其實基本上都跟清代學術有密切的關係，另外曹教授對中國經學史下過功夫，所以她的專業大概是在清代學術與中國經學史方面的研究，我們現在就請曹美秀教授發表她的《尚書》學研究方法，曹教授請。

曹美秀：

　　謝謝在座各位老師與學界的朋友們，非常感謝文哲所給我機會，讓我可以在這裡分享一點自己不成熟的心得，我其實是抱著學習心態來參加本次研討會。對我而言，本次研討會的主題——研究方法，是必須整合很多不同論題才能得出的，更高層次的理論與方法，這是我還不足、必須要加強的部分。

　　在接到這個研討會的訊息時，我知道經學文獻組會把所有引言人的講稿寄給大家，所以其實我期待著有別人的講稿可以參考，沒想到我是第一個交的，也因此我要跟大家分享的東西並不成熟，也藉這個機會提出來就教於各位。

　　雖然剛才提到，研究方法是必須整合很多不同論題，才能得出的更高層次的結果，但我意識到我們做研究時，已經有意、無意間藉由前人的研究成果來汲取他們運用的方法，再用此方法來做我們的研究。我們在運用前人的研究方法做研究時，也會因我們研究論題的特殊性，在方法上做細部調整，可能就從中建立起新方法，所以就研究方法這點來講，我個人初步整合所得是：前人建立的研究方法，以及我們個人研究問題的進行、方法的調整，然後再得出新方法。這其實是一體多面，互為因果、互相支持的。但無論如何，都是在進行研究時，要保持另外一種清楚的「意識」來對研究工作做思考，甚至可能要作刻

意地統整、歸納，才能夠得到研究方法的具體內涵。對我而言，這是可以再加強的部分，也謝謝文哲所的座談會，更提醒我自己這部分的不足。所以下面就個人目前有限的經驗，提出研究當中會使用的方法。

先略述一下我的研究歷程，就像剛才楊老師所說，由於師從夏長樸先生，一直以來我都從事清代學術的研究，方法就是「學術史」的研究，強調「史」的部分，亦即探討歷史上各種不同的學術現象，進一步還要把不同的學術現象整合，以看到學術發展演變的脈絡，簡單來講就是章學誠（1738-1801）所說的「辨章學術，考鏡源流」。這個方法當然其來有自，此次研討會給我們的三個主題當中，便有「清代以前的傳統研究方法」，此方法章學誠便認為始於劉向（前77-前6），是源遠流長的研究方法。

由於個人能力所限，研究範圍僅止於清代。就算我們把研究範圍縮小至清代一代，仍然有前人為我們立下的方法，像錢穆（1895-1990）、梁啟超（1873-1929）等人關於清代學術史的研究，基本上就是將「辨章學術，考鏡源流」的方法運用在一代的斷代學術史的研究，我就是在前人的基礎上從事研究，做一些細部調整，當然細部調整很難在短時間一語道盡，簡單來講一個最大的方向就是微觀跟宏觀兼顧，一方面我針對個別學人作深細的探討，並將對不同學人的研究所得整合，累積成果之後，我就會建構學術史的架構，此是從微觀到宏觀；另一方面，則會將個別學人的研究，置於已有的學術史的脈絡中，以見其學術特色、意義與價值。二者合觀，就是微觀、宏觀所得內容，互相印證。這樣的研究方法，其實中國早期所謂「學案」體的著作，如《明儒學案》、《宋元學案》等已奠下了基礎，大體都是在前人基礎上運用的結果。不好意思，講到目前為止，跟《尚書》還無關。

大約在十年前，個人曾嘗試探討晚清的定海黃氏父子——黃式三（1789-1862）、黃以周（1828-1899）——之學術思想，黃氏父子二人皆有《尚書》學著作，而且有明顯的傳承關係，為了理解其《尚書》

著作的意義，所以開始關注清代《尚書》學的發展，即為《尚書》學史，所以我對清代學術史的研究，便逐漸地偏向《尚書》學。

如同前述，章學誠「辨章學術，考鏡源流」的史學方法其來有自，而劉向（前77-前6）父子用的是目錄學的方法，從現在的學術分類看來，目錄學跟史學是不同範疇，然其背後方法是可以相通的，所以我個人由清代學術思想史的研究，轉向清代《尚書》學史，表面看來是從事不同主題的研究，其實方法也是相貫的，亦即前面講的「學術史」的方法。當研究方向轉到清代《尚書》學後，研究方式跟研究清代學術史是相同的，就是微觀與宏觀兩個角度，互相參考、印證與修正。所以在研究清代《尚書》學時，我仍然針對不同的學者、不同的《尚書》學著作去作深入研究，再整合研究所得，希望可以看到清代學術史中的《尚書》學之演變樣貌，就是清代《尚書》學史。

由於之前從事清代學術史的研究，所以我又把清代的《尚書》學與整個清代的學術史加以整合，以見學術史的演變情況，及個別學人的學術思想、學術著作的意義。簡言之，我是以研究「學術史」的方法來研究《尚書》，並且把《尚書》方面的研究所得與學術史互相參照。目前主要範圍是在清代，當然清代因為漢、宋學的關係，所以常常也會牽涉到漢代跟宋代，但基本上以清代為焦點。就像我剛才提到的，此研究學術史的方法其實前有所承，對於《尚書》經文的理解，剛才陳恆嵩老師就有提到，他的研究方法中有很大一部分就是對《尚書》經文的理解，這部分的具體方法，如小學知識、石經、碑刻、出土文獻的運用等，在座有更專精的學者，我便不多說。接下來，我把清代學術史、清代《尚書》學史研究相結合的經驗，從方法角度提煉出幾點跟大家分享。

其一、大家做研究應該都有這樣的經驗，前人已作過的研究與成果，我們仍可能對之再作修正。因為我重視的是「史」（學術史、《尚

書》學史)的方法,所以如果對個別學者的研究結論、評價等有所修正,那麼以個別學人為基礎所建構的學術史、《尚書》學史,也應該作出相應的調整。我會提出這一點,是因為在《尚書》學領域中,我發現有不少的研究論著,是以既有的學術史、《尚書》學史的概念作為前提,對個別學人的研究成果,終究是在既有的框架之中,有證成既有學術史的作用,卻沒有對既有的學術史框架有所反思。舉個例子,大家很熟悉的古文《尚書》,在閻若璩(1636-1704)考證後,古文《尚書》是偽作似乎已成為定讞,這是梁啟超(1873-1929)的說法,再加上民國以來的科學風潮,對古文《尚書》是偽作的考辨,成為中國傳統學術中具有科學精神的代表性成果。在這樣的背景下,目前國內對清代《尚書》學的研究,多集中於偽古文立場的著作,卻忽略了從客觀學術史角度來看,清代學術史上仍有不少與偽古文立場相異的著作。這些著作的觀點跟大家認為古文《尚書》是偽,且有考辨發展歷史的觀點雖是不太相同,但從學術史角度來看,跟研究者學術觀點不相應的著作也是歷史上、學術史上存在的,也應該進入我們的研究視野。如果我們對研究主題的選擇有所轉變,以此為基礎所建構的學術史或《尚書》學史,也應該做相應的調整,這就是我所說的微觀與宏觀互相印證、調整,這樣就可以讓微觀、宏觀的研究成果互相補足、修正,我們的學術史研究才有往前開拓的可能。

其二、為學術概念的運用。尤其是今人對清代學術史的論述,都會運用前人已經建立起來的概念,與前面學術史的框架很像,但又不太一樣,前面講的是框架,這邊講的是概念。我舉個例子,如漢、宋學的概念,從《四庫總目》以來,漢、宋學一直是大家論述的重要概念,漢宋之爭、漢宋兼采、漢宋調和就是大家普遍運用來論述清代學術現象及其發展的概念,在清代《尚書》學研究中也同樣普遍存在,當然這個概念的形成有其合理性與必要性,但在研究進行時,如果心

中梗著漢、宋學的概念，我們在對文獻作解讀或對研究對象作評價時，可能反而受到此概念的限制。舉個例子，在相當多的著作中，都認為清代學者以古文《尚書》為真或假，通常與其漢、宋學立場相應，認為以古文為偽者持漢學立場，而認為古文為真者持宋學立場，但是我們可以從剛剛提到的微觀研究成果看到此概念是有問題的，例如，趙翼（1727-1814）不論在中文系或歷史系都會給他「考據史學家」的稱號，他用的是考據方法也沒問題，但他主張古文《尚書》為真，而且他無漢、宋學立場；相對的例子是，桐城派姚鼐（1732-1815）為眾所共知的宋學立場者，但他卻強烈主張古文《尚書》是假的，而且二人都對古文《尚書》真偽問題，有相當多的考證文字。如果我們持有漢、宋學與古文真、偽相繫的概念，則會覺得二人是「自相矛盾」的，但事實上，若將漢、宋學的預設立場去除，則沒有所謂矛盾可言，反而這個現象是值得關注的，而且對他們的研究，可以用來反省既有的學術史、《尚書》學史的論述。

其三、是與座談會相關的為學方法問題，但此處不是要提出為學方法，而是要討論前面提到的文獻考據及義理闡釋的兩個方法。考據跟義理是傳統知識分子普遍運用的「方法」，但在現代的學術論述中是一組概念。學界多以使用「文獻考據」來治《尚書》者，即主張古文《尚書》為偽；偏向作「義理闡釋」者，即以古文《尚書》為真，這是普遍存在的現象。但如果以微觀方式對個別學人進行研究，也可以發現這樣的敘述是有問題的，例如前述的趙翼，不但用考據方法考辨史學，在他的很多著作中還刻意去考辨古文《尚書》之流傳歷史，趙翼得到的結論是：古文《尚書》是真的。由此可見從事研究時，不應有預設的概念，即使這個概念普遍為學界所運用。而且由此處所舉的例子，可見治學方法（考據與義理）與結論之間不必然有因果關係，兩者的關係是錯綜複雜的，像姚鼐用義理方法，結果得到古文

《尚書》是偽的，跟我們用科學考據的方法結論是相同的；而趙翼用科學考據方法，得到結論是古文《尚書》為真。

其四、經學史可以說是「經典的詮釋歷史」，這點已為學界普遍接受，所以我認為——剛才陳恆嵩先生也提到了——《尚書》經文蘊含思想。這邊要特別提出，我們藉由傳統的《尚書》專著（不管為哪類）以探討思想，也是一種必要的方法。例如我專門研究清代，清代的《尚書》專著作訓詁、考據者居多，但它背後仍是有思想內涵。二十年前，林慶彰先生主持一系列關於清代考據學思想的研討會，張壽安先生也有不少相關著作，他們都從考據形式的著作中發掘背後的思想，這是前人已有的成果，所以不管《尚書》著作偏向「闡述義理」或「訓詁考證」的形式，背後一定有思想內涵，只是它們表述的方式不同。現代學術的分類中，「思想」與「經學」常被視為兩個領域，但我覺得這是受西方學術分類的影響，我們站在中國傳統學術的立場，尤其是經學的立場，再以今天的《尚書》主題來講，所謂思想不必然是像宋明理學具有深刻的理論思維，也不必然是像西方的哲學分析，我們可以從不同類型的《尚書》著作中，歸納出背後的思想內涵，我覺得這是「經學思想」的研究範疇，也是大範圍的思想研究範疇，這個是我個人會再努力的部分，也是《尚書》學可以努力的方向。

其五、比較的方法。在國際學術交流受重視的現代，比較的研究其實已經很普遍，可惜的是在《尚書》學的領域中，比較的研究是相對薄弱的，在中國本身的《尚書》領域中，不能說沒有比較的研究成果，但是範圍更廣的跨國研究，例如現在非常受重視的東亞、中日韓越的比較研究，或是各個經書的音譯本，這個也是比較研究可以做的，但在國內學術界的《尚書》學領域，成果仍相當有限，這是大家可以努力的方向，也是我個人會繼續努力的方向。

我就提出個人研究所得的這五點來就教於與會學者，謝謝。

楊晉龍：

我們謝謝曹美秀教授，其實曹教授很客氣，為什麼呢？因為清代集傳統學術之大成，所以研究清代幾乎要研究所有傳統學術，如果沒有對傳統學術有基本了解，根本無法研究清代，所以曹教授對中國經學史要有深刻理解，才能夠整理、研究清代學術。

分享一則故事，當年我博士論文選的是明代經學，選這個議題的時候，張以仁（1930-2009）老師和陳鴻森學長對我的論文提出建議，但我當時看過王國維寫的一篇文章，提到：「清學不是考據學、義理學、漢學之類、宋學之類，清學是一個特殊的傳統存在。」那時我所想就像我剛才提到的，若要研究清代學術，要對中國傳統學術有一定的認知才能去研究，所以我當時不敢去研究清代學術，那明代學術剛好沒有人好好做過，所以我就可以研究。

另外，學術史最重視的就是傳承與流變的相互影響關係，至於它有甚麼義理之類的關係，是在傳承、流變影響當中的一部分。從整體學術角度來看，偽《尚書》其實也是《尚書》學的一部分，站在學術史角度來看，現代人認為它是偽《尚書》，可是研究《尚書》的人不認為它是偽的，所以我非常贊同曹美秀教授所說的，研究《尚書》學不應該排除偽《尚書》研究。

還有一個有趣的問題，真跟偽的判斷標準根據的是什麼？是文獻學、是歷史學、是版本學、還是經學呢？他們之間會是一致性的嗎？我認為還是可以再斟酌。我們謝謝曹美秀教授！

接下來，第三位引言人是臺灣師大國文系的許華峰教授，許教授是中央大學中文所的博士，他的老師是岑溢成老師，大家都知道岑溢成老師是從香港過來臺灣的，所以他的學術視野跟臺灣土生土長的學者不太一樣。岑老師教出許多滿有名的學生，許華峰教授的學術專業是《尚書》、經學史跟辨偽學，我們現在就請許教授來發表他的意見。華峰教授請。

許華峰：

　　謝謝楊老師的介紹。接到了此座談會的訊息後，因疫情的關係，小孩都線上上課，家裡的電腦資源都被佔用，所以時間上非常壓縮。我大概只能就我已經研究、思考過的某些內容來跟大家分享。我 PPT 的內容，主要分成兩個部分：一是個人學習《尚書》的歷程，二是根據自己的研究方向，討論研究方法相關的思考。內容應該有很多不成熟之處，再請大家多多見諒。

一　個人《尚書》學習研究的歷程

　（一）大學（淡江大學）

　　最早接觸到《尚書》，是在淡江大學大三修莊雅州老師的《尚書》課。另外，記得當年大一「國學概論」是上周志文老師的課，那時候我印象非常深的是教材中有一本是梁啟超《古書真偽及其年代》，就這麼湊巧，在這樣的訓練背景下，我很早就接觸到古籍辨偽學的材料。大學期間又陸續讀了一些《古史辨》的文章，所以大概對所謂的辨偽學、古書年代考訂有點概念；大四時，到師大旁聽吳璵（1930-2022）老師的《書經》課。所以早期《書經》的學習背景來講，我應該是跟魯實先（1913-1977）先生的系統較有緣分，因為莊老師所講的融合一部分魯先生的講法、一部分屈萬里（1907-1979）先生的講法；而吳璵老師的講法，如果有看過其讀本，大概也是這兩部分的結合。

　（二）研究所（中央大學）

　　到了研究所，碩、博士班都是念中央大學，我的指導老師是岑溢成教授。記得碩士班時，岑老師曾問我要不要做《左傳》研究，我很認真的將《左傳正義》第一卷包含小字部分讀過一遍。因《左傳》部頭太大，要短短時間消化完，而且寫出有深度的內容，自己當時是辦不到的，所以我就放棄了。我當時想，也許《尚書》比較適合，因為

《尚書》部頭較小，只有五十八篇。我選擇的研究對象是閻若璩的《尚書古文疏證》，嘗試去討論他的辨偽方法（題目：《閻若璩《尚書古文疏證》的辨偽方法》）。後來到了博士班，就寫了董鼎《書傳輯錄纂註》（題目：《董鼎《書傳輯錄纂註》研究》），表面上是寫元代的董鼎，事實上所關注的是宋代的蔡沈（1167-1230）。董鼎的書中包含非常豐富與蔡沈有關的背景資料，我就以此來作為我的研究方向。之所以會涉及到宋代著作，主因是我們若做清代研究，習慣上都會先讀《四庫提要》，讀了《四庫提要》便很頭痛，因為其中有很多地方有誤。剛剛幾位老師分享清代區分漢學、宋學，如果我要了解清代所謂的漢學，勢必也要去關注宋學。宋代影響後世最大的一本《尚書》著作是蔡沈《書集傳》，我當時所看到的經學史資料都說蔡沈很重要、影響很大，但現代學者深入研究的卻不多，所以我就以他作為研究目標。我觀察到董鼎的著作中，有很多有助於理解蔡沈，乃至於朱子（1130-1200）學派如何了解《尚書》的相關資料，便以此為博士論文的方向。在博班期間，中央大學曾經請許錟輝（1934-2018）老師開《尚書研討》課程，整體看來，我與師大的《尚書》學緣份是比較深的；我曾想聽程元敏老師的課，只是那時候老師的課已不開放旁聽，這是比較可惜的事情。在這樣的基礎下，我以《尚書》作為我持續研究的課題，課題中我主要有幾個研究方向與方法。

二　研究方向與方法

（一）《尚書》真偽相關問題

第一個是《尚書》真偽問題的討論，我曾經發表三篇文章：〈《尚書》偽《孔傳》與《小爾雅》關係的檢討〉、〈《孔叢子》引《尚書》相關材料的分析〉、〈《孔子家語》引《尚書》相關材料的分析〉等。

這樣的論文撰寫，其背景是來自清代很多學者認為偽古文《尚書》是王肅（195-256）或王肅學派弄出來的，他們在說明過程裡，

經常會提到王肅為了爭勝，不惜偽造資料來為自己的經說背書，其中最有名的一本書就是《孔子家語》。我思考到一個問題，如果按清代學者的討論，王肅真的偽造古文《尚書》，那很直接的問題就是王肅或王肅學派到底怎麼引用、解釋《尚書》。有問題意識以後，我會想辦法找到一個我能力上可操作、不至於出現紕漏的方法，試著去做分析和解決。所以我拿《小爾雅》跟偽《孔傳》作對照，將《孔叢子》、《孔子家語》引用《尚書》的材料拿來跟偽孔本作對照。我常常會做一個比方，所謂的方法好像是從臺北到高雄，我可以選擇怎麼去，選擇怎麼去就是工具，也就是方法，例如：走路、腳踏車、公車、開車、火車、高鐵等；今天若只有一百元，我不可能搭高鐵；若趕時間，我當然選擇速度快的；若是要慢慢遊覽臺北到高雄的名勝地點，我可能會選擇慢車。所以我選擇什麼方法，會跟我的問題意識、目標有絕對關聯。當我處理此問題時，很直接、簡單的方法就是把兩個材料拿來仔細對照，對照後，可以發現這幾個材料所用到的《尚書》，其實跟偽孔本不完全相同，《小爾雅》的解釋跟《孔傳》也不密切，這時候至少可以確認清代提出的王肅、王肅學派偽造的問題，乃至於為了偽造而造假的說法，是可以重新被討論的。

　　我們可以思考的，主要是方法與問題間，要有較密切的關聯，才可以提出有效辦法。同時，提出一個方法時，要考慮到自己是否有足夠能力去操作、執行。例如我會開車就可以直接開到高雄，若車子太差、中途拋錨，車子無法抵達，代表這個方法可能有問題；若車子不錯，但駕駛技術不夠好，可能半途就撞車。所以背後的問題可能不是我用什麼方法就能達到什麼結果，而是我作為一個研究者，在選擇方法時，是根據我的問題意識而來，但在操作此方法時，可能是基於我對方法的了解，對方法的了解還包含方法應有的限制──就是說方法在什麼地方適用、什麼地方不適用。有一件事情讓我印象非常深刻。

我大學時去聽有關中國文學的會議，有位學者寫了篇論文，用的是社會學的方法，當時會議主辦單位找社會學老師來講評，那位老師提到該方法不能被這樣使用；所以這個經驗讓我非常警覺，我們在使用方法時，要具備對方法限制與如何操作等細節的自我反省意識。今天剛好要談方法，這個經驗可以分享給與會同好。

（二）歷代《尚書》相關注解

除了真偽問題，我在這幾年做比較多的是歷代《尚書》注解的研究。我很贊同曹美秀老師所提到的對個別專家學者有較深入研究後，才能回過頭對學術史有合宜的書寫。因此從經學史或《尚書》學史來講，很重要的前提就是深入了解歷代重要的《尚書》注解。所以順著個人研究，我會去了解蔡沈《書集傳》、江聲（1721-1799）《尚書集注音疏》、王引之（1766-1834）《尚書訓詁》、王若虛（1174-1243）《尚書義粹》、吳闓生（1878-1949）《定本尚書大義》等專著，在研究專著的過程，我注意到兩方面的問題：一是注經體式，一是注解背後的思想文化成分。

1　注經體式

我們不應該把注解當作翻譯的一種書，而是要觀察到作者會如何選擇解釋形式，及其背後很可能代表的思想。也就是說，從經書注解裡，我們可以突顯出注解背後除了直接解釋經典以外，它往往帶著解釋者特殊的思想成分，這個思想成分一方面直接表述在他解釋經文的解釋內涵；另一方面，他對注解形式的選擇一定是有意義的。例如蔡沈的書名為《書集傳》，我做研究時發現他幾乎字字有來歷，所有內容、所有材料皆前有所承，所以他的書名叫「集傳」，他不是只講自己意見。過去有些學者認為蔡沈是理學家，理學家會用思想解《尚書》，好像只需抓出他注解中呈現的思想就好，事實上當我們仔細驗證以後，會發現幾乎每字都有來源，跟傳統注解不一樣的部分，往往

來自於他的老師朱熹。雖然蔡沈是理學家,但他在注解的形式上,很清楚書籍名稱為「集傳」,這是很有意思的事。我們從形式上可以看到,注解者做甚麼抉擇與處理方式,他背後都有其意義。

又如江聲《尚書集注音疏》的注經體式為自己作注,他先輯佚漢代《尚書》注解,過程中他最看重鄭玄,輯完後再為所輯的注解作疏。自己作注又作疏是很特殊的,我們可以發現他作注時有所抉擇,有些漢代講法不見了,他會自己補,漢代講法有衝突的,他會作選擇。他雖很重視鄭玄,可是如果他不同意鄭玄講法,他也會說明鄭玄說法不夠好。在注經體式研究下,我們有機會碰觸到隱藏於注解後的注解者的思想。

2 注解背後的思想文化成分

我覺得這部分很值得進一步關注,因為它變成是隱藏的思想史寶庫,我們經常看到思想史、哲學史著作的寫法,往往比較看重思想家的文集,特別是其中以〈某某論〉為題的文章。可是我們回頭來思考,經書的注解者往往花了很長的時間作注,例如蔡沈接了老師命令,一輩子躲在山裡不作官,除了教書,就是寫《書集傳》,這本書顯然是他的代表作。如果我們要講某位思想家的思想,而這位思想家有認真注解的經書,我們就可以在他的注解中發掘他的思想成分。

我又發現一個有趣的情形,當研究某人的注解,可是在相關資料對照後,卻發現該注解內容前有所承時,我就意識到他們對於一些常見且大家共同閱讀的書,並不一定會註明出處。例如蔡沈有時候引偽孔《傳》、《正義》的內容,卻不一定會標注從何而來,後來很多經書注解也是如此。所以我們讀這些注解時會很辛苦,必須一一對照前後注解,從對照的過程才能知道為何注解是如此解釋。在這樣的情況下,發現我對於發掘注解背後的思想文化成分頗感興趣。

我曾寫過兩篇文章:一篇為〈《甘誓》「予則孥戮汝」的解釋與經

學〉,一篇為〈清代考據學家對《金縢》篇「周公居東」的注解——以《皇清經解》收錄的說法為例〉,我在對照歷代注解時,發現注解如果對於沒有太多爭議的內容,大致都是繼承前人說法就結束了,可是如果發現某段注解文字特長、討論特多,或某些學者特別發揮,這個地方往往帶有重要的思想問題。

我們看〈甘誓〉篇屈先生《尚書集釋》的講法,他解「孥戮汝」的「孥」為「子」義,「戮」為「殺」義,也就是連坐把兒子殺掉,然後就沒有進一步的討論了。可是我們發現歷代注解討論「連坐法」的數量很多,而且他們會對內容盡量解釋,例如蔡沈說如果〈甘誓〉被視為是大禹兒子啟跟有扈氏戰爭的篇章,連坐法不可能出現在如此早的時代(夏朝),因為是聖人治理的時代,且大禹剛去世不久,怎可能會有如此殘酷的法律。所以蔡沈說明「孥戮汝」是軍法,軍法是特別法,沒有連坐法的則是一般法,以此區別。

周公居東的「我之弗辟,我無以告我先王」的問題亦是如此,周公是聽到流言立刻下野,還是立刻發兵攻打,兩種劇本所呈現的周公形象完全不同,清代考據學家考證此問題,例如段玉裁(1735-1815)《古文尚書撰異》一書旨在區分今、古文版本用字之不同,可是他在〈金縢〉的討論中,顯然意識到周公「我之弗辟」的解法會造成周公形象變化。於是段氏透過他所認知的周公形象,選擇他認可的訓詁。換言之,在訓詁上「辟」有許多解釋(例如:法、避等),而且這些解釋在訓詁原則上都說得通,身為清代考據學大家的段玉裁在面對這些訓詁證據的強度都差不多時,竟然是用「義理」來作最後的抉擇。我覺得這反映出注解背後不應只單純當作解釋對錯的問題,而是要去發覺這麼解釋的後面隱藏什麼想法,這些都是廣義思想史的成分。

以上兩部分是我這幾年比較關注的想法。

又如我目前正在執行的研究計畫「《史記》於歷代《尚書》注解中地位的轉變研究」,我發現在清代以前,雖會參考《史記》,但只是

偶爾用到，將《史記》作為解釋《尚書》的參考，而且用得很少；可是清代開始，大量以《史記》作為理解《尚書》的主要參照對象，代表對《史記》、《尚書》的理解觀點變了，這部分我覺得是可以被追究的議題。所關注的是《史記》在《尚書》注釋史中，如何被運用，以及如何從次要的資料，轉變成重要的解釋依據。

三　個人研究所引發相關問題的思考

依個人的研究經驗與習慣，提出兩點想法供大家參考：

（一）方法與目標

方法是研究的工具，而研究必須由問題意識主導。因此，選擇乃至設計適用的方法之前，應先通過問題意識，確定研究方向、目標。所選的方法，能夠被自己純熟運用，不至於出現太大失誤，才能得到比較有效的結果。

例如《尚書》具有「經書」與「史書」的雙重身分，我從大學以來修的《尚書》課程，大部分老師都是把《尚書》當成上古史的史料，所使用的課本如《尚書釋義》、《尚書集釋》、《尚書讀本》等，通常只注今文二十八或二十九篇的經文，偽古文則不被注重，頂多提到這幾句從哪裡抄寫。這種處理方式，認為今文才是真實的上古史史料，對偽《古文尚書》加以忽略。可是若去看傳統經書注解，偽《古文尚書》仍有重要影響，如宋明理學對偽古文發揮非常多，所以在這樣的背景下，「經書的方法」與「考據史學、史料的方法」是不完全等同的，至少現在我在做《尚書》研究時，漸漸強調把《尚書》當成一本「經書」來研究，而不單純當作史書、史料。當然，史料、史學、出土文獻、甲骨文、鐘鼎文等研究成果，也提供經書研究的重要參照背景，但並不能直接取代傳統的經學研究，兩者是可以分開的，也就是說我們選擇不同切入點——將《尚書》作為「史書」（史料）或「經書」（經學），所取徑的方法可能也不同。

（二）如實理解的重要

　　研究上，現代雖有好方法，可是從古至今方法通常牽涉使用者的主觀意識問題。例如《四庫全書總目提要》以漢、宋學方式作區分，但我發現《提要》有些是「亂寫」的。舉個極端的例子，元代朱祖義《尚書句解》，《提要》說此書「專為啟迪幼學而設，故多宗蔡義，不復考證」，劉起釪（1917-2012）《尚書學史》引用並同意《提要》之說。問題是，《四庫全書》本的《尚書句解》最前面列出〈偽孔序〉全文，然後每個篇章的標題下方標明「孔氏傳」，可見並不是《提要》所說的「多宗蔡義」。造成這種狀況的原因可能是《尚書句解》的《提要》作者沒翻過《尚書句解》便亂寫，或者因其特殊的學術、政治立場，不管真相，刻意作此處理，使得描述學術史的時候，真相被主觀的企圖所掩蓋。此為古代之例。

　　現代的例子以閻若璩的研究方法來講，我在寫碩論時，畢業前一年遭遇一個重大打擊，因為我發現臺大有篇新出的博士論文幾乎是寫同樣議題。後來我堅持把它寫完，因為我們的觀點並不一樣。

　　以方法自覺來講，閻若璩是方法自覺意識很強的學者，他歸結自己的方法為「由根柢而之支節」，「根柢」就是《史記》、《尚書》所描述的孔壁《古文尚書》的篇數都是多出今文十六篇，拆開來是二十四篇，跟偽《古文》的二十五篇湊不起來；「支節」部分，後來很多學者認為「根柢」完成了，「支節」就是必然的推衍，說明是怎麼抄而已。可是在我的理解中，「根柢」完成以後，至少在閻若璩的方法意識裡，他有很強烈的企圖心想讓「支節」是有論證效果的。閻若璩的書中，「支節」部分，在《疏證》第二卷裡面列出很多標題，告訴我們偽《古文尚書》相關文句抄自何書，但這些內容都是有目無書。我碩論中提到一個想法：閻若璩因看過梅鷟《尚書考異》，第二卷相關內容與《尚書考異》重疊，故閻若璩有意識地把這些材料刪掉，排擠

梅鷟的成果，把自己突顯出來。但如果以方法論角度來說，我發現閻若璩所保留的「支節」論證都有論證效果。所謂論證效果，以抄襲來講，閻若璩不會只是說明偽《古文尚書》抄自哪一本書，而是告訴我們，因為他在抄的時候誤解文句意義，或者為了配合上下文脈絡，所以胡亂抄寫、解釋，以致產生失誤。有失誤就會顯露破綻，包括所使用的曆法也出現問題。閻若璩留下來的「支節」相關內容雖然同樣指出偽《古文尚書》是抄來的，但他並非直接告知我們抄自哪句就結束了，而是從抄的部分去強調偽《古文尚書》抄錄材料是有問題的，用此方式去顯示它為一本偽造之書。我認為這在閻若璩的時代和學術高度，是非常有意義的一件事情，至少他是一位有強烈方法意識的學者。梅鷟在此部分沒有這麼好的表現，惠棟也只告訴我們從何處抄出，並未意識到此問題。

當時我發現惠棟引用閻若璩時，基本都是從梅鷟的著作來的，所以我就認為閻若璩有意將此部分刪掉而不掠美；現在我的想法是除了不掠美，還有一種可能是他有方法意識。他告訴我們指出偽《古文尚書》中的句子抄自那部古書並不能有效證明偽《古文尚書》的真偽，所以他只保留有證明效度、有破綻的材料，再放到書中。從此一角度來講，閻氏絕對有很好的方法意識，雖然以現在來看，閻氏的想法可以再重新翻轉、反省，可是他強烈的方法意識值得現代人所學習，因為有時候做研究，我們的方法意識沒像他這麼強烈。我覺得古人、今人的方法不需要分太清楚，因為有些方法是共通的，能否有問題意識、方法意識是比較重要的。

最後舉一例來說明我剛剛的論點，例如《尚書古文疏證》「第十、言《論語》『孝乎惟孝』為句，今誤點斷」條：

　　書有句讀，本宜如是，而一旦為晚出古文所割裂，遂改以從之

者,《論語》「《書》云『孝乎惟孝,友于兄弟,施於有政』」三句是也。何晏《集解》引漢包咸《注》云:「『孝乎惟孝』,美大孝之辭。」是以「《書》云」為一句,「孝乎惟孝」為一句,「友于兄弟」為一句。《晉書》夏侯湛〈昆弟誥〉:「古人有言:『孝乎惟孝,友于兄弟。』」潘岳〈閑居賦序〉「『孝乎惟孝,友于兄弟。』此亦拙者之為政也。」是其證也。偽作〈君陳〉篇者竟將「孝乎」二字讀屬上,為孔子之言。歷覽載籍所引《詩》、《書》之文,從無此等句法。(姚際恒立方曰:「古人引用《詩》、《書》,未有撮取《詩》、《書》中一字先為提唱者。」)然則載籍中亦有「孝乎惟孝」句法耶?余曰:有之。〈仲尼燕居〉:「子貢曰:『敢問將何以為此中者也?』子曰:『禮乎禮,夫禮所以制中也。』」「禮乎禮」非此等句法耶?偽作古文者不又於句讀間現露一破綻耶?

閻若璩指出,偽《古文尚書》從《論語》抄錄時斷句有誤。他舉出漢代、魏晉時期的《論語》斷句都是「孝乎惟孝,友于兄弟」,偽造者在偽造時抄錄文句,卻沒注意到原文之意義與斷句,所以到了偽《古文尚書》變成「孝乎!惟孝友於兄弟」。這是從句讀出現破綻來證明偽《古文尚書》之偽。此論證至少在當時是有效的。可見現代研究者對閻氏方法的理解態度未必客觀,而古人的研究成果也不見得不客觀。這部分值得再進一步思考、反省。

時間關係,我的報告就到此,提供大家參考。謝謝大家!

楊晉龍:

我們謝謝許教授這麼精彩的引言。接下來第四位引言人為中山大學中文系的黃冠雲教授,黃教授是美國芝加哥大學東亞語言與文化系

博士，他的老師是夏含夷先生，黃教授的研究專業是文字學、訓詁學、出土文獻、經學、學術思想，我想最重要的還是出土文獻方面的研究，成果相當豐碩，而出土文獻就涉及到文字學、訓詁學、經學、學術思想，所以他是以出土文獻為基礎，進行研究，而且還獲得很好的研究成果。我們現在請黃教授來發表他的引言。

黃冠雲：《書》之所以為《書》的探索

謝謝楊老師，大家好，我就直接進入我的報告，這個標題是我給自己的一個問題，主要受到新材料的啟發，現在新出現的清華簡逼迫我們關注某些一直都在、但過去受到忽略的文獻，像《逸周書》以及散見在各種先秦、秦漢古籍的《書》類記載。

當我們考慮這些材料時，一個很基本的問題就會浮現，即《尚書》本質上與清華簡、《逸周書》有什麼差異？這個差異或獨特性是經歷什麼過程才得以建立？建立以後，我們在《尚書》看到的篇章怎麼構成一個整體？對於《尚書》從戰國晚期至漢代各個編纂者、整理者而言，它怎麼形成一個整體？這些互相矛盾或不一致的觀點、內容，怎麼組成一個整體？在此基礎之上，新內容、新議題、新思想是怎麼通過這個組合而出現的？這一連串問題涉及到《尚書》作為經典的性質：它為何是一部經典？它是如何從眾多材料裡脫穎而出？這是新材料或新問題對我們的刺激。

對於這些問題，我現在還在考慮答案，因為涉及到的現象比較複雜，所謂《尚書》可能包括不同層次，通過不同方式被匯集到這本書裡，所以不會只有一個答案。

過去，我對〈金縢〉以及先秦、秦漢有關周公的論述做過一些探討，發表了這幾篇論文：

一、"Poetry, 'The Metal-bound Coffer,' and the Duke of Zhou," *Early China* 41 (2018): 87-148.

二、中文節縮本見〈周公、〈金縢〉與〈鴟鴞〉〉,《清華簡研究》第2輯（上海：中西書局，2015年），頁231-237。

三、〈戰國竹簡〈有皇將起〉、〈鴟鴞〉二篇的性質〉,《簡帛研究》2021年・春夏卷，頁28-33。

目前我正在讀清華簡的內容，一些初步成果已經發表：

一、〈說〈湯在啻門〉論氣一節文字〉,《清華簡研究》第3輯（2020年），頁159-70。

二、〈《清華簡・尃叙之命》的幾個疑難問題〉,《古文字研究》第34輯（2022年），頁358-363。

以下舉一個例子，說明我讀這些文獻所考慮的問題。我這裡舉的例子是《史記》〈殷本紀〉有關殷高宗武丁的部分，主要是兩個段落：

一、帝小乙崩，子帝武丁立。帝武丁即位，思復興殷，而未得其佐。三年不言，政事決定於冢宰，以觀國風。武丁夜夢得聖人，名曰說。以夢所見視群臣百吏，皆非也。於是迺使百工營求之野，得說於傅險中。是時說為胥靡，築於傅險。見於武丁，武丁曰是也。得而與之語，果聖人，舉以為相，殷國大治。故遂以傅險姓之，號曰傅說。

二、帝武丁祭成湯，明日，有飛雉登鼎耳而呴，武丁懼。祖己曰：「王勿憂，先修政事。」祖己乃訓王曰：「唯天監下典

厥義，降年有永有不永，非天天民，中絕其命。民有不若德，不聽罪，天既附命正厥德，乃曰其柰何。嗚呼！王嗣敬民，罔非天繼，常祀毋禮于弃道。」武丁修政行德，天下咸驩，殷道復興。

這兩個段落緊接前後，大致上，前者說的是傅說的故事，對應《清華簡》〈傅說之命〉，後者對應今文《尚書》的〈高宗肜日〉。如果從《尚書》的角度聽我的報告，也可以說今天要討論的主題是〈高宗肜日〉的問題，或者對〈高宗肜日〉做一個新解釋。我的論點是《史記》有關武丁的兩個故事都涉及他如何任人唯賢、不恥下問的主題，可謂同一主題的兩個變奏。前面對應〈傅說之命〉的故事是武丁招攬、雇用傅說，以及有關傅說出生的故事，這個主題可謂顯而易見，無庸贅述。

　　比較需要說明的是我所說的主題，是否也出現對應在〈高宗肜日〉的故事中。這裡可以參考〈殷本紀〉說到武丁祭成湯的段落：「帝武丁祭成湯，明日，有飛雉登鼎耳而呴，武丁懼。」張守節《正義》指出《詩》〈小弁〉與此句相關：「雉之朝雊，尚求其雌。」或者說兩者文句相像，雉之求偶，就如同君王徵召賢臣；考慮張守節的意見，我們可以參考《詩》〈草蟲〉：「喓喓草蟲，趯趯阜螽。」對於這個比喻，鄭玄（127-200）說：「草蟲鳴，阜螽躍而從之。」所以是兩種昆蟲，草蟲發出叫聲，阜螽呼應；〈草蟲〉下文「未見君子，憂心忡忡。亦既見止，亦既覯止，我心則降」，這首詩為《郭店》、《馬王堆》〈五行〉所徵引，論述的是君王等待賢人時所感受的內心起伏，看到君子、賢人來到，他內心就平穩下來，在還沒等到他時，內心忐忑不安；至於〈小弁〉本身，它緊接在上的意象是：「鹿斯之奔，維足伎伎。」《毛傳》：「伎伎，舒貌，謂鹿之奔走，其足伎伎然舒也。」鄭玄：「鹿之奔走，其勢宜疾，而足伎伎然舒，留其群也。」

毛、鄭皆以「伎伎」為鹿在奔走的描述,都是較緩慢的動作;清代馬瑞辰(1777-1853)有不同意見,讀「伎伎」為「歧歧」,訓作「飛行貌」,是很快的速度,與毛、鄭相反。無論如何,這些學者都強調鹿好群聚的本性,不管鹿是走得多快多慢,都跟同伴在一起,這點可以對應到雉之求偶,發出叫聲希望找到配偶的情形。所以我可能是一隻草蟲、鹿、君子,但是我一個人時就孤零零的,希望通過某些方式,如發出叫聲或動作,找到志同道合的同伴,這個主題是在〈小弁〉、〈草蟲〉、武丁故事中可以看到的。

關於〈小弁〉一詩,〈詩序〉認為主人翁是周幽王的太子宜咎,又有其他古代文獻認為與伯奇相關。然而《說苑》〈雜言〉、《韓詩外傳》都引用「菀彼柳斯,鳴蜩嘒嘒;有漼者淵,萑葦淠淠」一句來說明「大者之旁,無所不容」、「大者無不容也」的道理,雖然不是引用相同句子,沒有涉及雉或鹿,但對於整首詩或者對這首詩其他部分的理解,反映出它認識到的主題,跟君王任人唯賢、不恥下問的主題相關。君王有容乃大,如此方能任人唯賢、不恥下問。

另一個證據是上博簡〈鮑叔牙與隰朋之諫〉,它也提到武丁時飛雉來到一事,下面緊接的是「高宗命傅說量之以祭,既祭,焉命行先王之法」(〈競建內之〉簡4、簡3)。又另一個證據是《漢書》〈五行志〉關於雉來到的徵兆,說:「武丁恐駭,謀於忠賢,修德而正事,內舉傅說,授以國政,外伐鬼方,以安諸夏,故能攘木鳥之妖,致百年之壽。」同樣的也是把飛雉的徵兆跟任用傅說放在一起。

〈鮑叔牙〉與〈五行志〉都將〈高宗肜日〉的故事與〈傅說之命〉的故事牽合一起,互為因果:因為有此徵兆,武丁感到必須任用賢人,通過以上例子可以看得很清楚。

上述的觀點,也可以在清華簡〈殷高宗問於三壽〉找到旁證。這篇內容比較複雜,簡言之,所謂「三壽」在此篇所扮演的角色,大略

相當於傅說以及〈高宗肜日〉故事的祖己,都是為君王進諫的賢者。此外,此篇反覆論述「祥」的概念的重要性。這個情形,亦即這兩個主題的相提並論,可以比附〈高宗肜日〉故事與〈傅說之命〉的故事。當然,〈殷高宗問於三壽〉還有更豐富的內涵,需要特別討論。

我的結論:鑒於以上所述,回過頭來看〈高宗肜日〉的故事,我們可以做出如此的解釋:

> 飛雉登鼎的徵兆,提示武丁任人唯賢的重要性,於是他不恥下問,於祖己處得到教訓,最終成就有商一代的中興盛世。

如果上述的解釋成立,它可以幫助我們打通兩個有關武丁的故事,看起來好似沒什麼聯繫的傳說,卻有潛在聯繫,或許為更全面、更系統的探討有關武丁佚事的研究提供基礎。簡言之,面對這樣的材料,可以先保留我們對《史記》、《尚書》、竹簡以及各種文獻的看法,先對它們一視同仁,看作是同一則故事的不同版本,或者是關於同一個人物的一組傳說、文獻記載,進而對它們進行重新組合與建構,然後找到它們之間存在的聯繫,怎麼從一個組到出現另一個組,是不是有一些論述可能是為了回應既有的、在它之前的已存在的討論,最終找到這些思路或內在邏輯,我們便可以回頭考慮為何《尚書》成為《尚書》?為何其他與清華簡《尚書》相似的文獻,卻沒有被保存或放在這部經典中?我就先簡單說到這裡。

楊晉龍:

我們謝謝黃冠雲教授這麼有邏輯地通過比較,把歷史的故事講得這麼通徹,非常感謝!

第五位引言人本來是蔡根祥教授,我們先讓蔣秋華教授調到前

面，蔣教授剛從中國文哲研究所退休，是臺灣大學中文所的博士、程元敏老師的學術傳承人，他的學術研究專業是《尚書》學跟《詩經》學。我們大家都知道蔣教授是「為己者少，為人者多」的學者，只要有什麼問題找他，他自己的論文還沒寫，卻先幫忙別人找資料，因此林慶彰老師找他編大套書，所以他對學術界有非常大的貢獻，卻對自己貢獻很少，這部分是大家公認的，我就不多說了，我們現在就請蔣教授發言，請蔣教授稍微掌握一下時間。

蔣秋華：

謝謝楊教授的介紹，與會的所有來賓大家好，我從大學就選讀《尚書》，後來就以《尚書》為主要課題，寫了博、碩士論文，之後進入了學界，也以《尚書》作為最主要的研究對象，這樣前後也超過四十多年，跟《尚書》糾纏這麼久，可是到現在我還是覺得《尚書》不是那麼容易讀的材料，我們可以看到前人對《尚書》的認知，如揚雄（前53-18）《法言》〈問神〉：「虞、夏之《書》渾渾爾，〈商書〉灝灝爾，〈周書〉噩噩爾。下周者，其《書》譙乎！」韓愈（768-824）〈進學解〉：「周誥殷盤，佶屈聱牙。」顯然從此來看，《尚書》就不是簡單的材料。我們經常碰到有人來問：「《尚書》這麼難讀，要怎麼讀？」我自己又讀又教那麼久的時間，也很難講出一套方法，往往邊讀邊看、慢慢體會，要有一套絕對特殊的方法，我想也很難標舉，也是從學習中領悟，從前輩、學者的著作來了解。

民國以來，科舉已廢，經學在傳統讀書人為必讀，他們當然對經書比較詳熟，要怎麼讀，他們應該也有一套方法。

進入民國以後，讀經部分因為教育章程覺得需廢掉經學課程，中小學讀經的機會少，反而大學變成少數科系作為研究用途，一般人要讀經往往十分困擾。因此開始有人提出研讀經書要讀哪些參考書，幫

助他們認識經書。

下面我舉民國早期學者，他們所提出讀《尚書》的入門參考書。

首先，馬一浮（1883-1967）在〈通治群經必讀諸書舉要〉提出十種《尚書》參考書。

馬一浮〈通治群經必讀諸書舉要〉

一、《尚書大傳》鄭注　　〔漢〕伏生撰，鄭玄注，〔清〕孫之騄輯
二、《尚書注疏》　　　　〔漢〕孔安國傳，〔唐〕孔穎達疏
三、《尚書集傳》　　　　〔宋〕蔡沈撰
四、《東萊書說》　　　　〔宋〕呂祖謙撰
五、《尚書集傳纂疏》　　〔元〕陳櫟撰
六、《書經傳說彙纂》　　〔清〕聖祖愛新覺羅‧玄燁御纂
七、《尚書古文疏證》　　〔清〕閻若璩撰
八、《古文尚書冤詞》　　〔清〕毛奇齡撰
九、《禹貢錐指》　　　　〔清〕胡渭撰
十、《洪範明義》　　　　〔明〕黃道周撰

《尚書大傳》最早；《東萊書說》為宋代大學者呂祖謙（1137-1181）所著；陳櫟（1252-1334）是朱學系統之下，承著蔡沈所來；清代他舉出御製的《書經傳說彙纂》，是當時科考的重要書籍；以上這些是注解《尚書》全經的重要解說，有很多與科考有關，如《書集傳》、《書經傳說彙纂》等。後面舉了《古文尚書》的參考書，牽涉到真偽考辨，如閻若璩《尚書古文疏證》、毛奇齡（1623-1716）《古文尚書冤詞》，為正反兩方，一辨偽、一護真，建議有心研究的學者可以參看雙方材料，不要只看單方面。另外《尚書》的〈禹貢〉、〈洪範〉是被研究最多的篇章，他也舉列代表性著作，如胡渭（1633-1714）《禹貢錐指》、

黃道周（1585-1646）《洪範明義》。對於所舉列的十部研讀《尚書》著作，馬氏總結道：

> 孟子曰：「盡信《書》，則不如無《書》。吾于〈武成〉，取二三策而已矣。以至仁伐至不仁，而何其血之流杵也？」孟子尤長於《詩》、《書》，而其言若此，可見《書》之可信者，當准之以義理，不關考證也。
>
> 孟子此言，遠在伏生以前，何有今古文之別？古文實有不可信者，如「火炎昆岡，玉石俱焚」，此的是魏、晉以後語，比「血流漂杵」為甚，不必定歸獄于梅賾也。
>
> 自王柏作《書疑》、《詩疑》，始啟疑經之漸。至清儒考訂益精，於是偽孔之書，幾全廢矣。
>
> 今取《尚書大傳》為首，以其為伏生之遺也。孔《傳》不盡出依託，佚文賴之以存，但准之義理，可以無諍。蔡《傳》自不可易。《東萊書說》亦長於義理。閻氏《疏證》，毛氏《冤詞》，在學者自審之，知有此一段未了公案而已。〈禹貢〉、〈洪範〉最為難治，聊舉二家，以示一例。

孟子（前372-前289）長於《詩》、《書》，竟會說不要完全相信《書》，上頭說明《孟子》可能較重義理，也就是讀《書》合義理是要點，考證則非最重要。孟子講的話較伏生早，孟子為戰國時人，伏生為秦、漢之間人，這番話沒有今、古文分別，今、古文分別要到漢代了；他認為《古文尚書》實有一些不可信，下舉例「火炎昆岡，玉石俱焚」，這要到魏、晉時期之後，梅賾獻《古文尚書》，馬氏認為裡面有些話語比「血流漂杵」更嚴酷；另外，宋代王柏作《書疑》、《詩疑》，馬氏認為他「啟疑經之漸」，當然更早的吳棫（1100?-1154）、朱子已經有疑

《古文尚書》的話語；到了清儒考據更精，偽孔《傳》被人認為是偽作的，它的價值貶低很多。總結來說，他舉了十種著作，《尚書大傳》為首，是伏生流傳下來最早的《尚書》說解；孔《傳》裡面真偽夾雜，還保存了些早期資料，要讀它在於合不合乎義理，合乎義理則有可取；宋學以下，蔡《傳》是科考中最重要的，到清末基本上都是以其為準，所以不可忽視；《東萊書說》因為是宋學系統，故也長於義理，他認為呂祖謙解說較長；後面閻氏《疏證》、毛氏《冤詞》待學者看過後，自行判斷，知曉此辨真、偽的公案而已；另〈禹貢〉、〈洪範〉最為難治，所以取兩家示例，想對此兩篇有深入了解，可以參考之。因為他取的書目是諸經，所以此處只簡單舉要《尚書》著作。

接著，民國時期的國學大家唐文治（1865-1954），推廣國學不遺餘力，包括創辦學校、編纂諸書，亦有撰著。他所寫的《尚書大義》中，後面附有〈《尚書》應讀書目表〉，下面把它摘錄出來做介紹。

唐文治〈《尚書》應讀書目表〉

	書　名	作者時代、姓名	評　語
專門書	《尚書大傳》	〔漢〕伏勝	今文家之祖，古義最多。
	《尚書馬鄭注》	〔後漢〕馬融季長、鄭玄康成	是書宋王應麟輯，清孫星衍補，為古文家所本。
	《尚書正義》	〔唐〕孔穎達沖遠	真偽雜糅，識者不取，可作備考。
	《尚書集傳》	〔宋〕蔡沈九峰	說義理，疏通明顯，惟古義寖微。
	《書纂言》	〔元〕吳澄草廬	宗朱子說，分別今古文，真偽燦然大明。
	《尚書考異》	〔明〕梅鷟致齋	辨偽古文極精，關人心道心說尤詳密。

書　名	作者時代、姓名	評　語
《尚書引義》	〔清〕王夫之船山	識見獨闢，惟意義或有晦澀之處。
《古文尚書疏證》	〔清〕閻若璩百詩	考覈精詳，為治古文家先河。
《古文尚書撰異》	〔清〕段玉裁若膺	訓詁極精，勝於閻書。
《古文尚書考》	〔清〕惠棟定宇	壁中古文，賴以釐正。
《尚書集注音疏》	〔清〕江聲艮庭	採集古注，廣大宏博。
《尚書後案》	〔清〕王鳴盛西莊	述鄭氏學源流脈貫，辨偽書出處，尤為詳博。
《欽定書經傳說彙纂》	〔清〕王頊齡、張廷玉等	樸實說理，每篇前後案語尤精。
《尚書今古文注疏》	〔清〕孫星衍淵如	集段、江、王三家之長，古誼搜採無遺。
《尚書既見》	〔清〕莊存與方耕	獨闢町畦，偶有偏見處。
《書序述聞》	〔清〕劉逢祿申受	雖拘拘於《書序》，而源流亦備。
《書古微》	〔清〕魏源默深	廣博宏通，能抉經之心，執聖之權。
《尚書啟幪》	〔清〕黃式三微香	實事求是，簡當無倫，最便初學門徑。
《今文尚書經說考》	〔清〕陳喬樅樸園	於今文家左右采獲，備極精詳。
《尚書講義》	〔清〕黃以周元同	上下千古，獨見大義，訓詁亦多超越先儒。
《尚書說》	〔清〕吳汝綸摯甫	深得司馬子長之學，每有新穎之義，為前人所未發。

專門書

	書　　名	作者時代、姓名	評　　語
專門書	《尚書集注述疏》	〔清〕簡朝亮竹居	蒐羅宏富，兼長義理，序文及問答尤能提要鉤玄。
	《尚書誼略》	〔清〕姚永概叔節	精簡與《啟蒙》相近，亦多古義。
	《尚書論略》	〔近人〕陳柱柱尊	開示初學門徑，新而不腐。
專篇書	《禹貢錐指》	〔清〕胡渭朏明	地理最精詳，乃有實用之書。
	《禹貢鄭注釋》	〔清〕焦循理堂	發明鄭注，多古義。
	《泰誓答問》	〔清〕龔自珍定盦	說極宏通。
	《洪範大義》	〔清〕唐文治蔚芝	政鑑最可採。
參考書	《日知錄》	〔清〕顧炎武亭林	論盛衰存亡，獨有千古。
	《經義考》	〔清〕朱彝尊竹垞	考據詳備。
	《望溪集》	〔清〕方苞望溪	說《書》亦有獨到處。
	《東原集》	〔清〕戴震東原	雖無專書，而考核特精確。
	《白茅堂存稿》	〔清〕王懋竑予中	精闢處與亭林相近。
	《經義述聞》	〔清〕王引之伯申	平實精當。
	《揅經室集》	〔清〕阮元芸臺	敷陳大義，足輔江、段諸君所未逮。
	《東塾讀書記》	〔清〕陳澧蘭甫	平正，能見其大。
	《群經平議》	〔清〕俞樾蔭甫	多新義。
	《經學文鈔》	〔清〕曹元弼叔彥	彙集諸家，開示門徑。

他的書目表裡一共開列了三十八種著作，分成三類：

一、專門書（二十四種）

二、專篇書（四種）

三、參考書（十種）

每一部書，唐文治都有簡單的評語。

（一）專門書

專門書主要指注釋經文的書籍，所列為從古到今，重要的注解；另有一些是對《古文尚書》真偽考辨之作。我們大概來看一下：

伏勝是今文家代表，馬融（79-166）、鄭玄為古文家代表，《尚書馬鄭注》已經失傳，王應麟（1223-1296）、孫星衍等有輯補；孔穎達（574-648）《尚書正義》真偽夾雜，僅供參考；還有蔡沈《書集傳》、元代吳澄《書纂言》是承朱子而來；明代梅鷟之《尚書考異》考辨古文真偽，也是重要著作。清初王夫之（1619-1692）《尚書引義》有很多精闢解說；閻若璩《古文尚書疏證》是考辨偽古文重要代表；後面主要是清代重要注解，裡面多半輯漢學說法，如段玉裁《古文尚書撰異》、江聲《尚書集注音疏》、王鳴盛（1722-1792）《尚書後案》、孫星衍《尚書今古文注疏》等，都是以整理古人說法為主，再加上個人注解；惠棟（1697-1758）《古文尚書考》也是考辨《古文尚書》的真偽，跟閻若璩是同類作品；莊存與（1719-1788）《尚書既見》是今文學家代表著作；劉逢祿（1776-1829）《書序述聞》主要談〈書序〉；魏源（1794-1857）《書古微》主要是今文家說。大家可以稍微看一下，這就是他提的專書。接下來是專篇，就是《尚書》裡的重要篇章。

（二）專篇書

專篇書指對《尚書》某些篇文的解說，最主要的有〈禹貢〉、〈洪範〉兩篇。這裡列舉四家，涉及的篇章有〈禹貢〉、〈洪範〉、〈泰誓〉。

（三）參考書

參考書指全書非對《尚書》而發，而僅是其中部分有涉及者，如重要的筆記、文集有相關探討者。

以上諸書有些是訓詁之作，有些是文集中涉及之單篇文章，都與《尚書》有關，其中見解頗有助於對經書的認識。

唐文治為研究《尚書》者提出一份參考書單，其中確實有不少具代表性的著作，如江聲、王鳴盛、段玉裁、孫星衍四大家之書，即為學界譽為清代最重要的《尚書》學代表作。但也有一些師門、友朋關係的論著，如黃式三與黃以周父子、黃以周與唐文治師生、唐文治與陳柱（1890-1944）師生，彼此有師承淵源，治經理想相近，故能亟為之表彰。

　　唐氏的評價見仁見智，大家不見得會有一致看法，然而大致而言，所有的評價尚屬客觀公允，雖偶有因個人之喜好，而出現異於常人的評價，但也不會過於偏差。此一參考書目，旨在提供研治《尚書》學者參考之用，以宏觀的角度發言，故所言較多推崇之語，而多略其缺失，何況有些著作因世人之評價，乃屬仁智之見，標準或立場未必一致，故唐氏以推介方式，列出他認為理想的研究書目，仍然具有極可信賴的指引性，值得初學者認真看待。

研讀《尚書》之參考書目

　　此為在課堂教學時，我列出來讓有興趣研究的同學參考：

舊題孔安國傳、孔穎達等疏：《尚書正義》（臺北：藝文印書館；臺北：新文豐出版公司；上海：上海古籍出版社）

蔡　沈：《書集傳》（臺北：世界書局；北京：中華書局；上海：華東師範大學出版社）

孫星衍：《尚書今古文注疏》（北京：中華書局）

皮錫瑞：《今文尚書考證》（北京：中華書局）

曾運乾：《尚書正讀》（臺北：華正書局；上海：華東師範大學出版社）

楊筠如：《尚書覈詁》（西安：陝西人民出版社）

屈萬里：《尚書集釋》（臺北：聯經出版事業公司）

屈萬里：《尚書今註今譯》（臺北：臺灣商務印書館；上海：上海辭書出版社）

周秉鈞：《尚書易解》（上海：華東師範大學出版社）

顧頡剛、劉起釪：《尚書校釋譯論》（北京：中華書局）

郭仁成：《尚書今古文合璧》（長沙：嶽麓書社）

臧克和：《尚書文字校詁》（上海：上海教育出版社）

顧頡剛、顧廷龍：《尚書文字合編》（上海：上海古籍出版社）

杜澤遜主編：《尚書注疏彙校》（北京：中華書局）

杜澤遜：《尚書注疏校議》（北京：中華書局）

蔣善國：《尚書綜述》（上海：上海古籍出版社）

李振興：《尚書學述》（臺北：東大圖書公司）

劉起釪：《尚書源流及傳本》（瀋陽：遼寧大學出版社）

劉起釪：《尚書學史》（北京：中華書局）

程元敏：《尚書學史》（臺北：五南圖書出版公司；上海：華東師範大學出社）

程元敏：《書序通考》（臺北：臺灣學生書局）

閻若璩：《尚書古文疏證》（臺北：臺灣商務印書館；上海：上海古籍出版社）

毛奇齡：《古文尚書冤詞》（臺北：臺灣商務印書館；上海：上海古籍出版社）

戴君仁：《閻毛古文尚書公案》（臺北：中華叢書編審委員會）

張　岩：《審核古文尚書案》（北京：中華書局）

吳通福：《晚出古文尚書公案與清代學術》（上海：上海古籍出版社）

劉起釪：《日本的尚書學與其文獻》（北京：商務印書館）

李箎衡編：《韓國經學資料集成》卷四九至七〇《書經》（首爾：成均館大學校出版部）

錢宗武等點校：《《尚書》學文獻集成》〈朝鮮卷〉（南京：鳳凰出版社）

黎貴惇：《書經衍義》（臺北：臺灣大學出版中心；重慶：西南師範大學出版社；北京：北京大學出版社）

朱彝尊：《經義考》〈尚書類〉
《古今圖書集成》〈經籍典〉〈尚書類〉
《四庫全書總目提要》〈書類〉
《續修四庫全書總目提要》〈書類〉

湯顯祖：《玉茗堂書經講意》（一函四冊）（南昌：江西人民出版社；北京：人民出版社）。

曾運乾（1884-1945）《尚書正讀》、楊筠如（1903-1946）《尚書覈詁》、屈萬里《尚書集釋》、周秉鈞（1916-1993）《尚書易解》都是較近代的著作。顧頡剛（1893-1980）、劉起釪《尚書校釋譯論》有校注、集釋、翻譯和討論，是資料非常完整的著作，如要研究，這部是不可或缺的。臧克和《尚書文字校詁》、顧頡剛、顧廷龍（1904-1998）《尚書文字合編》涉及經文文字材料。杜澤遜主編《尚書注疏彙校》對整體作訓詁、考辨。除了前面所舉各書，還有域外著作，如李箎衡編《韓國經學資料集成》的《書經》部分、錢宗武教授等點校《《尚書》學文獻集成》〈朝鮮卷〉；越南學者黎貴惇（1726-1784）有《書經衍義》；日本亦有單篇翻譯書籍，不是整體性著作，可參考劉起釪《日本的尚書學與其文獻》的介紹。事實上研究任何經學都一樣，我經常對研究生說：

「你們要研究《尚書》,一定要找四部材料來看。」即:朱彝尊《經義考》〈尚書類〉、《古今圖書集成》〈經籍典〉〈尚書類〉、《四庫全書總目提要》〈書類〉、《續修四庫全書總目提要》〈書類〉,這些有關《尚書》類的部分有相當多的研究資料、材料,如果能好好閱讀,對於《尚書》會有整體概念。有些新材料可以留意,或許就可以寫新論文,如竹添光鴻(1842-1917)《書會箋》稿本[1]、湯顯祖(1550-1616)《玉茗堂書經講意》[2]有被重新刊印[3]。

新瓶裝舊酒,唐文治《尚書大義》內容簡介

最後我要提「新瓶裝舊酒」,《尚書》是古老的材料,如果能用新方法研究,也可令人耳目一新。這裡舉唐文治《尚書大義》,本書內容分內篇、外篇:

外篇
《尚書》釋名
《尚書》今古文真偽及篇次目錄考
今古文不僅篆隸之異宜會通解紛說

---

[1] 竹添光鴻(1842-1917),字漸卿,號井井,是江戶時代後期的著名漢學家。其著作大多用漢文書寫,如《棧雲峽雨日記》、《左氏會箋》、《毛詩會箋》、《論語會箋》等,這些著作均已刊印,流傳於世,學者多有研究。他另有《書會箋》一書,因未被刊印,一直無緣與學界相見。此稿複印本藏於山西大學國學院東亞經學資料室。共有七冊,每冊首頁均寫有「竹添井井自稿本」字樣。可參考劉世明:〈竹添光鴻《書會箋》自稿本述論〉,《華夏文化》2015年第4期,頁32-33。

[2] 中國北京國家圖書館藏有湯顯祖的《玉茗堂書經講意》一書,共十二卷,近二十萬字,這是湯顯祖研究《尚書》的學術著作,一九九九年徐朔方先生箋校《湯顯祖集全集》未收錄,後增訂的《湯顯祖集全編》也未收錄。根據湯顯祖弟子周大賁所作序言,知此書萬曆四十年刻於南京;再證以湯顯祖書信,可知此書即為朱彝尊《經義考》中提到的湯氏《尚書兒訓》,乃一書而二名。

[3] 湯顯祖:《玉茗堂書經講意》(一函四冊)(南昌:江西人民出版社;北京:人民出版社)。

偽〈泰誓〉考

歐陽大小夏侯傳今文學考

杜林賈逵馬融鄭康成傳古文學考

《尚書》今古文傳授統系簡明表

《書序》辨

張霸偽《尚書》辨

梅賾偽《尚書》辨上

梅賾偽《尚書》辨下

豐熙偽《尚書》辨

內篇

〈堯典〉〈皋陶謨〉篇政治學（論三微五著心法要典）

〈湯誓〉篇政鑑（論聖人革命順天應人）

〈盤庚〉篇政鑑（論盤庚能融新舊之界不尚專制）

〈西伯戡黎〉〈微子〉篇政鑑（論亡國者之殷鑑）

〈洪範〉篇政治學一（論禹用九數畫州立極以治民）

〈洪範〉篇政治學二（論五行天人相與之理）

〈洪範〉篇政治學三（論五事天人相與之理）

〈洪範〉篇政治學四（論八政之原理農工商兵宜相通而不相害）

〈金縢〉篇政鑑（論周公戒成王不敢荒淫以造周代八百年之基業）

〈大誥〉篇政鑑（論聖人禪繼之公心與不滅人國之大義）

〈康誥〉篇政治學（論明德新民之要旨）

〈召誥〉篇政治學（論政治學必本於性命學）

〈洛誥〉篇政鑑（論《尚書》學通於《孝經》學）

〈無逸〉篇政鑑（論聖人自強不息之學）

〈君奭〉篇政鑑（論周公付託召公政事之重）

〈多方〉篇政鑑（論君狂民頑所以亡國）

〈立政〉篇政治學（論政治學本於九德用人貴能灼見其心）

〈呂刑〉篇政鑑（論聖人精意在破迷信除肉刑去贖刑）

〈費誓〉篇政鑑（論軍紀之當整軍法之當嚴）

〈文侯之命〉〈秦誓〉篇政鑑（論周秦二代國祚盛衰強弱與存亡所以久暫之理）

外篇先談傳統的《尚書》釋名、真偽的考辨，內篇裡頭選了一些重要篇章來注解，主要是〈堯典〉以下之今文篇章，區分為「政治學」與「政鑑」，因為《尚書》談的與政治密切相關，所以他用此方式來注解，寫法較為新穎，因時間關係我就趕快結束了。

周雖舊邦，其命維新

所謂「周雖舊邦，其命維新」，《尚書》雖是舊材料，可是它的生命是生生不息的，端看我們如何替它作較新穎的詮釋，使它延續下去。因時間關係，我很快把自己的研究時的參考著作、教學上如何指導學生，大致說到這裡。因時間不夠，下面就交給主持人。

楊晉龍：

謝謝蔣教授！接下來最後一位發言人是高雄師範大學經學研究所的蔡根祥教授，蔡教授是臺灣師大國文所的博士，他是許錟輝老師最得意的學生，他的學術研究專業是《書經》、經典疑義研究、傳統小學、現代語言教學、書法、《浮生六記》，所以大家可以從此看到蔡教授是多才多藝，而且他還有一個我覺得很敬佩的兄長，是在東吳大學社會學系的蔡錦昌教授，蔡教授主張「西而優則中」，並以那些「西優而不中」或「西不優而中」的中文學人注定成不了中文學界的一流人才，我相當贊成錦昌教授的說法，錦昌教授在研究荀子方面有他的

特定視角，他跟臺大哲學系的佐藤將之，他們倆個在研究荀子方面，我建議大家有機會可以去看看他們寫的論文，對我們有一些幫助。現在請蔡教授發表他的說法，請。

蔡根祥：

謝謝楊教授。我哥哥比我早來臺灣三年。事實上，我來臺灣師大是以第一志願讀國文系，當然有人問我為什麼？那是因為當時在臺灣，才是保存正統中華文化的地方，我在澳門本來就接觸很多傳統民俗文化，但是並不太知道自己文化的內涵；所以，才會選擇來臺灣升學，而且以第一志願讀國文系。我真的覺得在臺灣讀書是我一輩子最幸福的一段時間，那我想回到今天的主題。

今天我給各位做個報告，給它訂一個主題：〈【古法⟷今作】：《尚書》之「辨偽」與「輯逸」〉。我覺得我研究《尚書》，方法是古老的，但古老方法可以用現代的方式來進行。我的博士論文是《宋代尚書學案》，我是以學案的角度從事《尚書》學史的研究；而其實後來我走的路線則比較像在「辨偽」跟「輯逸」這兩條路上，當然這都

跟因為研究《尚書》產生密切關係。

對於研究經典，我有一個想法，這也是高雄師大經學研究所的共同概念：「經典生活化，生活經典化。」所以我們都很希望學生生活在充滿經典的環境裡。這是我們經學研究所的門面：

很多學術單位不太貼春聯，但是我們經學所大概這十幾年來，每年都由我撰作並且書寫春聯。為什麼？因為我覺得如果學生活在充滿經典視覺、感覺的環境裡面，他比較會願意研究經學。《尚書》號稱很難研究，但若他平常接觸、常常看到《尚書》有關的文獻，像高師大五樓電梯的門口貼的就是三體石經《尚書》的〈君奭〉篇的圖案，所以我甚至把這情境當考題來考學生。我想研究《尚書》的人多一點比較好，這次研討會邀請的引言人，不容易邀請得很多，可能也是因為如此。

這個對聯我用了四個有關《尚書》的典故，我鼓勵學生找到與《尚書》有關的內容，藉此跟學生說：「你看得懂的話，你就對《尚書》有了解。」四處出自《尚書》的典故為：

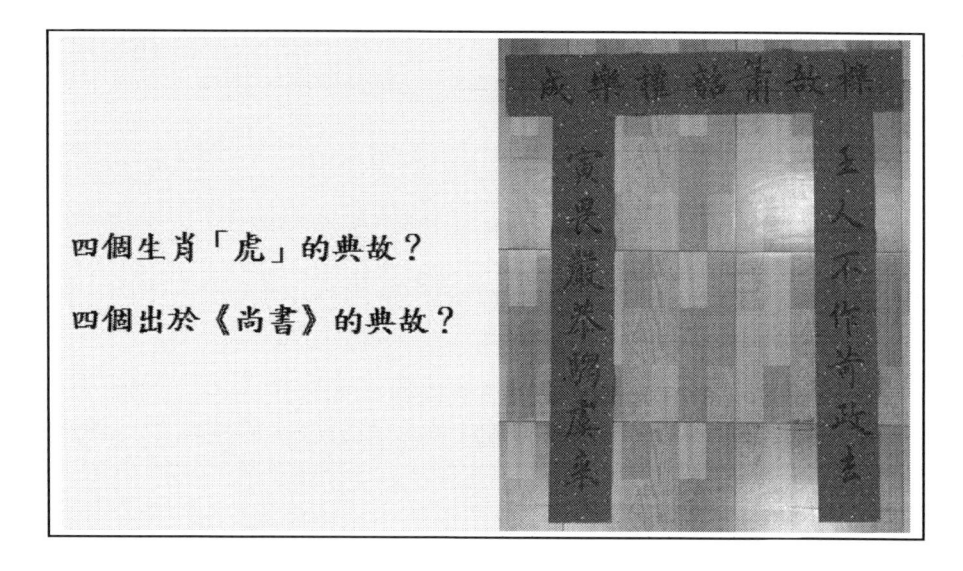

四個生肖「虎」的典故？
四個出於《尚書》的典故？

一、「壬人」語出《尚書》〈堯典〉「柔遠能邇，惇德允元，而難任人；蠻夷率服」。此處「任人」即是「壬人」，是「包藏禍心」、「表裡不一」之人，與〈皋陶謨〉「巧言、令色、孔壬」同義。

二、「寅畏嚴恭」語出《尚書》〈無逸〉周公曰：「嗚呼！我聞曰：昔在殷王中宗，嚴恭寅畏，天命自度，治民祗懼，不敢荒寧。肆中宗之享國，七十有五年。」原句作「嚴恭寅畏」，為取「寅」為首，故倒置順序。

三、橫批「櫟敔」出自《尚書》〈皋陶謨〉「下管鼗鼓，合止柷敔」。

四、「簫韶禮樂成」，出自《尚書》〈皋陶謨〉「笙鏞以間；鳥獸蹌蹌。簫韶九成，鳳皇來儀。」「韶」為虞舜之樂，《論語》孔子嘗謂：「韶，盡美矣，又盡善也。」

事實上，我覺得能常常讓學生眼睛看得到、耳朵聽得到《尚書》，他們才會願意跟我研究《尚書》。

補充說明的是：四個與生肖「虎」有關的典故，基本上也出自經典，也有跟《尚書》有關的：

一、「苛政」典出《禮記》〈檀弓下〉：
孔子過泰山側，有婦人哭於墓者而哀，夫子式而聽之。使子貢問之曰：「子之哭也，壹似重有憂者。」而曰：「然，昔者吾舅死於虎，吾夫又死焉，今吾子又死焉。」夫子曰：「何為不去也？」曰：「無苛政。」夫子曰：「小子識之，苛政猛於虎也。」

二、地支「寅」配十二生肖「虎」。

三、「騶虞」出《詩經》〈召南〉〈騶虞〉：

「彼茁者葭，壹發五豝，于嗟乎，騶虞！彼茁者蓬，壹發五豵，于嗟乎，騶虞！」《毛傳》云：「義獸也，白虎黑文，不食生物，有至信之德則應之。」

四、橫批「柷敔」，《尚書》〈皋陶謨〉：

「下管鞀鼓，合止柷敔。」「柷敔」乃古代音樂起始與終了之樂器。「柷」已始樂，「敔」則樂止而奏之。「敔」之形如伏虎。

踏入《尚書》學領域的叢林

這個得先從我跟《尚書》的接觸來看起。我讀臺師大國文系時，《尚書》在四年級才開課，我本來也有選修，也聽了兩節吳璵老師的《書經》課，不過後來我就退選。不過，吳老師所寫的教材《尚書讀本》我有看；所以到碩士班時，我思考選什麼題目作為研究的主題。我的思考當然有幾個原因，其一是我認為我的小學課學得不錯，不怕「詰屈聱牙」的《尚書》；其二就是因為《尚書》很少人敢碰，我研究《尚書》，自然是每一步都會留下我努力的足跡；其三是因為我認為我遇到一位景仰的好老師──許錟輝老師，他是臺灣第一個以《尚書》為博士論文的國家博士（博士論文：《先秦典籍引書考》）。

我之所以選擇「詰屈聱牙」的《尚書》，因為我衡量過我自己的條件，大學時有同學問我讀書讀得如何？我就跟他說：「我讀得最有心得的是《論語》，讀得最有成就的是聲韻學，最有興趣的是文字學。」我在高師大教國語語音學、文字學、聲韻學、訓詁學、書法等課程。今年我教聲韻學已經前後三十年，也要交棒了。因此，我讀《尚書》屬於考證的路數，但是我常用《論語》中孔子讀經典的概念來理解《尚書》。

我的碩士論文是《後漢書引尚書考辨》，這個論文研究所得的結論，牽涉到偽古文《尚書》的問題，因為《後漢書》的作者范曄剛好處在在東晉末、南北朝劉宋之間，透過《後漢書》去觀察這本大部頭的史書中所引用有關《尚書》的材料，看看有沒有引用到偽《古文尚書》，就像《文心雕龍》引偽《古文尚書》的文句那樣。經考證事實上沒看到，可以說至少偽《古文尚書》在那時出現的機率很小；也透過這本書去看范曄（398-445）《尚書》學是哪個家派等等，都是我這本碩士論文談到的問題。

　　當然更重要的是博士論文，我寫的是《宋代尚書學案》，我本來是希望講整個宋代，不過後來發現時間不夠，只能挑其中重要的四十九家，分成各個不同學案的概念來研究；當然這涵蓋很多宋代的《尚書》學者，所以很多是要尋尋覓覓才能找到資料，其中有很多已經失傳的東西，但我覺得它很重要且有代表性，例如郭忠恕（？-977）的《汗簡》，很多人沒注意到它與《尚書》很有關係，我想這就是我從事博士論文《宋代尚書學案》，不得不從事基本的輯逸。

辨偽的開始：研究《尚書》者不可以不知道辨偽

　　我認為接觸《尚書》，一定會接觸辨偽。各位都是《尚書》專家，因為時間不夠，所以我很快帶過有關《尚書》在辨偽上的演變過程，大致如下：

- 《尚書》從孔子取政治文書為教材，稱之為《書》。
- 《書》經「秦火」焚書，《書》受到空前的破壞。
- 《書》到漢代，稱為《尚書》。漢代官方版《尚書》乃《今文尚書》。
- 《尚書》在漢武帝時，出現孔子故居「孔壁」古文本《尚書》。

- 「孔壁」古文本《尚書》不受朝廷認可，止流傳於民間經學者之中，得不到充分研究，最後終告失傳。
- 到東晉末、劉宋之間，有偽《古文尚書》出現。雖有人質疑，然在唐朝修《五經正義》時，成為朝廷標準本經書。
- 經歷宋代朱熹、吳棫、王柏，元代吳澄，明朝郝敬、鄭瑗、歸有光、梅鷟，清朝閻若璩、惠棟等不斷找出偽作證據，終於使偽《古文尚書》公案定讞。

所以，研究《尚書》者不可以不知道辨偽。（不一定要走辨偽，但一定要知道有這回事。）近年的戰國竹簡出土有關《尚書》類的文獻，對《尚書》的辨偽問題，產生了決定性的效能與影響。

辨偽的第一響——古法古作

以我來說，我在博士論文完成之前，因為我博士畢業那年，Windows3才剛出來，網路、電腦都還不方便，我們還是要用古代人的方法來作研究，作辨偽也是那樣；所以我說那個時代——大概是三十年前——還是「古法古作」，整日在圖書館到處翻尋。

就因為撰寫博士論文的過程中，獲得我辨偽第一個成功的例子，就是辨金履祥（1232-1303）《尚書注》十二卷是後來的人弄出來的一本書。各位可以參考我的博士論文，花木蘭出版社也有出版。我的結論是這麼說的，簡單介紹如下：

> 我認為這十二卷號稱金履祥的《尚書注》，應該是明朝晚年某人把金履祥所作《資治通鑑前編》裡的《尚書》資料抄出來，拼湊而成的；當然這本書基本上還是金履祥的論述，但這並不是他少年時代的那本所謂《尚書注》十二卷。

以下是對於金履祥《尚書注》十二卷辨偽的基本考辨：

金履祥乃宋末元初之經學、理學大家，師事王柏（1197-1274），為朱熹四傳嫡脈。學術取向由義理轉向考據，乃宋學轉入清學之重要關樞。

金氏經學以《尚書》為大宗，其《資治通鑑前編》之巨著即為代表。《尚書》學專著之傳於今者有二：一為《尚書注》十二卷，另一乃《尚書表注》二卷。

《經義考》引張雲章（1648-1726）序文謂《尚書注》十二卷乃仁山早歲所章釋句解《尚書》之注，晚後掇其要而為《尚書表注》。然所說無憑，甚可疑。

我之所以做這樣的研究，可以從很多方面來看：

第一、從目錄學、著錄情況觀察。〈金履祥《尚書注》十二卷考異〉：

> 一、明・楊士奇（1366-1444）《文淵閣書目》，錄有「《尚書》金履祥《表注》一部二冊」。
>
> 二、明・朱睦㮮（1520-1587）《萬卷堂書目》載錄「《尚書表註》一卷，金履祥」。
>
> 三、明・焦竑（1540-1620）《國史經籍志》著錄金履祥《書表注》一卷。
>
> 四、清・黃虞稷（1629-1691）《千頃堂書目》記「元金履祥《尚書表注》十二卷」。
>
> 五、清・李振宜（1630-？）《季滄葦藏書目》載錄「《尚書表註》二卷，金履祥」。

我們看到以上著錄、書目裡，都沒有金履祥的《尚書注》十二卷，十

二卷就是《尚書孔傳》的卷數,但後來就看到有《尚書注》十二卷:

一、朱彝尊(1629-1709)《經義考》卷八十四錄《尚書注》十二卷、《尚書表注》二卷。

二、清·張金吾(1787-1829)《愛日精廬藏書志》卷二:
《尚書金氏注》殘本六卷(抄本,從子謙姪藏舊抄本傳錄)。原書十二卷,今存七至末六卷。……原本卷末有「嘉靖戊午仲冬錄完」八字。(嘉靖戊午37年,1558)

三、陸心源(1834-1894)《皕宋樓藏書志》記載:
《尚書金氏注》殘本六卷,舊鈔本,張月霄舊藏。……《尚書注》十二卷,舊鈔本,秦文恭蕙田舊藏。宋金履祥撰。是書已刊入《十萬卷樓叢書》。

這是從目錄學角度去看。

第二、金履祥《尚書注》十二卷內文之考證,根據金履祥的弟子柳貫(1270-1342)所撰〈行狀〉:

先生早歲所注《尚書》,章釋句解,既成書矣。一日超然自悟,擺脫家說,獨抱遺經,……;因推本父師之意,正句畫段,提其章指與其義理之微事,為之概,考證字文之誤,表諸四圍之外,曰《尚書表注》,而自序其述作之意。

這是我了解的根據,事實上經比對可以發現一個問題,《尚書注》十二卷學說論點與《尚書表註》中相對應見解,二者論述幾乎完全相同,唯有詳畧差別,此與柳貫於〈行狀〉所說概念互相鑿枘,矛盾不合。再比對《尚書注》與金履祥所作《通鑑前編》引用《尚書》篇章

文句極多,並且大都有所訓釋,柳貫〈行狀〉曾云《通鑑前編》「一以《尚書》為主」,所以從裡面可看到與《尚書》有關的事物。

如果將《通鑑前編》有關《尚書》之論述,與《尚書注》文字詳加比對,發現《尚書注》解釋學說,居然與《通鑑前編》所列《尚書》註解文字、議論篇章完全一致。分章節完全相同。《通鑑前編》無註解部分,《尚書注》亦隨之沒有註解。這就是很奇怪的事。

所以我寫博論時看出這樣的端倪,經深入探討,我可以確定《尚書注》十二卷是後人收集金履祥的論述而編出來的,為何呢?因為《通鑑前編》是金履祥畢生學術心血所在,是晚年定論,不可能在少年的作品中就有完全一樣的主張。〔明〕徐袍《金仁山年譜》:

> 先生將易簀,謂子穎曰:《前編》之書,吾用心三十餘年,平生精力盡於此,吾所得之學亦略見于此矣。……吾且歿,宜命許謙編次,錄成定本。

如果《尚書注》十二卷真的是金履祥少年之作,那麼金履祥一輩子都沒進步了。

第三、就《尚書注》的文辭漏洞而論,我找到這些資料就可以發現。我們可以看到《尚書注》卷九〈無逸〉篇「其在祖甲,不義為王」一節之下,註文說:

> 祖甲事見〈祖甲紀〉。此言祖甲之無逸,惟其舊逃民間,身為小民之事;所以為天子之日,能知小人之依而保之惠之,尤不敢忽忘窮困之民。此祖甲之無逸而享國亦永也。詳見前〈紀〉。

而〈祖甲紀〉只在《通鑑前編》才有,卷八《尚書》文句下註明說:「祖甲事說見〈祖甲紀〉。……」以下註文和《前編》一字不差。「祖甲事說見〈祖甲紀〉」一句,在《通鑑前編》中說,理所當然,因為前面即有〈祖甲紀〉;在《尚書注》經文中並無所謂〈祖甲紀〉。如果這句話是少年之作,但他少年時還沒寫《通鑑前編》,怎麼可能會有〈祖甲紀〉呢?所以這一定是抄來的。

而且,《通鑑前編》引用《尚書》經文篇次,與註解文字內容相配合。而《尚書注》篇次則仍按照孔《傳》本順序,遂產生明顯文字矛盾和不配合現象。此顯然乃《尚書注》偽作者抄襲拼湊時所忽略,專業學術背景不足所致。

結論大致如此,綜上所述,可證明金履祥《尚書注》十二卷是後人(可能是明朝晚期)輯集金履祥《資治通鑑前編》中有關《尚書》說編整而成。本人在博士論文(1994)中已經提出,後來更作補充,撰為〈金履祥《尚書注》十二卷考異〉一文,發表在二〇〇九年十一月七至八日「北京清華大學歷史系・福建師範大學易學研究所主辦第三屆中國經學國際學術研討會」,似乎大家都覺得還可以。後來更在廣西師範大學出版社《中國經學》第五期刊登出來。這是我辨偽所做的一件成果。

研究《尚書》——古法古作代表

從辨偽來說,研究《尚書》古法古作,有兩位是我很佩服的人,我非常推崇的,第一位是清代王念孫(1744-1832),雖然他沒有《尚書》專著(王引之有),但是古法古作要有成果,他有他成功的條件:

第一要有頭腦,第二要有背景,第三要有時間,如果壽命不長也做不到。

第二位是程元敏先生,他身在大學,志於承先啟後,而且他真的是很用功,是學界公認的典範。

（一）清代王念孫
　1.有學識智慧、有志於學問。
　2.有豐裕條件：有錢、有勢、有書、生活無虞。
　3.有充足時間：有閒、長壽、身體健康。
（二）現代程元敏先生
　1.身在上庠，教學合一。
　2.志於學問，承先啟後。
　3.孜孜矻矻，焚膏繼晷。

辨偽與輯逸──古法今作

　　覺得古代人辨偽也好、輯佚也好，都做過相關工作（如徐霞客〔1587-1641〕等），我們現在若要做辨偽、輯逸的工作，會方便很多，這是拜新科技、社會、考古之賜：

　・電腦、計算機的發明與進展
　・國際網路的產生
　・古籍資料庫的建立與搜尋
　・新發現幾乎失傳古書出版與傳布
　・考古的新發現

讓我們在辨偽、輯逸得到很多助力。

　　後來，在辨偽方面，我還做了〈《碧琳琅館叢書》本《金氏尚書注》偽書補考〉。二〇一一年，有許育龍君據本人研究之啟發，得悉號稱金氏《尚書注》十二卷者，尚有方功惠（1829-1897）《碧琳琅館叢書》本《尚書金氏注》十二卷，而此本與《十萬卷樓叢書》本內容差異極大。進而考得《碧琳琅本》亦為偽作，乃據元朝陳師凱《書蔡傳旁通》為底本，外加與金氏相關文獻材料，前後拼湊為序跋，魚目以售其欺。

看到許育龍君寫了一篇文章牽涉到《尚書注》十二卷，因為那時我沒注意到《碧琳琅館叢書》還有另外一本號稱金履祥的《尚書注》十二卷，我只注意到《十萬卷樓叢書》本。許君撰〈《碧琳琅館叢書》本《金氏尚書注》著者考疑〉一文，既刊登矣，其論洵可信矣。
　　當他寫出來，我發現這確定也是有問題的一本書，但他的考據還可以更進一步，所以我就做更明確的考證，最後我的結論是：

　　　　偽造《碧琳琅館叢書》本《尚書金氏注》十二卷者，可能就是
　　　　館長方功惠。

我的文章有發表，各位如果願意可以參考，這個補充的辨偽研究成果，後來也發表了，訊息如下：

　　一、二〇一二年四月二十一至二十三日，國際《尚書》學會主
　　　　辦、湖南廣播電視大學、南京大學合辦「第二屆國際尚書學
　　　　研討會」
　　二、二〇一三年三月三十日，《揚州大學學報》，《尚書學研究專
　　　　刊》

有關《浮生六記》辨偽之著作
　　我也利用對《尚書》辨偽方法的了解，引申去辨他書之偽，這也是我研究《尚書》的另一個心得。
　　楊教授提到我研究《浮生六記》，其實是研究《尚書》的延伸成果。我撰寫了一本《《浮生六記》考異》的書，稱之為「考異」，就是因為我是比照明朝梅鷟的書《尚書考異》的辨偽方法，以及他的開創性的推崇；所以，我的書也稱為「考異」，我的證據是充分而成立，各位上網就可以看得到了。

眾裡尋他千百度——輯逸

（一）從《宋代尚書學案》開始

至於輯逸，因為我研究《宋代尚書學案》為博士論文，而宋代《尚書》學著作有些是已經失傳的。在此節錄我博論的一小段話：

> 其人或本有專門之《尚書》著述，而今亡佚者，則為之輯佚文以見其《尚書》學之面目；程元敏先生於王安石之《尚書新義》，已先為之矣，故本論文得據以論王安石之《尚書》學；而郭忠恕、吳棫、陳振孫兩案，亦此類也。

事實上已失傳的我們無法看到，但它還是很重要，所以如程元敏先生所輯的《尚書新義》，還有郭忠恕、吳棫、陳振孫（1179-1262）等，我是採取比較直接的輯逸方式來處理，特別是王安石（1021-1086）《尚書新義》影響很大，陳振孫說他影響科舉前後一甲子，獨行於世六十年。

（二）王安石《尚書新義》輯逸

王安石熙寧變法失敗之後，學者每對王安石之論說，大多盡力排抵；逮及南宋，學者多視《三經新義》如弊屣，乏人問津，浸至《尚書新義》漸次失傳。

《經義考》引晁公武（1101-1180）之言曰：

> （王）雱成是經，頒於學官，用以取士。或少為異，輒不中程。由是獨行於世六十年，而天下學者喜攻其短，自開黨禁，世人罕稱焉。

今《尚書新義》已佚失不見，消失於人間，而失傳時間約在明朝前期。

所以《尚書新義》我們應該要再好好研究一下。

程元敏先生已經做了很好的開始，所以我在博論中也引用程老師的資料。但研究過程中，我發現程老師這本書還是有些問題，因此我也把我所看到的問題寫在博論裡，而程老師也是我的口試委員，心裡非常忐忑不安，不過還好，口試時，程老師說他接受我說的一個地方，的確是他有問題，所以他戲說我是他的「一字之師」，我很安慰，因為據說程老師一輩子很少這樣說。

程老師這本《尚書新義》於一九八六年早已出版，後來程老師這部書也在大陸出版。更後來復旦大學出版《王安石全集》，就用程先生的輯錄內容為底本，再加上陳良中輯補的資料，我發現程老師此版本的書，將我當年提出有問題的地方改掉。這過程大致如下：

- 程先生所著《三經新義輯考彙評（一）——尚書》先有臺北市：國立編譯館，一九八六年七月初版。
- 二〇一〇年十一月華東師範大學出版社出版之《程元敏著作集》，亦有《三經新義輯考彙評》一書上下兩冊，上冊之前即有《三經新義輯考彙評（一）——尚書》，經對看為原書影印，並無修訂改變。
- 二〇一六年，上海復旦大學出版社出版《王安石全集》，第二冊有收錄王安石《三經新義》之《尚書新義》。據書前〈出版說明〉，其內文是以程元敏先生所輯錄為底本，再補上陳良中〈王安石《尚書新義》輯補〉一文所得輯錄自陳大猷《書集傳》之《尚書新義》佚文，去其重複，得補入荊公《書》說一四五條，標以「陳補」以資區別。並謂徵得程、陳二人同意，合併編排，分為十三卷。

（三）王安石《尚書新義》亡逸與輯錄

輯逸部分，程先生是前輩，那時候他還沒有電腦，所以當我看到他的序提到怎麼輯逸，我真的很佩服。因為我晚生，占了些便宜，我可以用到電腦，也可以看到新資料。雖然我說程老師有些地方不夠完滿，但不能否認程老師走在前面，已經打下非常好的基礎，我願意盡己所能，讓王安石的《尚書》學說呈現更完整，也讓後來研究王安石《尚書》學說的人，能夠得到更好的資料。

有關程先生對王安石《尚書新義》的輯逸過程，大體如下：

‧臺灣大學程元敏教授始為之進行輯錄，考其原委，彙其評論，纂為《三經新義輯考彙評（一）尚書》一書。（1986年）

‧程先生於前序曾敘其輯逸之經過與辛勞之情狀。序文云：

> 曩余治宋人經解，兼涉有宋史書、當代文集、筆記，頗見《三經新義》佚文，恆隨手抄劄。比年，廁名上庠，承乏《書經》講席，暇日更作有系統之蒐考；蓄積愈豐。欲先成《尚書新義》輯本，因更詳檢宋、元人文集（其中「論」及「雜著」等部分）、史籍、筆記及宋至清與近人《尚書》專著，都約五百種，自其中八十五書輯得《尚書新義》佚文及對該書之評論，並舊日積存材料，計得佚文五五八條、諸書所引凡一○二二條次；評論二八二條、諸家評語凡三七五條次。——斯書沈晦六百年，於茲復大顯於世。

所以我就做了一些輯逸工作，當然程老師在輯逸時，凡是明確為王安石的一定都沒問題；但我們知道歷來研究《尚書》姓王的特別多，如漢代王肅，宋代王博士、王炎（1137?-1218）、王日休（1105-1173）、王十朋（1112-1171）、王希旦，元朝王充耘（1304- ?）、王天與等等都

姓王，而且古代常常稱「王氏曰」，所以這個「王氏曰」有很多問題。

我現在用 PPT 來補充說明如下：

- 書中明指為王氏之言，或稱「王介甫」、或曰「荊公」、或逕稱「安石」、或指為「新義」、或曰「王氏諸儒」、「王氏之徒」等，所引自當為王氏《尚書新義》之論，明確可考。
- 至於引用文句僅稱「王氏曰」者，則頗有疑慮。蓋歷代王姓學者而有《尚書》論著者，除臨川王安石之外，尚有如：漢代王肅、宋代王博士、新安王炎、龍舒王日休、梅溪王十朋、葵初王希旦，元朝王充耘、王天與等《尚書》論述，亦皆可稱為「王氏曰」，可能與王荊公之說混淆。
- 且古代學者引用他人文獻，往往隨意擷取，稱名不專屬，更有張冠李戴者。又宋、元學者引王安石之說，時與一己之議論穿插交錯，夾敘夾論；故而欲分別王氏論說之起迄，劃定界限，實難清楚。
- 而程先生每一概以「王氏曰」為王安石之說，遂收輯入是編中，致魚目混珠，金玉雜砂。然以先生輯集當時之條件而論，自有其困難之處。

我在寫博士論文以及後來二十多年，就斷斷續續做這個工作，我做的這部分當然需要釐清得更清楚比較好。我們不能因此說程先生當年做錯什麼，當年條件沒有那麼好，去年我透過臺北萬卷樓圖書公司出版了一本書，是針對程先生的書做了「補逸柬議」。

為何要「補逸」呢？

沒有收到的當然要補，我就舉實例讓各位看一下。

長達二十七年累積輯逸
工作成果

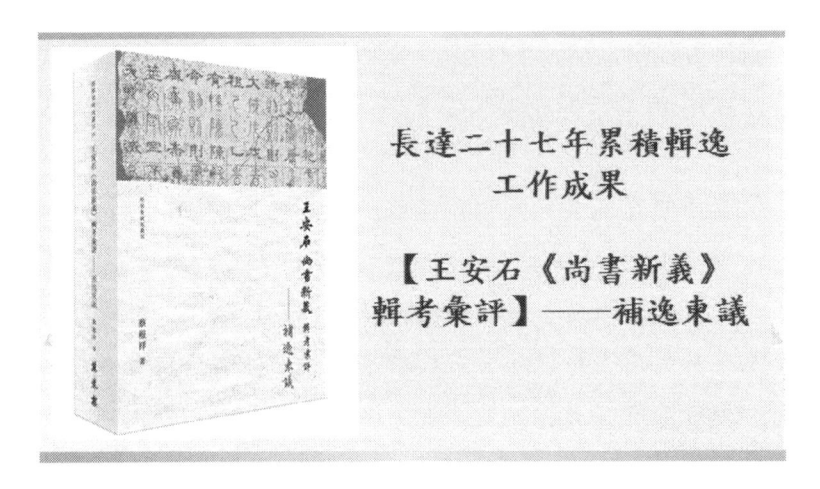

【王安石《尚書新義》
輯考彙評】——補逸芻議

「補逸」者，厥有二端：

一為新資料之發現。程先生沒看到新發現的書，而陳良中補的還不完整，陳良中從陳大猷《書集傳》發現兩百多條，陳良中曾告訴我時間不夠，所以他做的比較沒那麼嚴謹，我後來做的比較完善。

陳良中在他的論文中也說：

> 宋‧東陽陳大猷所著《書集傳》十二卷重新發現，最為重要，其中多引王安石之言。所引王安石之說總二百五十餘條，其見於程先生所輯集者約百條，不見於程先生書引錄者蓋一百五十餘條。

二為既存傳世文獻中資料而遺漏未被輯錄者。舉個例子，〈武成〉篇「分土惟三」句，《輯考彙評》無說。考之蘇軾（1037-1101）《東坡書傳》卷九〈武成〉篇「分土惟三」句下，曾發為議論評擊「近歲學者」之說曰：

> 公侯百里，伯七十里，子男五十里，自《孟子》、〈王制〉皆云

爾,此周制也。鄭子產言列國一同,今大國數圻,若無侵小,何以至焉,而《周禮》乃云:「公之地五百里,侯四百里,伯三百里,子二百里,男百里,凡五等。」《禮》曰「封周公于曲阜,地方七百里」,皆妄也。……而近歲學者,必欲實《周禮》之言,則為之說曰:「公之地百里而已,五百里者,并附庸言之。」夫以五百里之地,公居其一,而附庸居其四,豈有此理哉!予專以《書》、《孟子》、〈王制〉及鄭子產之言考之,知《周禮》非聖人之全書明矣。

程先生沒有輯「近歲學者」,為什麼呢?因為不太確定,但我們可以從其他資料看出「并附庸言之」之說,考查《呂氏家塾讀詩記》卷三十一〈魯頌〉〈閟宮〉「錫之山川,土田附庸」句下,引「王氏曰」:

孟子曰:「周公之封於魯,為方百里也。地非不足也,而儉于百里。」而《周官》以為諸侯之地方四百里,蓋特言其國也,則儉于百里,併附庸言之,則為方四百里也。

宋代林之奇(1112-1176)《尚書全解》卷二十三有提到蘇軾此一論議者,其文曰:

或又謂「公之地百里而已,五百里者,**併與附庸言之**」;此言迂陋不通之論,二蘇兄弟皆詳辨其失。

林之奇沒有說是誰說的,不過我們可以從宋·王與之《周禮訂義》卷十五裡,很明確地看到:

「諸公之地封疆方五百里，其食者半。諸侯之地封疆方四百里，其食者參之一。」

陳及之曰：「王介甫以為孟子據實封言之，《周官》則兼附庸言之也。其說是矣。」

所以我們可以確定這是王安石的論述，清‧朱鶴齡（1606-1683）《尚書埤傳》，於卷九「分土為三」句下云：

蘇軾曰：「……而近來學者，必欲實《周禮》之言，……，《周禮》非聖人之全書明矣。」此論似為王荊公發，然《周禮》實不可信。

以上為說明補逸的部分。

至於「柬」，是「柬別淘汰」非王安石《尚書新義》者。

程先生當初條件不理想，所以有些「王氏曰」沒辦法「柬別」清楚，因而我就把不是王安石的內容「柬」出來。

歷代王姓學者而有《尚書》專著者，除王安石外，漢代有王肅、宋代王博士、王炎、王日休、王十朋，元朝王充耘、王天與等，皆有《尚書》論述，彼等書中所言說，後人稱引時亦皆可稱為「王氏曰」，每每可能與王荊公之說混淆。

我舉一些例子：

例一：
- 〈泰誓下〉經文：「爾眾士，其尚迪果毅，以登乃辟。功多有厚賞，不迪有顯戮。」
- 《輯考彙評》【佚文】（二八四）「不迪，謂不迪果毅也。」（王天與《尚書纂傳》卷十九下頁二）

- 陳大猷《書集傳》卷六頁十六，引文曰：「新安王氏曰：『不迪，謂不迪果毅也。』」

可見此「佚文」乃「新安王氏」王炎之言論，並非王安石《新義》之文。「謂不迪果毅也」出自王天與的佚文，今天我們透過後來出來的陳大猷《書集傳》可知，裡面提到「王氏」是「新安王炎」，王天與只引「王氏」就被誤會。

例二：
- 〈洪範〉：「八庶徵：曰雨、曰暘、曰燠、曰寒、曰風、曰時五者來備，各以其敘，庶草蕃廡。一極備，凶；一極無，凶。」
- 【佚文】（三一三）「『時』字是總言，下分兩股：『來備，各以其敘』之謂『時』；『極備』、『極無』之謂『不時』。」（明朝王樵《尚書日記》卷九頁七四至七五）
- 此未曾見引於宋、元其他學者，其可疑者一也。
- 此「佚文」頗類口語俚諺，類夫書院講學，塾師解讀之言，與其他《新義》用詞運句相去甚遠；此可疑二也。
- 王樵《尚書日記》所引「王氏曰」之文共十處，筆者嘗逐一考察，其中有非王安石之言者。

此佚文出自王樵，這段話有很多問題，讀這段會發現不太像王安石講的話，因為王安石是為朝廷註解經典，這段話像私塾先生講書，讀一讀就覺得很奇怪，所以我查考王樵引「王氏曰」一共有十個地方，又查考有幾個不是王安石的說法。
- 王充耘《讀書管見》卷下「八庶徵」條下，其文曰：

> 曰雨，曰暘，曰燠，曰寒，曰風，曰時是總言；下面是分兩股：五者來備，各以其敘，是為休徵張本；一極備凶，一極無凶，是為咎徵張本。五者來備，即是上文雨暘燠寒風，各以其敘，即是上文時字之義，備而又敘則吉。極無、極備，則其不適時者可知。

請各位對照這兩段話（下方最後兩點），王充耘《讀書管見》也有同樣的話。所以我們可以確定王天與佚文中的「王氏」，很明顯是王充耘，不是王安石。

例三：

- 〈洛誥〉：「王賓、殺、禋，咸格，王入太室祼。」
- 《輯考彙評》【佚文】（四二四）：「太室，清廟中央之室。清廟，神之所在，故王入太室祼，獻鬯酒以告神也。祼者，灌也。王以圭瓚酌鬱鬯之酒以獻尸，尸受祭而灌于地。因奠不飲謂之祼。」（黃倫《尚書精義》卷三八，頁二十至二一）
- 孔穎達《尚書正義》卷十四中，其文曰：

> 疏：太室，室之大者，故為清廟；廟有五室，中央曰太室。王肅云：「太室，清廟中央之室。清廟，神之所在，故王入太室祼，獻鬯酒以告神也。祼者，灌也。王以圭瓚酌鬱鬯之酒以獻尸，尸受祭而灌於地，因奠不飲謂之祼。」

柬別內容真的很多，此引用黃倫《尚書精義》的「王氏曰」，這段話應該是《尚書正義》裡面，孔穎達引用王肅之說法，內容完全一樣，《尚書精義》只寫了王氏曰，沒有交代是「王肅曰」，就被誤會是王安石的說法。

「議」者，議論《輯考彙評》之錯誤也。

議論就是有些收得不對，而「錯誤」主要有二：一為「佚文」範圍之誤區（收錯），一為「佚文」標點之失當。

「佚文」範圍之誤區，最為明顯是這個例子：
〈仲虺之誥〉經文：「惟王不邇聲色，不殖貨利，德懋懋官，功懋懋賞；用人惟己，改過不吝；克寬克仁，彰信兆民。」句下引王氏【佚文】第二一七條說：

> 「王氏曰：用人惟己，己知可用而後用之。如此則是果於自任，而不從天下之所好惡也。王者心術之真，大抵如此。……故其約法三章，悉除去秦法，而秦民皆按堵如故，莫不欲高祖王秦者。而項羽之所為，則皆反是，此其成敗之勢所以不同也。」（黃倫《尚書精義》卷十六）

《尚書全解》卷十四引「王氏曰」：

> 用人惟己，己知可用而後用之。如此則是果於自任，而不從天下之所好惡也。王氏心術之異，大抵如此。……故其約法三章，悉除去秦法，而秦民皆安堵如故，莫不欲高祖王秦者。而項羽之所為，則皆反是，此其成敗之勢所不同也。

林之奇《尚書全解》之中，曾屢次引用申述漢高（前256-前195）、項羽（前232-前202）之行事與結局為例，以說明「果於自任，而不從天下之所好惡」者，其終必悲慘敗亡如項羽；反之，漢高祖能「不愛爵賞，降城即以侯其將，得賂即以分其士，好謀能聽，從諫如轉圜」，是以最終反敗為勝，卒得天下。

如〈皋陶謨〉:「皋陶曰:『帝德罔愆,臨下以簡,御眾以寬,罰弗及嗣,賞延于世。』」句下云:

> 臨下以簡,御眾以寬者,此謂操之於上者既無繁苛之法,則施之於民者必無暴虐之政矣。蓋惟簡故能寬也。漢高祖入秦關,約法三章,餘悉除去秦法,而秦民皆案堵如故;由其簡,故能寬也。

林之奇於《尚書全解》卷二十九〈梓材〉篇中,亦有類似批評王安石之言論,曰:

> 而王氏謂:「三卿尹旅,見姦宄殺人、歷人,不肯以法治之,反宥而縱之者,亦見其君於以戕敗人為事者,宥而不治者也。」其意蓋謂此等麗于刑之人,皆當勿宥之。〈康誥〉之言曰:「乃其速由文王作罰,刑茲無赦,不率大戛。」戒康叔以為不可殺,而王氏則以為當殺。此則戒康叔以為可宥,而王氏則以為當勿宥。王氏之心術,大抵如此。

在在可見此一大段文章,其實皆為林之奇《尚書》論述,而非王安石《尚書新義》之文。王氏之言,僅有兩句「用人惟己,己知可用而後用之」而已。

是在黃倫《尚書精義》,佚文有這條「王氏曰」,最重要就是標記紅藍色的句子「王者心術之真」,後來就引項羽、劉邦的背景去說明,程先生根據《尚書精義》來收,所以就形成了一大段「王安石」的論述;林之奇《尚書全解》引用一段幾乎一樣的話,也是注意標記紅藍色句子「王氏心術之異」;「真」、「異」字型相似,我核對林之奇、黃

倫兩段話整大段都一樣，林之奇在後面引用漢高祖跟項羽，這是林之奇常用的一個說法。林之奇常常批評王安石「王氏之心術，大抵如此」的語句，與剛剛提的幾乎一樣。我們從此可以看出，剛剛那大段王安石只有兩句話而已，但是程先生卻引用兩頁之多，差異很大。

「佚文」標點之失當

舉個例子來說：

《輯考彙評》【佚文】（532）：「發之以為『警』，戒之謂『號』，施之以為『法』，守之謂『令』。」

大陸有學者寫過這篇文章，也引用程先生這段，他認為「《傳》及《正義》均未解釋」，他引王安石的說法，而且是根據程先生標點的王安石說法，譽之謂「發前人所未發」。經查考，我發現差不多的語句在王昭禹《周禮詳解》有「發之以為警戒之謂號，令之以為法守之謂令」的語句，如果像剛剛的標點「施之以為『法』，守之謂『令』」就不太合理。

我後來做了一個考證，重點是「法守」這個詞能不能斷開？其實，「法守」這個詞，首先出現在《孟子》〈離婁上〉：「是以惟仁者宜在高位。不仁而在高位，是播其惡於眾也。上無道揆也，下無法守也；朝不信道，工不信度；君子犯義，小人犯刑，國之所存者幸也。」我又去翻查很多《尚書》著作，我看到史浩（1106-1194）說「上以道揆，下以法守」，「法守」是連用的，另外陳大猷《書集傳》也引用王安石《新義》的說法：「王氏曰：『百官之事，皆論道以揆之，故曰「百揆」，與「法守」者異矣。』」此「法守」是不能斷開的，從資料即可證明《輯考彙評》之佚文標點是有問題的，應該作「發之以為警戒之謂『號』，施之以為法守之謂令」，不可分成四段，

應該作兩句,這是我做「補逸柬議」的工作。

　　請參考以下的資料:
- 《周書》〈冏命〉中「發號施令,罔有不臧」。
- 《輯考彙評》【佚文】(532):「發之以為『警』,戒之謂『號』,施之以為『法』,守之謂『令』。」(《纂傳》卷四二頁二,《書傳彙纂》卷二十頁三五)
- 二○○七年,華東師大教授撰寫過〈王安石《尚書新義》初探〉論文,文本主要根據程先生《尚書新義——輯考彙評》,其中論述《尚書新義》優點,在於「解釋文意時斷句恰當」,更引用書中〈周書〉〈冏命〉「發號施令,罔有不臧」為例,謂「《傳》及《正義》均未解釋」,並譽之謂「發前人所未發」。
- 宋・王昭禹《周禮詳解》卷三十二,經文「凡邦之大事,合眾庶,則以刑禁號令」下,註解曰:

　　　發之以為警戒之謂號,令之以為法守之謂令。揚子曰:「鼓舞萬物者,其雷風乎?鼓舞萬民者,其號令乎?雷不一,風不再。」不一者,號也;不再者,令也。

- 宋・史浩《尚書講義》卷十八頁14〈周官〉篇下曰:「乃立三公以論道經邦,調和陰陽;三孤以貳公洪化,敬信天地。上以道揆,下以法守,皆所以佐王。」
- 宋・東陽陳大猷《書集傳》卷一〈舜典〉「納于百揆」經文下,引有王安石《新義》之文曰:「王氏曰:『百官之事,皆論道以揆之,故曰『百揆』,與『法守』者異矣。』」
- 看見「法守」一詞,乃從孟子以來,直至宋代常用於解釋經典之語詞,斷句不可分離。

輯逸工作的傳承

因為我的研究經驗，我也把這個經驗教給學生去做，因為我一個人實在沒辦法做那麼多。有位碩士生蘇文娟，我請他做《宋·王炎《尚書小傳》輯佚及其研究》，輯了大約幾百條，作為碩士論文。

去年，高雄師大國文研究所的博士生薛慧綺，撰寫了博士論文《張九成《尚書》學說輯佚及其研究》，在座的蔣老師就是口考委員之一，給她很多鼓勵。

我還正在指導高師大經學研究所碩士生李子芸撰寫《真德秀《尚書》說輯逸》。

利用出土戰國資料從事《尚書》訓詁

當然研究《尚書》，文字、聲韻、訓詁是一定要注意出土資料的發展的。我現在也利用出土資料去檢討清朝高郵王氏念孫、引之父子的《尚書》論述，諸如此類之工作。

《尚書》研究方法──結語

最後，我覺得：

前修未密，後出轉精；
乘時順勢，善操利器；
古法今用，今作存古；
感恩前輩，承先啟後。

第一個「前修未密，後出轉精」，給自己一些期許。第二個，我們要順應時勢，先利其器，善用網路、資料庫，我就很佩服蔣老師，我有很多資料找不到也會問他，楊教授也說了蔣教授是「成人之美」較多，犧牲自己。第三個「古法今用」，用今天的方法來存古，我還記得中研院歷史語言研究所陳鴻森老師在高師大經學所兼課時講過一句

話:「我們不必說自己的話,我們要能當古人喉舌。」所以不管辨偽也好,輯逸也罷,也較周全地保留古人的東西。第四個,我對前輩都非常感恩,雖然我都在說前輩的問題,但這是沒辦法的事情,我想我們不是要勝過前人,而是站在巨人的肩膀上面做事情,我們才有這樣的成果,也希望能做出一些成果,讓後來者能夠更方便。

對於剛剛提到的一些問題,我也表達一點看法,我們常常都在爭論漢學、宋學、考據、義理,不過我舉個實例,〈文侯之命〉在講述賞賜多少東西,之後就讓晉文侯(前805-前746)回去好好管理國家。我也問學生讀了〈文侯之命〉想到什麼?有沒有想過〈文侯之命〉是孔子選入《尚書》的嗎?因為我對《論語》真的滿有感覺,我也指導一位學生寫《《論語》中孔子思想與《尚書》關係之研究》的論文,所以我們讀《尚書》,應該想想孔子跟《尚書》有什麼關係。

我認為〈文侯之命〉是孔子選的,只有一個我認為滿重要的概念,表面上〈文侯之命〉是平王(?-前720)賞賜晉文侯秬鬯、弓矢、盧矢等,但我們必須注意一個問題,《左傳》講過「惟器與名,不可以假人」,平王賞賜弓矢等兵器給晉文侯,這代表他賞賜了「尚方寶劍」給晉文侯,可以「專征伐」,因為征伐是天子才能做的,所以孔子講過:「天下有道,則禮樂征伐自天子出;天下無道,則禮樂征伐自諸侯出。」平王賞賜晉文侯弓矢、武器,就代表「禮樂征伐自諸侯出」了,「自諸侯出」代表天子大權旁落,周朝免不了就要衰弱,進入春秋,五霸主政,周朝慢慢就沒了。

我讀〈文侯之命〉是從此角度去看,如果只在訓詁、聲韻、文字去解釋文句,很可能不會這樣想,但我覺得如果站在孔子的立場去想,還滿有意思的,即是說我不是很強調考據、義理,跟政治、思想有什麼衝突,他們有相輔相成的功能。

很抱歉,我占了很多時間。我的報告到此為止,謝謝。

楊晉龍：

　　我們謝謝蔡教授。我為什麼都不禁止大家說話？因為我們這個座談會，本來就是要請六位偉大的人物來說他們的方法，所以主角是六位引言人，而不是聽眾，所以我在時間上並沒有特別控制。後面這個研討如果有興趣，聽蔡教授講的話應該會有很大的收穫。我的《治學方法》提到批評有兩種，一種叫作「毀滅性的批評」，一種叫作「完美性的批評」，「完美性的批評」就是透過批評，去完美前人研究成果，所以蔡教授的批評是完美性的批評，希望透過自己的努力讓前人更加完美。

　　今天會議本來還有六位引言人互相攻答，我想時間上就不需要了。謝謝大家今天來參與這個會議，我司儀做得不是很好，但我是故意讓引言人繼續說他們的內容。謝謝大家，我們今天會議到此為止，希望下次會議還能看到大家，再見。

《詩經》的研究方法

主持人：張文朝（中央研究院中國文哲研究所）
引言人：
　　　　車行健（國立政治大學中國文學系）
　　　　賀廣如（國立中央大學中國文學系）
　　　　黃忠慎（國立彰化師範大學國文學系）
　　　　楊晉龍（中央研究院中國文哲研究所）
　　　　簡良如（國立清華大學中國文學系）
整理者：盧啟聰（中央研究院中國文哲研究所博士後）

張文朝：

　　各位老師、各位學者，大家午安。我是今天座談會主持人張文朝，感謝大家參與文哲所經學文獻組所主辦的第五場「經學的研究方法」工作坊，主題是「《詩經》的研究方法」，首先我們非常榮幸邀請到五位學者來擔任這場次的引言人。第一位是彰化師範大學國文系黃忠慎老師，接下來是中央研究院中國文哲研究所楊晉龍老師，中央大學中國文學系賀廣如老師，再來是政治大學中國文學系車行健老師，接下來是清華大學中國文學系簡良如老師。非常謝謝以上五位老師。待會的發言就是按照這個順序進行。接下來簡單說一下我們的時程，我們全程是一百八十分鐘，一點半到一點三十五分是主持人時間五分鐘，一點三十五到三點十五分是引言人時間一百分鐘，三點十五到三

點二十是休息時間五分鐘，三點二十到四點引言人綜合討論時間四十分鐘，接下來四點到四點半是提問時間三十分鐘。提問的時候交流方式有三種，你可以選提問式，提問者一分鐘，答者四分鐘。聊天式，一問一答，共五分鐘。或者是你要留言，請將問題及想請教的老師姓名傳到留言板或者我們說的聊天室這裡，會後請老師回答，但請記得留下您的姓名及電郵。最後我們以上的安排，各位有沒有什麼意見？沒有的話，那麼，我們現在就請黃老師先來發言。

黃忠慎：

　　主持人張文朝先生囑我要事先提供發言稿，我要說的內容都在文字稿中，大家可以參閱。我在發言稿裡頭有提到，說到《詩經》的研究方法，我就會想到屈萬里（1907-1979）與王靜芝（1916-2002）兩位先生的著作，這是為什麼呢？當然跟我的時代背景有關。我當年讀大學的時候，要考中文研究所碩士班，不管你要考哪個大學，專書都是必考科目。有些學校的專書是十科選一科，有的是十二科選一科，印象中臺大好像更多，好像是二幾十科選一科。我記得非常清楚，我讀政治大學的時候，中文所碩士班的入學考試科目中的專書以《荀子》最為熱門。為什麼我會知道大家特別喜歡鍾愛《荀子》呢？並不是因為《荀子》的內容特具吸引力，而是大家都會口耳相傳，《荀子》比較容易拿到高分。當然這個情況只適合政大，不適合當年的其他各大學。坦白說，我也曾起心動念，考慮選擇《荀子》作為專書科目。可是我想了很久，總覺得不必因為分數的問題，而放棄了比較喜歡的科目，所以我最終還是選擇了《詩經》。

　　我讀大學的時候，朱守亮（1925-2020）老師教我們《詩經》，那時候他正在撰寫教科書《詩經評釋》，我們上課的時候，所使用的課本則是朱熹（1130-1200）的《詩集傳》。朱老師非常強調，他本身閱

讀《詩經》，是完全否決《詩序》的解題內容的。但他也說，他之所以使用朱熹的《詩集傳》為教科書，不是要我們接受朱子對於詩篇主題的意見，而是他覺得《詩集傳》在文字訓詁方面，對我們這種初學者來說，閱讀起來要比毛《傳》、鄭《箋》、孔《疏》更加的方便。我這樣說，正意謂著，如果是作研究之用，《詩毛氏傳疏》與《詩集傳》都是重要的。當時志在投考研究所的同學，都會想辦法拿到歷屆中文所的考古題，以《詩經》這一科來說，很明顯的，《詩集傳》再怎麼權威，並不太適合拿來作考研究所《詩經》之用，所以我自行購買了屈萬里先生的《詩經釋義》，這本書當年就叫做《詩經釋義》，當時《詩經詮釋》還沒有出現，只有《詩經釋義》。我也購買了王靜芝老師的《詩經通釋》，這兩本書對於我都帶來很大的影響。對於一個要考研究所的大學生來說，必須承認，著重的不是詮釋詩篇的能力，而是背誦的工夫。「強記」一詞，容易讓人想到負面的涵義，但其實，多讀強記本來也是做研究的一個重要法門。簡單來說，我通過記憶，來吸收屈先生的《詩經釋義》跟王靜芝先生的《詩經通釋》。講到這個地方，我想穿插一個很有趣的事情，這當然是發言稿中沒有放入的。我在彰化師大教書的時候，有一個我的大學同班同學，也跟我在同校任教，他經常幫我做正面的宣傳，告訴學生說，你們的《詩經》老師黃老師能夠熟背《詩經》三百零五篇，是當年我們班上的厲害人物。其實我沒那麼厲害，我當年熟背的是《詩序》三百零五篇，詩篇方面，我背的是〈國風〉一百六十篇，其他的並沒有背。背誦書中重點，這雖是很笨的一個讀書方法，但也是相當實在的讀書方法，我覺得在日後我的研究中，應該也起到了一定的作用。雖然現代人研究《詩經》必須擁有與當年不一樣的方法，例如數位資訊的利用等等，然而該強迫自己記下來的《詩經》學基本概念、極度重要的詩篇，總要利用記憶力尚佳的時候，將之放入腦中的記憶體，這樣即使

以後記憶力逐漸退化，腦中殘存的相關知識，也可以在搜尋數位材料的時候，發揮一定的作用。

在這裡容我再穿插一個小故事，這也是事先提供的發言稿中沒有的。先前我應某國立大學之邀，去參與徵聘專任教師的作業，我負責觀察、評價應徵者的學術表現。我的任務開始之前，主管聊到以前有一位應徵者，其本身有一些《詩經》學的論文，發表在等級不差的期刊。但是他們透過某些方式，了解到那個應徵者雖然能夠寫《詩經》學的論文，但是對《詩經》的文本內容卻不熟悉。這就讓我想到，一個人對《詩經》的內容不熟，卻又可以做研究，這代表什麼現象？對我來說，此事匪疑所思。或許現在所謂的研究跟我們當年所說的研究，其意涵不太一樣。就我看來，如果要研究《詩經》，第一步應該就是熟悉《詩經》的內容。如果本身沒有熟讀《詩經》，卻能夠發表《詩經》學的論文，這樣的一個特殊技巧是怎麼獲取的，我就不得而知了。這是題外話，在座都是《詩經》學的專業人士，我只是想利用這個機會，拋出這個話題，跟大家交換一些意見。

當初文哲所經學組邀我來參加「《詩經》的研究方法」座談會，我立刻想到屈萬里跟王靜芝兩位先生在其兩本著作中給初學者的意見，特別是屈萬里先生，他是中研院的院士，研究文史之學，成績輝煌，在我讀大學時，他們的研究方法肯定深入我心，因為畢竟我把他們很多的《詩經》學論點視同聖旨一般，只能夠接受，不敢有一絲一毫的質疑。當然作為大學生，我的態度是沒有問題的，哪有人會去質疑知名學者的研究心得？以屈萬里先生而言，因為他本身也算是傅斯年先生的崇拜者，所以他認為傅斯年先生的話語完全正確，這也是非常合理的。《詩經釋義》引傅孟真（1896-1950）先生《詩經講義稿》的一段話提到：

我們去研究《詩經》，應當有三個態度：一、欣賞它的文辭；二、拿它當一堆極有價值的歷史材料去整理；三、拿它當一部極有價值的古代言語學材料書。但欣賞文辭之先，總要先去搜尋它究竟是怎樣一部書，所以言語學考證學的功夫乃是基本功夫。我們承受近代大師給我們訓詁學上的解決，充分的用朱文公等就本文以求本義之態度，於毛《序》、毛《傳》、鄭《箋》中尋求今本《詩經》的原始，於三家《詩》之遺文中得知早年《詩經》學之面目，探出些有價值的傳說來，而一切以本文為斷。只拿它當作古代留遺的文詞，既不涉倫理，也不談政治，這樣似乎才可以濟事。

我覺得傅先生很負責，他用「似乎」兩個字提醒我們，他的說法也未必極度精準。屈先生等於是推廣傅先生的高見，然後再補充說明，古文字學、聲韻學都可以好好地去利用，透過語言文字的材料，可以幫助我們認識《詩經》學。不過如同我原先的文字發言稿裡頭提到的，傅斯年跟屈萬里先生的意見，當然可以說是權威學者的主張，其論大致上也頗具參考的價值。但是我總覺得在細節上，做《詩經》學的，還是要自行斟酌一下。因為傅斯年所謂「一切以本文為斷」，這就讓我想到，很多研究者所強調的一種概念，力主研究《詩三百》必須就《詩》論《詩》，要據詩直尋本義，主張不要被《詩序》牽著鼻子走之類的。再者，傅斯年提到我們研究《詩經》學不可以涉及到倫理問題，也不可以談到政治。我總覺得這個「讀《詩》指導」未必很正確，如眾所知，《詩經》的編纂跟《唐詩三百首》之類選本的編輯動機、過程是完全不一樣的。既然《詩經》的編纂有一定的政治目的，則在解釋詩篇的時候，何以必須刻意避開倫理的解讀？何以必須刻意避開政治的指涉？這樣的提醒，等於就是說，解《詩》者只要一談到

倫理、政治，就會被歸為守舊派，就被批評為穿鑿附會，我覺得這不見得是最好的研究方法或心態。

其次，「冬烘的頭腦」是屈萬里先生的用語。他可能自有提醒後學的苦心。但是我覺得這樣的措辭太重了。一直以來，都有一些知名學者，主張不讀《毛傳》乃是無本之學，不讀《詩序》即不能正確理解《詩經》，我覺得大家閱讀《詩經》有不同的態度與方法，很難去說孰是孰非。我的意思是說，屈先生的那一本書具有很大的影響力，當年我也都盡可能一字一句的放在心中。今天有機會談到《詩經》的研究方法，我就暫時不說我自己的研究所得，只想提醒大家，前輩的意見相當珍貴，但面對某些說法，有時候也要停下腳步，稍加思考一下。

至於王靜芝老師，雖然他本身並不是專攻《詩經》的學者，但是他那本《詩經通釋》，我覺得很適合初學者用來認識《詩經》之用。他本身也是不喜歡《詩序》的，不過他有提到，大家研究《詩經》，有的可以重在語言文字的研究，有的可以作文章技巧的探討，也可以注意歷史價值的考索，這些都是很好的研究取徑。既然如此，我想不管你喜歡哪個小領域，你就去專攻那一塊，這是最方便行走的大道。我看到有些人長期研究《詩經》的名物之學，成績也是有目共睹的。如果是研究歷代《詩經》學的，我看到車行健教授有整理出一些內容，讓我們知道在臺灣研究歷代《詩經》學的大約有哪些人，他們各自著重在哪個時代的研究。我覺得關注哪一個區塊，就研究那個區塊，持之以恆，長年下來，就很有機會成為一名真正的《詩經》研究者。

最後我想說，治學不需在乎所謂的冷門、熱門問題。有熱心的朋友知道我退休，還經常傳送一些資訊過來，告訴我大陸某些地方又有竹簡出土，學術會議正在召開之類的訊息，要我趕緊去了解新知等等。我當然感謝朋友的熱情，但我不太認同有所謂的「顯學」。「顯學」一詞讓我想到，我讀研究所的時候，一些老師告訴我，現在要做

什麼樣的學問比較聰明,例如,從前可以做甲骨,現在做甲骨就落伍了,現在應該改做敦煌,熱門的敦煌才是當今的學術顯學。以前我也很羨慕那些治顯學成名的學者,不過這些都是過去式了。

張文朝:

謝謝黃老師,接下來我們請楊老師來發言。

楊晉龍:

我從民國八十九年(2000)起,因為林慶彰老師(1948-)的推薦,開始在臺北市立大學中國語文學系進修碩士專班開授「治學方法」的課程,民國一〇三年(2014)把部分上課講義編成《治學方法》一書出版。今天要說的內容,主要也是從「治學方法」的視角切入,若是曾經翻閱過我那本《治學方法》的人,應該會有某些熟悉的感覺。但這沒有關係,因為雖然我講的內容跟那本書有些關係,但也不是通通照抄著內容拿來講,當然有加入集合了一些我後來看到的書,包括前面黃忠慎大師兄(1955-)等幾位學者的論文和書。當年我們在讀高雄師大碩士班時有要求,需要把《詩經注疏》從頭到尾點讀過一遍,我自己同時也順便把《詩集傳》點過。但我沒有辦法像黃大師兄那樣把整本書都背起來,我只是記得一些內容而已。以下就接著講講我那些關於《詩經》研究的方法。

我一直以為每一位專職的學術研究學者,無論是自覺而有意的建構,或是不自覺無意的形成,大致上都會有一套自己的研究方法,同時每位學者無論是資深或資淺,無論研究的是古典或現代、人文社會或自然學科,他們的研究方法也都具有參考學習的價值,當然也僅僅具有參考學習而納入自己研究方法的功能而已,並不必要也不應該「複誦」或「複製」,將自己變成為人家免費的行銷員,就是說研究

者必需要有自己的想法,不要因為別人如何做而跟著去做,即使像剛才黃大師兄說的什麼「顯學」之類,我也並不以為值得「複誦」或「複製」。依照這個預設前提,我以下陳述的個人研究《詩經》的思考與方法,目的也僅僅只是提供有興趣者參考而已。本次講說進行的程序,首先陳述個人對「經」內涵的基本認知;然後再陳述個人研究《詩經》的基本設想;接著說明個人研究的實際情況;最後提出個人的某些粗淺觀察與建議。

首先,陳述個人對傳統社會「經」的基本認識。我以為《詩經》在「中國傳統社會」和「現代學術場域」最大的不同,乃在於就傳統社會而言,《詩》無論有沒有加上「經」字,基本上就是社會公認具有「經」身分的重要典籍,至少在漢武帝(前156-前187)以後即如此認定,因而纔會有後來「詩經」之類的稱號,故而也就有必要在說明《詩經》的認知之前,先說說我對「經」的基本認知。「經」就傳統社會而言,大致上可以有三種不同的身分屬性:一是可以用來指稱「本質上」屬於「文獻」性質的典範著作的「經典」之意,如所謂「五經」之類。再者,也可以用來指稱「功能上」屬於「致用」要求的應用治理的「經世」之意,如《周禮》所謂「以經邦國」之類。三則更可以用來指稱「規範上」屬於「常規」遵循的行為準則的「經常」之意,如《左傳》〈昭公二十五年〉所謂「天之經也,地之義也」之類。這三種不同身分屬性內涵的指稱,同時也是「經學」與「儒學」或「經術」與「儒術」的分別,如《漢書》所謂「一經說至百餘萬言,大師眾至千餘人」,即在說「經學」或「儒學」的發展傳承;還有西漢王式所謂「以三百五篇諫」,即是屬於「經術」或「儒術」的實際應用。這是我對「經」基本了解的說明。

接著陳述個人對於《詩經》研究的基本設想。這主要是立基在現代學術場域前提下的思考,同時也是從實際研究角度進行的觀察。根

據觀察的結果，我首先將研究的議題內容範圍分成兩大類：第一大類是從《詩經》本文內容的本體研究範圍思考，我以為至少可以透過以下幾種的基本「認定」進行研究：一、做為「倫理教材」的經學研究，探討《詩經》的政治倫理內容與要求等相關的問題。二、做為「詩文創作」的詩學研究，探討詩篇的寫作表現與寫作技術等相關的問題。三、做為「生活素材」的社會學研究，探討《詩經》呈現的動植物與器物等涉及的相關問題。四、做為「事件表現」的歷史研究，探討《詩經》呈現的社會生活與歷史事件等相關的問題。第二大類是就《詩經》傳承發展的外涉研究範圍思考，我以為至少可以經由下述幾種的基本「設定」進行研究：一、以學者為中心的學派相關問題研究，例如漢代《三家詩》與《毛詩》的傳承，或鄭玄（127-200）學派、朱熹學派之類的研究。二、以注疏為中心的相關問題研究，例如某部詮解《詩經》專書內容表現的研究，某兩部詮解《詩經》專著內容的比較研究，某部《詩經》詮解專書被接受而傳述應用的研究之類。三、以時空為中心的擴散相關問題研究，某個時段或地區內對《詩經》接受影響情況的研究。例如我寫的《明代《詩經》學研究》和〈臺灣近五十年詩經學研究概述（1949-1998）〉之類。四、以應用為中心的致用相關問題研究，例如做為行為準則的讚美期許或譴責禁戒的教學、教導與實際應用，詩作、散文、奏疏等引《詩》的研究，科舉考試的考題與科舉參考書一類的相關研究。舉個例子，如依據《毛序》的觀點，屬於〈正風〉的〈周南〉〈關雎〉，到底是在讚美后妃（具有符合一夫多妻要求的品德），還是在讚美君王（幸運的娶到一位樂於幫助自己找到更多女人，因而可以生出很多孩子的好老婆）；或者透過讚美來要求（做為後人的行為典範）？若是用來要求，則是要求后妃（無論喜不喜歡，必須要能做到這樣），還是要求君王（必須娶這樣的老婆。若是娶到不符合要求或違反要求的老婆，

是否就要「出妻」呢？沒說）？五、以文獻為中心的版本相關問題研究，例如涉及出版、收藏、斠讎、輯佚等的研究之類。六、以官注為中心的官學相關問題研究，例如《毛詩正義》、《詩經新義》、《詩傳大全》、《詩經傳說彙纂》、《詩義折中》等影響和地位的相關研究之類。

　　此外，在進行實際研究之際，除了必須先承認現在流傳的《詩經》，乃是收集來自不同文化地區、不同身分作者的創作，經過整理、篩選而成書的前提外，還需要特別關注幾個存在的基本問題。若是直接研究《詩經》本文，需要關注的問題有四項：一是文本內容：關注什麼（政治問題、歷史紀錄、心情展現）。二是詩的來源：何人所寫或所編（身分、階級）。三是預設讀者：為誰而寫（性別：依據《毛詩序》的觀點，〈周南〉出現許多與后妃之德相關的詩作──這是寫給男生看：「你要娶這樣的老婆？」還是寫給女生看：「當人家的老婆就是要這樣。」）。四是寫作目的：為何而寫（陳述、表達、訴求、要求）。就是到底是為什麼而寫，只是在重述一件事情，或是表達個人的觀點，或是對某人有個訴求（平輩），或是對某個對象有所要求（上對下）。以上四點在研究之前，自有必要先作思考及澄清。

　　再者，傳統研究《詩經》的詮解專著，雖然最終必然視《詩經》為規範性要求的倫理教材，但也有必要像現在一般研究文學作品那樣，先去了解詮解者追求探討的意義或重心云何的問題，這主要可以分成四項基本視角進行研究分析：一、從作者或編者的角度切入：作者之本意或聖人之本意的追尋。二、從文本或形式的角度切入：寫作語言、句式、意象等技術的探討。這可以參考「新批評」理論、「語言風格學」等而進行研究。三、從讀者或詮解的角度切入：例如羅蘭巴特所謂「作者已死」一類，重視讀者的創造性閱讀，這可以參考「讀者反應論」、「詮釋學」等而進行研究。四、從私人或公共的角度切入：基於倫理或基於鑑賞的追尋。此外，還需要關注詮解者認為涉

及歷史事件詩作寫作的時間點，以及因為不同創作的時間點而產生的不同內涵意義：一是創作於「事前」的積極性「期許」（勸），如：你可以或應該做得到，若是能這樣做，你必然會得到好處；或消極性「禁戒」（懲），如：你不可以或不應該這樣做，如果這樣做你一定會倒大楣。或者僅是「想像性」的自我幻想而已，就是有可能出現這樣的事兒或情況喔。二是創作於「事後」的積極性「讚美勸進」（你做得真好啊，大家要為你拍拍手喔），或消極性「譴責懲戒」（你做得真是爛透了，毋怪會這麼倒楣）。或者僅是歷史事件客觀紀實的陳述而已（我知道或我告訴你，有這麼一件事兒）。經學研究群體中解讀《春秋》的學者們，曾經提出《春秋》有所謂「有貶無褒」、「有褒有貶」、「無褒無貶」等「褒貶」的寫作原則與功能的問題。在《毛詩》系統「正變」的編輯或形式原則下，因而帶來的「勸懲」作用或功能，似乎也可以用來與《春秋》的「褒貶」問題對看，「褒」是讚美期許的「正」（勸），「貶」是譴責禁戒的「變」（懲）。這些研究上的基本認知，必然影響到學者的研究與研究對象的認知，進而產生不同的研究結果，自有必要在研究之際進行較為實際的了解。以上就是我關於《詩經》研究基本設想意見的說明，就是我認為在進行《詩經》研究時，對《詩經》要有的一些基本認識，當我們了解這些以後，我想對《詩經》研究應該比較會有明確的方向或範圍。

　　第三，陳述我的《詩經》研究思考和實際關注的研究議題，以及採用的研究方法。基於前述的幾項基本了解，以及曾經認真探討過臺灣二十世紀後半五十年《詩經》研究的實際表現，是以能比較清楚的了解民國初年那類追求《詩經》「原始真相」，探求《詩經》「本義」或「本意」的理想，根本上無法有效實現的事實，以及二十世紀以來《詩經》研究的實際情況，同時基於對自身研究條件的認知，深刻了解到自己不可能面面俱到的對所有涉及《詩經》且可以研究的相關問

題,進行深入而具有創意的研究,於是遂選擇自身比較有把握,經學研究者較少關注,同時符合經學「致用」基本原則的功能要求,且所得成果確實有助於《詩經》學研究認知的相關議題進行研究,最終選擇以「傳播」做為研究的主要內容範圍,就整體學術的研究分類而言,這主要是屬於「經學史」研究的範圍,這也就是我主要的研究方向與範圍。同時為了此一方向與範圍議題研究的有效進行,於是自創一種我稱之為「外部研究」的方法進行研究。「傳播」的研究,主要是探討《詩經》及《詩經》學成品被接受或因而產生影響的實際表現,因為學術是公共事業故也。學術研究對象價值的探討,既然最需要重視的是被接受而發生影響的實況,影響力的大小和接受範圍的廣狹、接受者的多寡和接受者的身分地位等,具有直接相關的正向關係。同時就學術外部的功能而言(這裡主要是立足在傳播接受的討論,因此直接排除「內部研究」那類屬於純粹創意學術價值的討論),可以很清楚地承認,沒有接受就沒有影響,沒有影響就不可能產生價值,沒有學術價值就沒有學術功能與地位,沒有學術價值與功能的著作,當然也就比較缺乏研究的價值。「接受」本就立基於「傳播」而發生,透過「傳播」而產生影響研究所得的成果,因而也就可以很有效的了解與證明研究對象,在學術上具有的學術功能與學術地位的實際情況,這應該也就是「經學史」研究的一種重心所在。依據這個先設的功能條件,「接受」實況的了解,自然是透過「外部研究」的方法而獲取,「外部研究」主要是針對以下七項表現實況的指標,進行傳播而接受的確認:一、學者的討論:讚賞、貶抑或提及。二、教學的使用:是否成為教學教材,哪一類教學單位的教材:家族性、地方性、全國性,或者跨國性。三、專書的徵引:這是指「《詩經》學研究」。重心是針對《詩經》學專著徵引的探討。四、一般的徵引:這是指「詩經學研究」。重點放在《詩經》學專著之外,針對

包括詩文創作、經學專著、史書與子書等經史子集著作徵引的探討。五、出版的實況：出版幾次，是否連續出版。六、流傳的地域：傳播空間大小的問題，有哪些地方的學者徵引情況的分析，例如明代或臺灣地區的詩經學研究。七、流傳的時段：傳播時間長短的問題，出版或出書以後，被關注的時間有多久？何時消失？何時再出現等實況的探討。我特別把《詩經》學分成兩種，一種是加專名號的「《詩經》學」研究，一種是不加專名號的「詩經學」研究，主要是為了區分《詩經》的「專書徵引」和「一般徵引」等對象內容的不同，其中加專名號的「《詩經》學」研究，主要是針對《詩經》專書類的研究；沒有加專名號的「詩經學」研究，指的就是一般詩文引用《詩經》的研究。經由「外部研究」方法取得的研究成果，由於具備能夠重複操作的可驗證性本質，因而在有效性上自然就高於純靠序、跋、行狀、墓誌、家傳等一類「親友團」，以及「喜好者」等「同溫層」的發言，同時也較歷史類書籍不知何來的「籠統性泛論」，更具有客觀的學術可靠性。當然，此種使用「外部研究」方法進行的研究，亦有其限制與缺漏，除容易輕忽具有創意的「內部研究」的價值之外，如若是僅僅討論單一書籍或單一學者「接受」的實況，可靠性和有效性就具有較高度的保證，唯若進行較大時間或空間範圍的研究，例如某個時代或某個地區的探討，必然要受到存留書籍文獻多寡的影響，書缺有間的實況下，可靠性和有效性不免會有所減損。但整體來說，此種透過「外部研究」方法，獲得的具備實證性、可驗證性內涵的研究成果，相對於那類僅根據「親友團」、「同溫層」發言或抄錄史書的「泛論性」答案，可靠性自然還是較高，即使不能絕對精準的提供最終極的真理性答案，但也確實具有較高的合理性和較為有效的學術參考價值。以上是我實際進行《詩經》研究的思考與關注議題的說明。

然後，說說我對《詩經》現代研究的粗淺觀察和意見。現代學術

場域下的《詩經》研究，誠如胡適（1891-1962）與傅斯年等先生所言，大致上比較容易從社會、文學、史學或文獻等的角度進行思考研究，或者如周予同（1898-1981）先生所說，從經學史的角度進行研究。我所以如此說的理由，主要是清朝滅亡以後，「經學」已然失去寄身其中的社會場域所自然形成的文化氛圍，因而也就失去政治倫理上理所當然的規範性價值與功能，在缺乏社會「整體性」的價值承認的前提下，最多也僅能成為「個人性」的文化信仰而已。同時「經學」提供的許多典範性或規範性內涵，就今天認知的客觀合理角度來看，多多少少都會令人覺得是用理想的科律或特例做為普遍性的要求準則，不免會有「以部分替代整體」的謬誤之虞，故而說服力自然不足。再者，「經學」在實踐上既缺乏有效的運作保證，在內容上又難以完全合乎現代社會「人權平等」或「性別平權」的基本價值要求，其不受重視而逐漸邊緣化也就顯而易見了。《詩經》做為經學或經術的一員，同樣也有許多內涵已經失去原有的那些基本的「致用」價值與功能，《詩經》的「經學」研究，就整體社會的認知而言，因而也就只能成為缺乏生命成長的認知性「書面語」，再也不具備有生命上、生活上實踐性「規範語」的應然地位。但《詩經》在「經學」研究之外的其他研究範圍，卻還有許許多多有趣且具有文化價值，因而很值得仔細探討的研究議題。

　　《莊子》〈養生主〉有「指窮於為薪，火傳也，不知其盡也」之論；俗語也有「長江後浪推前浪，一代新人換舊人」之說，現在學術界比較風行的當屬於「文化研究」，《詩經》研究上許許多多具有學術文化意義和深層文化價值的議題，正期待具有熱忱的學者們持續的投入與開發呢！希望以上這些很可能已經過時的粗淺意見，可以對大家未來的研究有點兒助益。我的發言到此為止，謝謝！

張文朝：

謝謝楊老師，接下來我們請賀廣如老師發言。

賀廣如：

主席，還有與會的所有方家，以及參與的人員大家好。

首先，關於《詩經》研究方法的部分，我想要分成「《詩經》學史」以及「《詩經》」本身這兩個角度來談。先從《詩經》學史的角度來談這個問題。因為我研究《詩經》是從魏源（1794-1857）的學術思想史開始的。魏源有一部很重要的著作是《詩古微》。我當時在研究《詩古微》的時候，就發現這裡面含藏非常多的問題。首先是關於清代的漢學和宋學對於《詩經》的研究之爭，其次是西漢三家《詩》的輯佚方法及分別家數的問題，再來是明、清兩代的三家《詩》學的問題，還有關於明清學術史的問題，最後是〈小序〉定位與《詩經》詮釋角度的問題。

主辦單位說，今天應該要談的是清代以前《詩經》學的研究，不過因為有很多議題密切相關，我盡量把重點放在清代以前。可是，還是會提到一些清代以後的問題。先講清代漢學和宋學說《詩》之爭，我想所有研究清代學術史的人都知道，清代的漢學與宋學之爭是個大問題。可是我這邊要把整個焦點聚集在和《詩經》有關的議題上。我們都知道清代的科舉考試，是以朱子的《詩集傳》為核心，因此官學是以朱學為主的。雖然後來的官學，慢慢有一些轉變，不過科舉考試仍然是以朱子的《詩集傳》為核心，這個是沒有問題的。正因為從元代科舉考試以來，到明代、清代，整個經學都是以朱子為主，而且元明以來的《詩經》著作，幾乎都是沿著朱學發展、羽翼朱學，所以越來越多的學者覺得無法滿足，想要探求朱學以外的知識，導致當時漢學復興的風氣越來越盛，此外當然還有各種各樣的因素，所以不少學

者開始上溯漢代的《毛傳》和《鄭箋》。原來「毛、鄭」常常都是連在一起講，可是清代很多學者發現《毛傳》和《鄭箋》的解釋其實有許多不同。雖然鄭玄的箋原來是羽翼《毛傳》的，可是他們兩個的注釋，內容常有分歧，讀者在閱讀時也不難發現這現象。我這邊列出的，像陳啟源《毛詩稽古編》、陳奐（1786-1863）《詩毛氏傳疏》、胡承珙（1776-1832）《毛詩後箋》，乃至於馬瑞辰（1782-1853）《毛詩傳箋通釋》。這幾部書，在當時是非常有名的，都是關注《詩經》漢學的著作。在他們的書名中，都可以看到有「毛詩」兩個字，可知他們比較認同的是毛而不是鄭。這裡面很明顯的，就是把毛、鄭分開，但即使如此，基本上還是偏向《詩經》古文學派的部分。除了毛、鄭以外，還有一些學者，他們開始注意到《毛傳》以外的西漢經學，也就是我們所說的齊、魯、韓三家《詩》。齊、魯、韓三家《詩》因為很早就亡佚了，只剩下《韓詩外傳》十卷，所以在某些需求之下，越來越多學者開始輯佚西漢的三家《詩》。最早開始輯佚的就是宋代王應麟（1223-1296）的《詩考》。在王應麟《詩考》之後，元、明兩代幾乎一片空白，可是到了清代，有大量關注輯佚西漢三家《詩》的著作，特別是專著，開始大量的生出來。我因為做過這方面的研究，所以簡單介紹一下，在這些書都已經亡佚的狀態之下，他們究竟用的是什麼方法，如何輯佚西漢的三家《詩》。

我這邊簡單的分成幾個方法，首先，最常輯佚而且內容可靠的是《韓詩》。因為《韓詩》是最晚亡佚的，大約到唐宋之間才亡佚，而且目前還留下了《韓詩外傳》十卷。我們可以看到，從漢代一直到唐代，有很多現存的古籍裡面引用了《韓詩》，所以從陸德明（550?-630）《經典釋文》以及李善的《文選注》中，都可以找到很多《韓詩》的殘留，特別是《韓詩章句》。從這些引用處可以輯佚出很多《韓詩》的內容，這個就是所謂的直引法，亦即從直接引用的內容去輯佚。

其次，沒有直接引用的，主要是《齊詩》和《魯詩》。但我們仍然可以看到清代的學者輯佚了不少這兩家的作品，他們是用什麼樣的方法呢？比方說劉向（前77-前6）是楚元王劉交（？-前178）的玄孫，楚元王曾經學過《魯詩》，所以劉向所編的《列女傳》、《說苑》、《新序》這些書中，若提到《詩經》，清人就根據家學背景，還有學術淵源的聯結，把這些都歸為《魯詩》，這是根據師承法來歸納。此外，在師承法和直引法都無法歸納的情況之下，有一些漢代解《詩》的內容，明顯跟《毛詩》不一樣，可以判斷應該屬於三家《詩》，但它既然沒有直引的線索，也沒有師承的聯結，所以這個是屬於無家可歸的，這時我們就可以根據它的內容來推斷。比方說張衡（78-139）〈東京賦〉引了〈小雅〉的〈斯干〉，有一些說法跟劉向《列女傳》所說的相近，於是就把它歸為《魯詩》，也就是用排比的方式來推理和臆測，這就是「推臆法」。

最後，有一些漢代的《詩》說和《毛詩》不一樣，而且也跟「直引法」、「師承法」、「推臆法」所輯出來的內容不同，因此只能把現有已輯出的家數一一刪去，剩下的就是它有可能分屬的家數，這就叫「刪去法」。上面所講的這四種方法，大體上就是清朝人他們輯佚西漢三家《詩》、並且分別家數的方式。其實除了「直引法」是最可靠的，其他都有非常多的問題。大家看一下這張表就可以知道：

	王應麟	范家相	阮元	陳喬樅	魏源	馮登府	王先謙
班固《漢書》	三家	魯（韓）	魯	齊	魯	魯	齊
鄭玄《三禮注》	韓（魯）	韓	魯（齊）	齊	韓（魯）	韓（魯）	齊
《白虎通》	韓	魯（韓）	魯	魯	魯	魯	魯

	王應麟	范家相	阮元	陳喬樅	魏源	馮登府	王先謙
桓寬《鹽鐵論》	三家？	？	魯	齊	三家	魯	齊

　　從南宋的王應麟，到之後范家相（？-1768）、阮元（1764-1849）、陳喬樅（1809-1869）、魏源、馮登府（1783-1841）、王先謙，這些清代的學者，他們對於班固（32-92）《漢書》所分別的家數，其實都不一樣，幾乎是齊、魯、韓都有。所以王應麟直接歸屬於三家而不分類，反而是最好的作法。還有像鄭玄《三禮注》，也是齊、魯、韓三家都有，《白虎通》主要是歸入《韓詩》和《魯詩》。桓寬《鹽鐵論》，像魏源、王應麟都算在三家，不再歸屬，其他的學者或者歸《魯詩》，或者是《齊詩》。這邊我只是指出一些簡單的例子，就可以知道，原來清代學者所輯佚西漢三家《詩》的方式，特別是他們分別家數的方式，都可以看出來這裡面存在非常多的爭議。可是不管他們所輯佚的內容，或者是分別家數的方法，對或不對，我覺得他們都透露了一個非常重要的訊息，也就是清朝的學者，他們對於西漢三家《詩》是非常渴求的，也就是說，就《詩經》學來說，或者是就《詩經》學史這樣的學術市場來說，他們對西漢三家《詩》，其實是有很大的需求度，所以才會做這些事。不管他們做的方法是對或者是不對，好或者不好，在在都透露出這個現象背後的意義。而以西漢三家《詩》的輯佚方法為起點，我想要引出一個跟我們今天主題密切相關的，就是清代以前的《詩經》學研究，亦即明代的三家《詩》學。

　　一般來說，我們講到三家《詩》學，除了漢代以外，直接跳到的就是清代，頂多中間提一下南宋王應麟的《詩考》，大部分的研究者都會像我剛剛所講的，直接討論清代三家《詩》的輯佚成果。很少人會談明代的三家《詩》學，我當時曾經有一篇文章專門談這個問題。在此我要特別謝謝楊晉龍學長，因為他的博士論文專門研究明代的

《詩經》學,給了我非常多的啟發和資料的提供。但這個明代的三家《詩》學,在此之前其實很少人談到這個問題,我必須講,在研究了清代的三家《詩》學之後,不得不上溯到明代,也就是必須認真思考,明人是否真的對於三家《詩》毫無所成?其實不然,我反而覺得明代的三家《詩》學為日後清代蓬勃的三家《詩》輯佚奠下了非常重要的基礎。

　　首先是明代特別重視漢人《詩》說以及漢代經學傳授的系譜。其次是明代的學者開始大量輯佚和《詩經》相關的緯書,其中常保存了很多難能可貴的資料,特別是跟《毛傳》不一樣的資料。再來就是明代學者開始特別重視用《詩經》的佚文來考據疑難,我想這一點應該也是受到了南宋王應麟《詩考》的啟發,因為王應麟《詩考》已經提供了很多《毛詩》以外的異文。我想明代的學者是接著這個基礎,再繼續往上做。再來,最重要的是偽造三家《詩》相關的著作,我覺得這一點特別重要。因為我相信所有的仿冒品,或者是所謂的海盜版、山寨版,其實都是因為有市場的需求,才會有人去做。其間的利益也許不止是商業利益,更重要的是在學術上也有它的影響力。因為學術的需求,所以導致這樣的作為。在明代有很強烈的復古風氣,不管是在文學、經學等學術部分,或者是在當時各種各樣和文化相關的商品,比方說古董傢俱,或者是書法、字畫、瓷器之類,都掀起了濃厚的復古風潮。我們可以看到當時關於三家《詩》的偽作,最有名的是豐坊(1492-1563)的《魯詩世學》,而《子貢詩傳》、《申培詩說》這兩本書是從《魯詩世學》裡再輯佚出來的。《魯詩世學》的作者是豐坊,他自己能夠寫非常多種字體的書法,他的書法成就是相當高的。我看過他寫的小篆以及隸書,和各種不同字體的楷書,風格完全不同,很難判斷那些作品是同一個人寫的。豐坊也收集了很多的古物,這本《魯詩世學》的淵源十分有趣。他當時的說法是,他們豐家祖先

很早就保存了《魯詩》的內容,因為《魯詩》到了魏晉的時候,一直都還有石刻。這個碑石因為魏晉南北朝的戰亂,被堆入地底下,後來又發掘出來,發掘出來之後有拓本,這拓本藏在宋代秘書省裡面。當時他們豐家的祖先豐稷(1033-1108),和李清照(1084-1155)的先生趙明誠(1081-1129),都在秘書省裡工作,所以他們都看過這個拓本。豐稷根據這個拓本,為《魯詩》作了注,所以他們豐家世世代代不但保有《魯詩》的內容,而且也都為之作注,一直傳到豐坊這一代,他把豐家歷代所作的注文,公諸於世,稱之為《魯詩世學》。在這本《魯詩世學》中,又引了《子貢詩傳》、《申培詩說》這兩部書。根據林慶彰先生的考證,《子貢詩傳》和《申培詩說》應該是明人王文祿(1522-1566)從《魯詩世學》裡面重新輯出來,再加以偽造的。不過這兩書的原文,應該是根據《魯詩世學》來的。換言之,我們也可以說,這三本偽書其實都是豐坊一個人偽造出來的。事實上,豐坊所偽造的內容並不止是《詩經》的《魯詩》而已,他也偽造了《大學》古本,他偽造的東西還不算少,他這個人本事挺大的。而且最重要的是,他偽造的這些書,騙過當時很多的大學者。當然,當時也有不少的學者對他的書提出質疑,也有相當多的考證,但是真的也有人一直深信不疑。無論如何,他的書在當時引起了學術界很多的重視,特別是關注《詩經》的學者,都對他的書有很大的興趣。我認為這是一個很值得注意的學術現象。這書當然是假的,可是它呈現了非常重要的一個現象,就是在明代後期的《詩經》學界對於三家《詩》的渴求,這個渴求一直延續到了清代。

我剛剛講清代三家《詩》學是相當蓬勃的。大家可以看到這邊列出的,第一部專著是范家相的《三家詩拾遺》,其次是阮元《三家詩補遺》,沒有寫完,但這也是一本專著,而臧庸(1767-1811)和宋綿初關於《詩經》的輯佚,主要是針對《韓詩》,並沒有擴及到《齊詩》和

《魯詩》。再來最有名的就是陳壽祺（1771-1834）、陳喬樅父子的《三家詩遺說攷》，然後馮登府《三家詩異文疏證》以及《三家詩遺說》，最後一般覺得最有名的應該是王先謙（1842-1918）的《詩三家義集疏》。這些學者都是清代的三家《詩》學大家，我只是簡單列出來一些，並不完整，例如我連魏源的《詩古微》也沒有列上去，因為他這本書的目的並不在於輯佚三家《詩》。可是單從我列出的這些專著，大家就可以看出來，清代學者的三家《詩》的輯佚，是前後相繼，一直不斷累積的，不然，難道這些是憑空而生的嗎？難道從南宋的王應麟《詩考》，就可以直接跳到清代范家相的《三家詩拾遺》嗎？當然不是，所以我必須說，中間的明代三家《詩》學，特別是豐坊的偽造，或者說整個明代的《詩經》學發展，都為清代三家《詩》輯佚的蓬勃現象，提供了相當重要的基石。因此我認為談清代的三家《詩》學，一定要留意上溯明代重視三家《詩》的現象。

接下來，我們再討論三家《詩》學在學術史上的意義是什麼。首先是明代的三家《詩》學，我們可以從這個地方來探討整個清代今文經學的興起。向來我們在探討清代今文經學的興起時，通常都會從《公羊》學的角度，來談武進莊家的學術。可是如果從《詩經》學的角度，也就是從三家《詩》學的角度來看，清代今文經學的興起，就會得到一些不一樣的結論。再來就是明代學術對於清代學術的意義，特別是它的復古、輯佚、辨偽和考證，我的主張就是，研究清學的時候，不得不留意上溯明代的學術演變。

再來就是〈小序〉的定位和《詩經》學詮釋角度的問題。特別是民國以來，把《詩經》當作文學作品的讀法，這類的學者會覺得〈小序〉講的常和詩作內容有很大的距離，可是我覺得魏源《詩古微》提到一個很好的角度可以參考。他認為三家《詩》在談詩的時候，像《列女傳》及《韓詩》，他們常常講的是詩的本義，而《毛詩》則是從采詩

者和編詩者的角度去談詩,也就是說,他們思考的是,這首詩可以引發什麼樣的道德教育或政治興發的角度來談。不過,我想魏源主張三家《詩》講的是作者的本義,這個說法雖然未必正確,但是他提醒我們要留意作詩者、采詩者,乃至讀詩者的不同角度,這是相當重要的分別。換言之,〈小序〉主要是從采詩者或編詩者的角度來談《詩》,從這樣的角度來看〈小序〉,也許我們可以得到比較不一樣的理解。

接下來我要談到《詩經》本身的讀法。因為我一直在教《詩經》,《詩經》的文字本身有很多訓詁的問題。我們一般都會用到朱子的《詩集傳》,或者是《毛傳》、《鄭箋》,再加上三家《詩》,當然最重要還有一些佚文。把三家《詩》和毛、鄭對比,以及這些年來很多的出土文獻,如安大簡、清華簡、上博簡,或阜陽簡的對照,都可以讓我們對於《詩經》的字義,有更多的理解。

再來就是關於名物的問題。讀《詩經》可以多識草木鳥獸蟲魚這些名稱。我原本以前真的是四體不勤,五穀不分。自從開始讀《詩經》以後,才開始注意這些東西。可是剛開始找的資料,就找陸璣、陸佃(1042-1102)、蔡卞(1048-1117)、羅願(1136-1184),乃至黃春魁的資料,這些資料對於裡面的草木鳥獸蟲魚,都只有文字上的解釋。儘管這些文字上的解釋,也有不小的幫助,但是如果可以有圖的話,就更好了。由於我一直在錄製《詩經》的教學影片,所以很需要提供大量的圖說,告訴學生這個植物長什麼樣子,特別是蟲魚鳥獸是什麼模樣。所以我多年前就開始四處去找這些圖,例如宋代的《三禮圖集註》可以告訴我們很多衣冠的樣式,雖然這本書也有很多的爭議,不過這書有圖還是比沒圖好,我們總是可以對比,或是想像原來的樣子。焦循(1763-1820)的《群經宮室圖》,也可以讓我們對古代的空間建築有比較明確的概念。而清代徐鼎的《毛詩名物圖說》,則是提供了鳥獸蟲魚的明確圖案。

這邊要特別要講就是日本淵在寬和岡元鳳（1737-1787）兩位學者，他們的草木鳥獸蟲魚圖畫得更加細緻，特別是日本岡元鳳的《毛詩品物圖考》。岡元鳳是一個很有名的儒醫，他自己懂中醫，所以研究很多《本草綱目》裡面的一些草木鳥獸，特別是草木和蟲魚。他當時請了一位畫師橘國雄來畫那些昆蟲草木的樣貌，這本書在日本相當風行，而且還傳回了中國。從光緒年間到民國，一直有很多翻印的石刻本，在今天的臺北故宮，還藏了一本《毛詩品物圖考》，作者也寫的是岡元鳳，可是我們和日本岡元鳳的版本一對照，就可以發現故宮本其實並不是岡元鳳的原版。因為岡元鳳的這本書其實是沒有彩色的，可是故宮的這一本是彩色的；而且這兩本書有些構圖也不太一樣。這是一個非常有意思的現象，因為明明作者不是岡元鳳，但是還掛了岡元鳳的名，可見這應該就是岡元鳳這本書的高級山寨海盜版，也就是他的仿冒本。請大家看一下這兩本書的圖片對照，我推測應該是因為岡元鳳的書賣得很好，所以出版社冒用了岡元鳳的名字，不但用了他的書名，書中的文字也完全一樣，只是加上了色彩，不過，部分構圖不一樣，甚至同一種蟲名，但畫的蟲子卻不同，大體說來，畫得比原

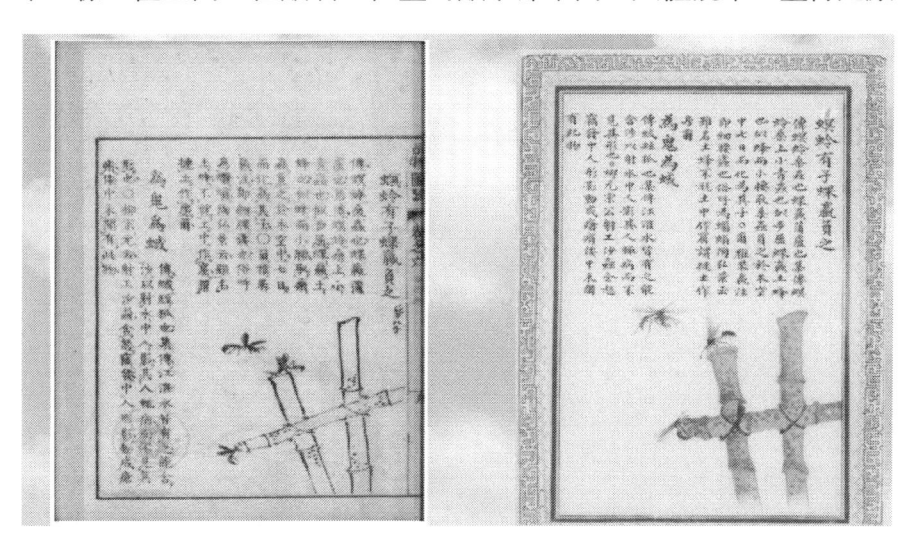

書更加精美。臺北故宮最近要展覽古畫中的昆蟲，當然《詩經》中的草蟲的是一大重點，所以也會展出這本書，大家有機會可以去看。此外，關於植物的圖片，我們一般常用的是潘富俊的《詩經植物圖鑑》，因為潘教授是植物學專家，所以這本書很值得參考。接下來請大家看一下圖，其實是蠻有趣的，左邊是岡元鳳的原圖，右邊是故宮收藏本，一看就知道不是同一人畫的，故宮本畫得非常精細，其實岡元鳳的原圖也畫得很好。這兩張圖畫的是〈小雅‧小宛〉講的「螟蛉有子，蜾蠃負之」。

原來《詩經》的說法是，蜾蠃會把螟蛉的小孩帶到自己的巢裡養大，把螟蛉當作自己的孩子，所以後世以螟蛉作為養子的意思。其實真相是，蜾蠃去偷螟蛉的孩子，它先用自己的尾針，插入螟蛉小孩的身體，就像是給它一點麻醉藥，有點毒，然後再把這個昏迷的小螟蛉，帶回自己的巢，給他自己的孩子吃；也就是說，蜾蠃把已經麻醉的小螟蛉當作孩子的食物，靠這個把自己的孩子養大。這兩張圖畫的就是蜾蠃把針刺入小螟蛉，帶著小螟蛉飛的樣子。

我們還可以看到另一張圖，這張圖是「四月秀葽，五月鳴蜩，如

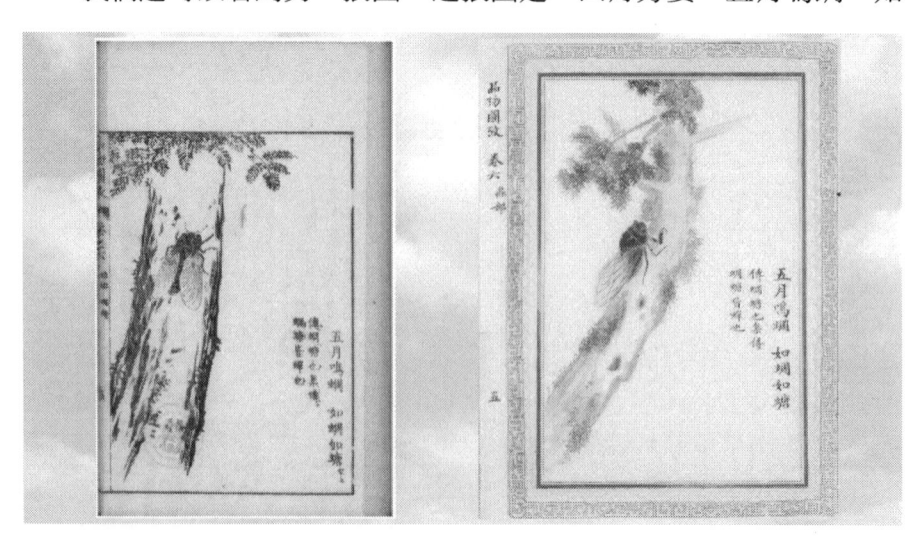

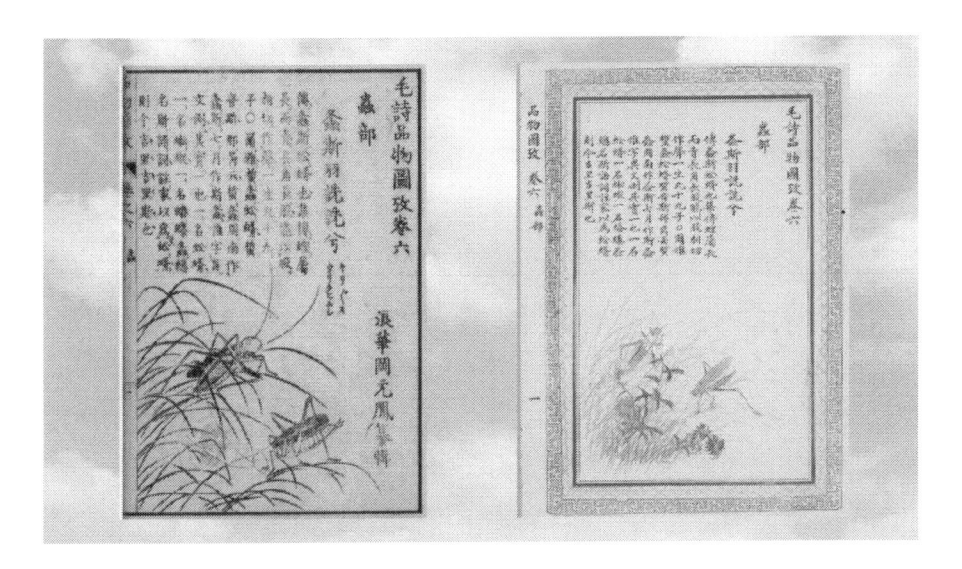

蜩如螗」。大家可以看到左邊岡元鳳的圖畫得已經很精細，而右邊的故宮本連翅膀都是透明的，上了色之後，骨節也都畫得很細膩。再看下一張圖，這是「螽斯羽，詵詵兮」，可是兩邊畫得不太一樣，兩相對照是很有趣的事。

最後要講到《詩經》的詮釋方向，其實一直有文學、經學、史學、神話、民俗學，以及域外研究等等各種不同的角度。《詩經》是一部非常豐富的著作，可以提供我們許多不同方向的研讀角度，每個人可依各自的興趣研究，應該都可以深入探訪非常豐富的相關資料。以上是我個人的淺見，謝謝大家的聆聽。

張文朝：

謝謝賀老師，接下來我們請車老師來發言。

車行健：

主持人、各位來賓，下午好！我先談一下今天這個座談會的重點和研究的目的。根據主辦單位提供的〈經學的研究方法計劃書〉，其

中提及座談會的重點有三：一、清代以前的傳統研究方法，二、民國以來參考西方的研究方法，三、有別以往，自己的新方法。並期望達成以下的目的：一、有系統地整理出臺灣學者的經學研究方法，二、以此經學研究方法分享學界，三、運用此經學研究方法，研究符合當代社會需求的議題。前面幾位專家皆各就他們的研究經驗和擅長的研究方法，做了許多精彩的報告。但是究竟能否達成主辦單位預期的目的，還要看之後的持續研究與發展，現在難以判斷。但是無論如何，在疫情期間舉辦這一系列的座談會，還是達到了促進學術交流與溝通的效果，非常感謝主辦單位的努力與付出。

其實類似的活動與討論在此之前就已有之，如林慶彰教授曾於一九九二年發表過〈詩經學史研究的回顧與前瞻〉[1]，文中回顧政府遷臺後的四十年來，以臺灣為主體的《詩經》研究的概況。到了二〇〇一年，楊晉龍先生又有一篇〈臺灣近五十年（1949-1998）詩經學研究初稿〉在文哲所發表，這篇文章之後收到林慶彰教授主編的《五十年來的經學研究：1950-2000》[2]，改題為〈詩經學研究概述〉。這篇研究概述的內容非常繁富，楊先生作了大量的資料文獻的收集與評述，有極大的參考價值。我們現在講的很多研究方法、研究成果，在楊先生這篇文章裡面大都可以看得到，有興趣的話可以找來看看。大約在十幾年前，我曾經隨著文哲所經學文獻組所組織的學術交流團體去德國的慕尼黑大學參加研討會，當時順道到海德堡大學漢學系去參訪，並且也參與了一個小型的討論會。我在會中發表了一篇跟張政偉教授合寫的〈臺灣近十年《詩經》研究成果概述〉，當然比較簡略，「近十

---

[1] 此文收入鍾彩鈞主編：《中央研究院中國文哲研究的回顧與展望論文集》（臺北市：中央研究院中國文哲研究所，1992年）。

[2] 林慶彰主編：《五十年來的經學研究：1950-2000》（臺北市：臺灣學生書局，2003年）。

年」就是指二〇〇〇年到二〇一〇年左右。再來就是前兩年同樣也是由經學文獻組舉辦的「二十一世紀五經研究」座談會（2020年12月7、8日，《詩經》場在12月7日）。談論的內容跟今年舉行的系列座談會蠻像的，就是《五經》之外，再多加上《四書》和經學史。

接下來正式進入到我的正題。我所講的重點是「《詩經》研究取徑之檢視」。這裡所謂的「取徑」只是意指著某些已成形的研究方向、風潮或熱點，並非嚴格意義的研究方法論。而這些「取徑」的介紹，也無可避免地受限於我本人的學養與興趣，並非絕對的。以下依序討論。

第一個我稱之為「新興的東亞漢學研究取徑」，所謂「新興」，主要指的就是現階段學界正在關注的研究風潮，而此風潮又正處於方興未艾之勢，有極大的發展空間。「東亞漢學」主要指的日本、韓國與越南這些地區的漢學。在二〇〇九年的時候，張寶三教授就曾經出版過一本《東亞詩經學論集》[3]。二〇二一年，張文朝教授在文哲所也組織過「中日詩經學之比較研究」的工作坊，後來將研究成果結集成書。[4]邱惠芬教授近年來亦投入朝鮮《詩經》學的研究，發表有〈毛奇齡《詩經》學域外傳播研究的反思——以朝鮮正祖《詩經講義》為例〉、〈朝鮮正祖大王賓興選才之經義問對研究——以《詩經》為例〉[5]。東亞《詩經》學，我覺得是正在勢頭上面，而且學界也對這方面的議題比較有興趣。

第二個我稱之為「不溫不火的國際漢學研究取徑（包含翻譯）」。臺灣向來重視國際化，但是幾十年來，臺灣《詩經》學界研究國際漢

3　張寶三：《東亞詩經學論集》（臺北：臺大出版中心，2009年）。

4　張文朝主編：《中日詩經學之比較研究》（臺北市：中研院文哲所，2021年）。

5　〈毛奇齡《詩經》學域外傳播研究的反思——以朝鮮正祖《詩經講義》為例〉，《臺灣東亞文明學刊》第14卷第2期（2017年12月）；〈朝鮮正祖大王賓興選才之經義問對研究——以《詩經》為例〉，《成大中文學報》第77期（2022年6月）。

學的，其實並沒有那麼紅火，與國際化趨勢的節拍並不一致。當然前面講的東亞漢學，廣泛來講都可以算是國際漢學，或是域外漢學。現在把它分出來，實因東亞漢學還是有其特殊性，而且也不是以英文為主，其基本典籍多為漢文文本，將其與國際漢學區分出來，還是有其客觀存在的理據。臺灣《詩經》學界幾十年來在國際漢學領域最大的成果，大概就是董同龢（1911-1963）教授翻譯的《高本漢詩經注釋》。[6]這本書一直受到高度的關注，東海大學呂珍玉教授在一九九七年即以此書完成了她的博士論文《高本漢詩經注釋研究》，[7]香港嶺南大學的李雄溪教授更早在一九九五年即以《高本漢雅頌注釋斠正》獲得香港大學的博士學位。[8]

比較可喜的是，近幾年有些年輕的學者，也在從事國際漢學取徑的《詩經》研究。如臺灣師大國文系的陳韋縉博士，他在林慶彰教授的指導下，完成《理雅各與詩經英譯》的博士論文（2021年）。他所研究的不只是理雅各（James Legge，1815-1897）的《詩經》英譯，還包括韋利（Arthur Waley，1889-1966）的譯本。我在政大也遇到一位泰國留學生劉小慧，是第二代的華僑。她的博士論文就準備研究《詩經》的泰文翻譯。據她所述，《詩經》泰文的翻譯至今並沒有全本，只有部分的翻譯。如果她順利完成博士論文的研究，很可能將是全天下第一本專門以《詩經》泰文翻譯為主題的研究。[9]由此可知，

---

6 董同龢：《高本漢詩經注釋》（臺北市：中華叢書編審委員會，1960年；上海：中西書局，2012年）。

7 呂珍玉：《高本漢詩經注釋研究》（臺中市：東海大學中文系博士論文，1997年，龍宇純教授指導）。

8 單周堯教授指導，此論文後由臺北文史哲出版社於1996年出版。

9 案：劉小慧在侯雅文和謝玉冰教授的指導下，已於2024年3月以《泰國華人學者的詩經泰譯與詮釋：以黃榮光的譯注為討論重點》的論文，獲得國立政治大學中文系的博士學位。

國際漢學範圍是很廣的，在歐西語系之外，還有廣大的空間。我們現在不是在強調所謂的「新南向」嗎？雖說好像很重視東南亞，但實際上關注較多的還是越南。其實包括泰國在內的其他東南亞國家的漢學也是值得關注的。總體來說，國際漢學取徑的《詩經》研究，在臺灣學界的表現只能說是不溫也不火，看似一直有在關注，但也從來沒那麼紅火過。

　　第三個就是「熱門的出土文獻研究取徑」，剛才前面三位教授都有提到出土文獻，甚至對是不是顯學也提出質疑，我這邊用「熱門」一詞，沒有說是顯學。「熱門」意味很多人在研究，因為出土的東西剛出來，火燙火燙的，學界的關注度就會多很多。我例舉出的學者都是有寫過一些文章或者出過專書的，但實際上遠不止這些人，如葉國良教授、季旭昇教授、張寶三教授、顏世鉉教授，還有文哲所的范麗梅教授，做的人非常非常之多，名單一大串，大都以上博簡、清華簡，或安大簡為主。但我認為出土文獻應該也包含中世紀的敦煌吐魯番文獻，就像剛才黃忠慎教授所提到的，在他唸書的年代，那就是顯學。在我們這個圈子裡面，大家比較熟悉的主要就是潘重規（1908-2003）教授做的相關的研究。這個部分我就不多談了。

　　第四個我稱之為「自成天地的小學研究取徑」。所謂「自成天地」就是說他們研究的東西不一定會拿到《詩經》的學術圈來交流分享，因為他們也有諸如聲韻學會、訓詁學會、文字學會等小學領域的學術圈子。在那些圈子裡面，可以自成他們研究的一個論域，反倒是在一般的《詩經》學界裡面，專門討論《詩經》小學問題的，反而沒有很多。但是無論如何，小學在從前確是非常受到重視的，甚至被視做是學問的基礎。臺灣《詩經》小學領域的著名學人，如高明（1909-1992）、陳新雄（1935-2012）、洪國樑、李添富、張寶三、呂珍玉……，人數也不少，此處只是記憶所及，漏掉的很多。

第五個我稱之為「篤實的文獻研究取徑」，因為做這種工作蠻辛苦的，用力極多，但不見得可以有成正比的收穫成果。如包含編輯研究論著目錄或文獻索引，以及叢書的編輯等，林慶彰老師在這些方面做了大量的工作，造福學界不淺。又如資料庫的運用，主要就是利用電腦、網路和資料庫來進行文獻的檢索比對與數據的整理統計，這方面的研究，是楊晉龍教授所優而為之的，有非常多的成果供學界參考。還有像剛才賀廣如教授提到的輯佚，我把它分成「輯佚的實踐」與「對輯佚實踐進行反省研究」這兩類的研究。前者如陳鴻森教授的〈韓詩遺說補誼〉，後者則如葉國良教授〈詩三家說之輯佚與鑒別〉，以及賀廣如教授與香港中文大學張錦少教授對清代三家《詩》學輯佚成果的相關研究。又如辨偽學的研究，林慶彰老師的碩士論文跟博士論文都是研究這個方面的。

　　再來就是關於版本方面的研究，目前在臺灣的關注明顯減少許多，現在的主力幾乎都在中國大陸。我因為研究朱熹《詩集傳》的關係，曾對《詩集傳》的版本有所留意，大陸學人如朱杰人、付佳等，都曾對《詩集傳》的版本，如二十卷本、八卷本等，進行過深入的研究。再來就是大型經學叢書的研究，如黃智明〈論《通志堂經解》與《四庫》本《毛詩指說》之異同及其價值〉[10]、萬卷樓圖書公司的總編輯張晏瑞先生的博士論文《張壽林及其詩經文獻學研究》[11]，皆是屬於這類的研究。後者以張壽林在纂修《續修四庫全書》過程中所撰寫的大量《詩經》類提要為研究對象，與前者一樣，皆可以包括在廣義的四庫學的範疇中。

---

10 黃智明：〈論通志堂經解與四庫本毛詩指說之異同及其價值〉，《銘傳應用中文》第1輯（2021年5月）。

11 張晏瑞：《張壽林及其詩經文獻學研究》（臺北市立大學中文系博士論文，2021年，林慶彰、張曉生指導）。

第六類我稱之為「人多勢眾的《詩經》學史研究取徑」。事實上，我認為在臺灣《詩經》學界中，佔最大宗的，參與人數最多的，大概就在《詩經》學史這塊。但是人數多是不是就一定是所謂的「主流」，甚或「顯學」？似乎也不宜倉促認定，不妨改用中性的「人多勢眾的《詩經》學史研究取徑」。這裡面也可以分為第一、相關議題的研究，如黃忠慎教授做的《詩經》詮釋史研究，推出了多本宋代跟清代《詩經》學研究的專著。又如楊晉龍教授做的《詩經》傳播研究，以及成功大學侯美珍教授所做的《詩經》與科舉關係的研究，這些都是比較特別，可以值得關注的。第二、斷代的研究，如漢唐《詩經》學，有張寶三；宋代《詩經》學，有黃忠慎、姜龍翔；明代《詩經》學，有楊晉龍、侯美珍；清代《詩經》學做的人很多，如黃忠慎、賀廣如、邱惠芬、張政偉；民國《詩經》學，有林慶彰、楊晉龍、朱孟庭等人。這個取徑可以說是臺灣《詩經》研究中的最大宗。

　　第七類我稱之為「淡出臺灣《詩經》學界視野的文藝研究取徑」。從文學研究的角度（包含文學理論、文學批評）來研究《詩經》，在臺灣的《詩經》學界越來越少，這確是一個值得關注的現象。這裡面我將其分成「學院中的鑑賞派」，像王靜芝、裴普賢（1921-2017）、朱守亮。或者是「學院中的文學研究派」，意即將《詩經》當成文學來研究，因而就是屬於先秦文學的研究，或許李辰冬（1907-1983）教授可以視作代表。亦有從古典文論的角度來進行研究，像我的老師顏崑陽教授，或者是像鄭毓瑜院士，他們對《詩經》的研究已超脫傳統經學的樊籬，更多的是在中國詩學與中國文學批評史的脈絡中，來抉發《詩經》的深蘊及文學價值。還有就是比較文學界的研究，像王靖獻（筆名楊牧，1940-2020）的博士論文《鐘與鼓》，從中西史詩比較的角度來研究《詩經》。

　　還有就是文藝界的作為，他們非以研究為主，但也寫了不少著

作，或者是翻譯，或者評析之類的，像劉明儀（筆名璞月）的《詩經欣賞選例》，她是屬於文藝圈的。我也注意到裴普賢的《詩經欣賞與研究》也會去找琦君（1917-2006）來寫序。但琦君究竟跟《詩經》有什麼關係？我查了一下，琦君好像曾在文化大學教過《詩經》，她也應該主要是屬於文藝圈。甚至像蘇雪林（1897-1999）、李辰冬這些人，他們當時也都在那個圈子裡面，不完全屬於學院派。但是該當如何看待文藝圈的《詩經》「作為」甚或研究？持平來說，我覺得他們對《詩經》所做的推廣，或是將其文藝化、再創作，這方面的貢獻確是非常大的，不容輕忽。

　　第八類我稱之為「獨樹一幟的社會學、人類學與民俗學研究取徑」。這類牽涉神話、民俗的方向，也是很多人較有興趣的。這裡我也不多講，舉一些比較有名的，像法國漢學家葛蘭言（Marcel Granet, 1884-1940），或是聞一多（1899-1946），或者是日本學者白川靜（1910-2006），或者是葉舒憲，以及前一陣子去世的陳炳良（1935-2017）教授等人。他們都有這方面的專書或論文，取得極大的影響力。

　　最後，我稱之「兩極化境遇的《詩經》主體（或本體）研究取徑」，就是以《詩經》為本體來做研究的，或者也可以叫做「《詩經》復始的研究」，例如像《古史辨》第三冊下編所收的大部分文章，以及隸屬於古史辨派的何定生（1911-1970）教授，他們的研究可以稱之為「復始的研究」。何定生教授曾經說過：「今日研究《詩經》，若非從漢、宋、清學解放出來以復於春秋以前之古，而欲期其獲得真相，那是不可能的。」所以叫做「復古解放」，從什麼地方解放呢？從漢、宋、清學解放，在我看來，這種路數其實就是跟《詩經》學史對著幹的，就是因為《詩經》學史的研究，漢學、宋學、清學……，所以把《詩經》的真相給淹沒住了，現今當務之急就是要把它解放出來，才可以回到春秋以前之古，回到春秋那個時代原來的面貌，以此我稱之

為「《詩經》主體」的研究。這種研究取徑曾經非常受到重視，而大陸學界對這種以《詩經》為主體的研究還是比較多的。但是很奇怪，臺灣現在的學界似乎還是以經學式的研究比較多，因而就會有比較濃厚的《詩經》學史的味道，所以會去選諸如漢代、宋代或清代的題目來研究，而鮮少直接回到《詩經》，或是對《詩經》進行所謂的「確解或新解的研究」，像洪國樑老師所作的工作。洪老師的功力非常深厚，他往往可以去對《詩經》的本文直探本來的面貌，梳理很多歷來的說法。他的學生臺大的林宏佳教授，走的也是這個路數。這種以「確解或新解」來作為《詩經》為主體的研究，我覺得也是我們現在臺灣，以經學社群為主的《詩經》學界比較欠缺的。

因為時間有限，沒有辦法說那麼多，最後就做一個簡單的展望與結論。幾點展望如下：第一、回歸《詩經》本身的探討（即復始的研究），如《詩經》的形成、編定與文本的分析等。第二、回歸詩與文學的特質，像以詩言《詩》，探討其歌謠性質等。從詩史與文學史的面向去把握《詩經》學史。第三、對《詩經》產生與存在的歷史、社會、文化續做探掘，像白川靜從民俗學、社會學、人類學的研究。第四、楊晉龍教授所推動的傳播與傳承的研究，也可以繼續深化。

最後的結論也有兩點，第一點如下圖示：

《詩》三百 ⟶ 《詩經》 ⟶ 《詩經》學史
　　　　　⟵　　　　　⟵

從「《詩》三百」到「《詩經》」，再到「《詩經》學史」，顯示的是《詩經》從詩學到經學的過程。反之，則是從經學到詩學的過程。從「《詩經》學史」回歸「《詩經》」，即所謂復古的研究，或是強調經學儒學的研究，並沒有絕對的是非對錯，端看研究者關注的重心在哪

裡。我的結論是：如要強調《詩經》「詩」或「詩學」的特質，就當回歸詩歌的大海，對《詩經》進行詩學的研究。或者把握《詩經》「經」或「經學」的面向，把《詩經》納入到五經或群經一體的立場，去看彼此在儒家經典當中的相互關係，以及所生發出的作用，或是由此而闡釋出來的義理，這就是經學、儒學的研究。我的發言到這裡結束，謝謝大家。

張文朝：

謝謝車老師，接下來我們趕快來請簡老師發言。

簡良如：

各位老師、各位與會學者大家好。張文朝老師邀我來簡單分享一下讀《詩經》的方法。所以今天準備的內容，就不像前面幾位老師那樣將重點放在歸納既有研究上，而是就我自己對這個問題的看法，與大家交換意見。

先不論研讀對象是不是《詩經》，每本書對讀者來說，都是從沒有讀過的陌生狀態開始的，但是不管它們的類型或主題有多麼不同，我們每個人都累積了相當的閱讀經驗，讀完了好幾本書。為什麼我們有自信去面對這些不同的書？又或者是說，為什麼每本書不一樣，可是我們都能夠讀？很明顯，因為書作為「書」，有它共同的本質或要件，而有某些閱讀方法直接對應這一部分，所以才能克服書籍差異，適用在每本書上。就此來說，這種閱讀法當然是最基本、也是最重要的閱讀法。但是，什麼是言說、文獻能夠成為「書」的關鍵呢？當我們這樣發問，就可以發現，一般我們以為基本的那些閱讀起手式，往往不是真正對應書籍本質的最重要方法。比如：人們慣性依賴的作者與寫作背景等周邊資訊，或是對字詞、名物、事義或風俗、制度等書

中內容的考釋知識。前者其實只能算是書的外圍，不是書的內在構成要件，書並不會因為我們對作者或其寫作背景一無所知而不完整。而具備對字詞等內容材料的知識，雖然可能是整個閱讀工作的起步，卻也不是絕對不可略過的一步。就像學習語言、閱讀外文書籍時專家教授的秘訣一樣：縱然有不認識的生字，由上下文也能界定出字彙具體的語感與語義，所以我們應該訓練自己不被眼前生字阻擋，繼續向前閱讀，這樣反而學得更快。它的原理就像砌牆蓋屋，工事固然始於一塊石磚，但房屋整體結構才真正決定用什麼磚、怎麼用這些磚；如果沒有整體結構，石磚永遠只是石磚，不會變成房屋。因此，與其執著眼前這些局部部件，不如先明白它背後如何被設想。對書來說也一樣，連結所有材料、構成元素的思路，才使它們成為一部作品，才使文獻、言說成為書──這就是「文本」，也就是我們閱讀時最先需要捕捉的整體理路。

　　《詩經》的優勢在她是「詩」──就像詩中的韻律、短句與日常語言有莫大差距那樣，沒有一項詩詠元素可以不經構思而自然而然，她是有意鍛造的語言，且是最精微、密度含量最大的一種，其組構所有材料、形式於一體的思維強度較其他文體更甚。不同文明在反思藝術創造與人類思維時，都必先推源詩學。這一特性，讓精讀《詩經》「文本」更顯正當。這裡便舉一首《詩經》最簡單的作品為例，讓大家體會一下《詩經》字面材料和背後思維的配比強度，以及它對詮釋判斷的影響。這首詩是〈周南‧芣苢〉：

　　　采采芣苢，薄言采之。采采芣苢，薄言有之。
　　　采采芣苢，薄言掇之。采采芣苢，薄言捋之。
　　　采采芣苢，薄言袺之。采采芣苢，薄言襭之。

過去對這首詩有多種解釋，有的認為是歌頌勞作，有的認為是求子、求才，也有「傷夫有惡疾」之說。這些說法都有詩文根據，比如：因為採集，所以事關勞動；又因為採集歸根究柢是為了求得收穫，所以衍生出求子、求才之說；而採集標的——芣苢，因可以單純作為蔬菜食用，也可以藥用，而藥用又有多種功能，助孕為其一，因此也讓詮釋者依據看重的功能不同，主張不同的目的；加上芣苢的氣味、從事勞作的可能階層與性別等延伸出的各種參照因素，詮釋者得以臆測詩人所處情境與身家背景。這些見解因為都可以在詩文中找到對應點，跟我們希望的文本閱讀方法不謀而合，不過，兩者還是有很大的區別。歸納來說，上述解讀所視為根據的，只是詩文中的某一物、某一現象，以此為立足點，解釋其他詩中內容。因是從局部觀整體，隨著據點不同，說法自然就不同，每一種說法都無從證明其他說法錯誤。這甚至不是單靠考釋詩中最主要意象「芣苢」可以解決的，在缺乏整體觀照的情況下，對它的知識愈多，這首詩愈無所定。我們需要找出貫穿全詩的總體架構，簡約且有效地統整全詩。

那麼，這首詩的總體架構在哪裡？我們分形式、內容兩方面來說。首先是整首詩的形式：不難發現，這首詩最特別的地方就是極其簡單，整首詩不只是三章整齊的重章疊唱，每一章內部更前後重複了一次。換句話說，詩人僅僅「采采芣苢，薄言○之」同一句話講了六遍，「一言以蔽之」地一句話便完成了作品。我們不妨想像，這種寫法怎麼可能成詩？不只是太過簡易、缺乏創造，更重要的是：一旦全詩都由重複構成，它唯一體現的質地，也就是機械性而已。而機械性意味什麼？機械性剛好就是造成詩意巨大破壞的致命性質，它的強制規律壓抑了本該自由自為的意志情感，單調枯燥而缺乏內在。《詩經》其他作品再簡單也不至於呆板至此。是以，當詩人反常地只複誦固定話語，他的重複明顯是有意的，明知嚴重破壞詩意也寧可如此。

這表明：機械性本身就是詩人要說的話，單調重複也是詩人的語言，它貫穿全詩，將所有意象、敘述納進其中，這是這首詩的總體形式。那麼，詩人想要表達什麼？哪一種詩旨解釋才與機械表現形式相配？顯然，求子、傷夫有惡疾等關乎期望或情感主題，因事涉內在心理而與機械形式不協應，而有關身體活動的勞作主題則隔閡較少。不過，若因為這樣就將詩咏主題定為勞作，又似乎不夠準確，因為詩人模擬出的機械程度與反內在性，較勞作更高。再就概括全詩的總體內容來看，各句中更替的關鍵字眼──「采」、「有」、「掇」、「捋」、「袺」、「襭」──是本詩內容重點所在，循序交代了從採集到收穫這一整體歷程。這一歷程和形式上的機械性略相呼應，詩人跳過了勞動時可能存在的心理波動與肉體疲憊，代之以不見絲毫艱辛、便水到渠成獲享豐盛收穫的過程。

這意味什麼？簡單說，這首詩真正的主題是「求－得」之道──詩人僅描述求取（採集）與得獲這兩端，對於採集者及其勞動處境，乃至於採集目標芣苢有什麼特性、為什麼採集，都沒有著墨。而透過重複形式與關鍵字的迭代積累，詩人闡述了他的「求－得」觀：求取應是簡易、平常如機械般之作為，收穫則在持續的求取付出中自然積累，自然實現。超出如此的，無論是人自己的欲望，或物的難得，都越過了求、得的本來關係。可注意的是，詩旨經過上述調整，也讓祈求子嗣、求夫君生命或婚姻之延續等其他解釋，得因同樣牽涉「求－得」，應用同一道理。這不僅讓我們看到「求－得」之道作為詩旨的準確性，也讓過去只止於人事現象的各種解釋意見，得以深入現象內裡，有所思索。〈芣苢〉雖然形制極簡，卻善用詩中所有可能表意的材料，使訴說內容達到如此充實狀態，從上述的說明可以約略見證。

〈芣苢〉的例子，讓我們看到在單一作品上《詩經》的構思與思維強度，這是使用詩語言可預見的事實。而如果連最簡單的作品都達

到這樣的境地,其他詩篇、乃至貫穿《詩經》全書的構思情況,也自然可以期待。不過,要找出更大範圍的文本脈絡,確認編纂思維究竟深淺厚薄,需要對《詩經》進行完整鳥瞰。就像我們分析典籍思想,必須把它的用字、概念、價值取向、推論模式、在同一主題底下分衍出來的各種子題與對應樣態等,全面對比,才能指出思維主軸、思維的推進與發散,以及各種論點的輕重分佈般,要尋繹《詩經》的思想輪廓,也必須經過這樣綿密、完整的對照工夫。而和一般思想論著多止於概念演繹不同,詩因為使用的是意象及具體的人事材料,動用的是感受與志意,所以光只是對比字詞等概念載體並不足夠,還需要如張網般進一步網羅各種具象情境、關係、範疇、視角類型等所有方面,才能把握住《詩經》對某物、某事的整體看法。譬如抒寫人與人的某類情感,不同作品中的景象或情境是否相近?經常伴隨哪些草木事物與際遇?又多在什麼樣的人事關係中出現?這些觀察影響到我們是否能正確認識《詩經》對人事際遇的內在判斷,以及對情感合理維度的想法。又例如提到某一倫理價值時,詩人以家庭角度切入,還是站在社群立場?若是家庭,他所在意的是溫馨幸福富裕,家庭成員間的上下關係,還是家中強健者對柔弱者的德行?而若聚焦社群等公共關係,他的視角是居上、居下、平視,抑或浮動在相對的上下差等之間⋯⋯?釐清不同人倫範疇與主體角度,才能將這一倫理價值所關聯之意義如實標誌出來。就像「孝」,《詩經》雖然不乏〈邶風・凱風〉這類子女對父母的情感顧念,也有〈周南・汝墳〉、〈小雅・四牡〉等諸多感嘆王事靡盬、無法事養父母的作品,但若不經上述考察,我們無以發現《詩經》的「孝」僅僅用在公孫、王孫等上位階層,指向了另外的對象與用心。又譬如詩詠所使用的意象,是具有生命的草木鳥獸?還是山、谷、水、野、風、園、城、門等無生之物?若是草木鳥獸,它是動物或植物、有意志自主可能或沒有?有沒有慣用情境或被

重複提及的特點？又有哪些背離常態的變異形態？若是無生命之地景，它出於自然，抑或人為？而由於山川丘壑總是相連，詩中提到的地景不可能獨自孤立，所考慮的面向因而不只包括該地形自身特性、常見用法，更需要探察與其相連、相對的其他領域。就像谷，其實是因為先有山巒環聚，而江河流蕩，詩人則每每將它與不動、可供止歇的洲渚同列；而相對於天地自然，園是自然的模擬，城是人間，門則洞開在自然與人間之間；至於風，別於其他各有領域、各有其質的地景，它打破隔閡，形隱穿梭於一切，風因此什麼都不是，又什麼都沾染⋯⋯。這些未必出現在一詩之中，卻因現實中無法切割的另外景物，在詩人經驗意識中存在，它們是否共同發揮作用，必須仔細判讀。類似這樣從一考察點推擴至其他方面的比對工作，需要對全書不厭其煩地反覆比對，才能抓出所有必要面向，讓意象背後的整體觀法得以浮現。這雖非考據訓詁工作，但一樣有許多工夫要做。只有透過仔細推敲文本，我們才能確定《詩經》到底經不經受得起精細的閱讀。如果經過嚴密比較後，發現她思緒混亂，內容重複貧乏，當然不值得再細讀、再奉之為經典。但如果在全面比對之後，發現詩有更多內容超乎原先預想之外，付出這些工夫就非常有意義。

最後，我想指出兩個《詩經》獨有、但後人少有關注的形式特點。以此為例，說明通過文本觀察和文本閱讀，確實可望揭開《詩經》至今尚未展示出的重要面向，深遠影響《詩經》釋讀結果。這兩項設計都見於〈風〉、〈小雅〉，屬於《詩經》基本詩詠形式，佔《詩經》相當比重，可以反映《詩經》編作者主要的詩學觀及編纂思路。

第一個想指出的是「重章疊唱」的三章結構。《詩經》將重章疊唱置入〈風〉、〈小雅〉，本身就是一個特殊的設想。它就像前面〈芣苢〉例子所提到的單調、機械問題，這個形式確實嫌於呆板，後世雖然以保留民歌、原始思維元素，或複唱具有蓄積情感強度等理由，為

這個做法做出解釋，但仍不足以解釋周文既已能肇建禮樂，卻為何不利用智術能力優化詩作形式。特別是使用範圍正是《詩經》集中吟咏人事情感主題的〈風〉、〈小雅〉，詩人何以認為呆板的重章疊唱適足以表述感性內容，實在需要深究。重章疊唱背後的詩學觀，因此有很多值得深入討論之處。這裡我只想就它最基本的三章構造來談。《詩經》重章疊唱作品不一定只有三章，不過三章是它的基本原型，數量因此也最多。而我的疑問在：詩人為什麼選擇三章？為什麼以三章為本？這個看似憑空發想的問題，當我們認識到詩如何與人類思維模式產生碰撞，並塑造思維的時候，或許就能察覺它的重要性了。限於時間，這裡僅簡單點出它的意義。我們不妨先回頭觀察一般知性思維的進行方式，例如學術論文的論述思路，思維是以單線方式向前推進的：收集眾多材料做分析，是為了收束歸納出一個繼續往前推論演繹的路徑；判斷前因後果、本末輕重，也都是為了將這條思維路徑清理出來；即便形構了龐大的理論與實證體系，作為體系，它仍有其主軸，一切仍受統攝和概括。這是人們最熟悉，也視以為當然、正確的思路模式，一個人如果思緒多歧，不免常被視為思想紊亂、不足取。然而，人類思維模式其實不只這一種，在許多蠻荒部落或人文制作中都可以找到突破單線思維的其他模式。比如人類學在原始思維中，考察到的利用相對張力所形成的神話思維結構；《易傳》對陰陽、剛柔等所有二元元素的靈活運用；乃至於如《文心雕龍》所探討的「麗辭」，要求運思必以雙對、不孤立的方式雙線並進，也涵蓋了詩文創作中非常重視的對仗思路。不過，可以注意到的是，即使這些突破單線思考的思路多麼複雜、精妙，基本上都屬二元，都以二元對設方式超越單線壟斷，二元模式幾乎已成思維頂峰。其餘多於二元之模式，如辯證法所謂之「正-反-合」或「你-我-他」三位格，因實際上依舊是二元和單線思維的交替融合，或各部位間只以相對關係做出區

分、不標誌實質,鮮有真正超出二元者。但,重章疊唱卻是比對仗更多一項並列部位的三章,以三元模式開展思路。就像〈芣苢〉雖重複同一句式六次,卻仍然固守兩兩一組而僅有三章一樣,重章疊唱通過各章對等並列之體式,實踐三線並進之思考,且於眾多詩詠中屢屢應用,實是非常特殊、難得的思維操作。其特性與意義,以及帶給作品解讀的影響,值得省察。

另一個我想指出的特殊設計,則是草木名物在〈風〉、〈小雅〉作品中的角色。相較於後世詩歌追求情與景、物交融,《詩經》則將名物意象和所歌詠人事明顯切分為兩個區塊。舉一個典型的例子,如〈周南・樛木〉:

南有樛木,葛藟纍之。樂只君子,福履綏之。
南有樛木,葛藟荒之。樂只君子,福履將之。
南有樛木,葛藟縈之。樂只君子,福履成之。

名物意象幾乎沒有例外地都安排在每章前半,後半才帶入人事內容,以至於整首詩幾乎可以一刀切地分成兩半。對應這種寫法,包括權威的經解意見在內,多數讀者怎麼閱讀她呢?明顯地,我們多半是顛倒意象和人事的先後次序、反過來讀的:先考察後半部分的人事說些什麼,然後反過來想前半為什麼選擇這些意象,是因為兩者之間存在比擬關係,還是像當代學者所主張:人事與意象間沒有邏輯關係,只是任意的感性聯想……。原因可以理解,因無論是將《詩經》排入草木意象的目的看作是政治諷喻或表象抒情,它們歸根結底都被視作是修辭,但詩詠真正重點應在人事,當然該以人事為本。我們甚至都有這樣的經驗:受限於草木名物知識,無法確定意象意思,乾脆跳過意象,直接讀每章後半的人事;這樣做不僅對整體閱讀結果似乎影響不

大,沒有減損我們對詩內容的理解,反而還更覺簡明。就像讀〈關雎〉,即使剔除所有關於雎鳩、荇菜的詩句,剩下的詩文也已經交代完君子淑女的愛情,人們可以不依靠詩文每章前半內容,便能理解後半人事,把握詩旨。這和後世情、景交融之詩,如「明月照高樓,流光正徘徊」(曹植〔192-232〕〈七哀詩〉)、「晚涼看洗馬,森木亂鳴蟬」(杜甫〔712-770〕〈與任城許主簿游南池〉),詩中之物和詩人詠歎內容無法切割,因此沒有可能無視,情況完全不同。如果這種寫法只是偶一為之,那麼跳過名物,先讀人事,再回過頭來推想意象寓意的做法,也許還可跟先前提到讀外文書籍略過少數生字,利用上下文來理解這一方法相提並論;但是,這種寫法在《詩經》裡卻不是特殊的,它已經是《詩經》的基本形式,不可忽略。那麼,像這樣貌似累贅的形式構造,有何意義?為什麼一定要如此不自然地在人事之外,再增自然意象?而既然是外加,為什麼反而擺在人事之前?假若讀者跟隨詩人的設計,先由意象閱讀起,對詩旨的理解會產生變化嗎?如果詩的意思因此改變了,我們又該如何理解這先名物意象、後人事的形式,以及整個閱讀過程的意義?⋯⋯。這些問題都需要持續探究。好,我今天就講到這裡,謝謝。

提問與回應

張文朝:

非常謝謝簡老師,待會在綜合討論的時候,妳還可以再敘述一下,沒關係。好,本來應該有個休息時間,恐怕沒了。我們的預定是到三點二十到四點是我們的綜合討論時間,但是現在已經到了三點四十分了,所以還有五十分鐘左右,我們現在請五位老師一起上線來互相討論一下。因為是座談會,所以最主要的就是請老師們來交流一

下。哪位老師有什麼問題可以提出來大家討論。我們只剩下三十分鐘而已。好,有哪一位老師要先提一下?

楊晉龍:

關於臺灣《詩經》學的研究,我記得黃忠慎大師兄指導的一位學生,他的學位論文就是寫這個議題,這個訊息提供給大家做參考。

黃忠慎:

我指導的那個學生叫做李名媛。她碩士班是臺灣文學所,博士班是國文所。但是她都是做臺灣的《詩經》學。

張文朝:

還有其他需要討論的嗎?譬如說楊老師他有個特殊獨特的設計,外沿研究之類的。

楊晉龍:

我的想法其實很簡單,就是認為《詩經》現在的研究,像剛剛良如所說那樣,可以有各種不同的角度進行研究。我覺得良如所提的研究方式,蠻值得重視的。就是說我們一般做解釋都是從已經發生的後面(事後)往還未發生的前面(事前)看,是逆向思考的分析探討,不是順向思考(依照線性時間先後)的分析探討。我們很多經學研究者喜歡用逆向思考的方式進行研究,這樣子的研究成果會出現蠻多可以再討論的結果(逆向只有單線回歸,順向必有多線發展),傳統的研究者,以逆向思考的方式進行研究確實相當多,像良如所說的那種順向思考的研究就比較少。良如的這種研究方式,如果放到傳統的《詩經》詮釋研究,其實是個很有建設性且蠻有趣的研究思維。不曉

得行健兄覺得怎麼樣？我知道行健兄其實有蠻多研究《詩經》的特殊經驗，可惜並沒有在今天的講稿裡出現啊！

車行健：

關於《詩經》詮釋史的研究，我聽說黃老師有志想寫一部《詩經詮釋史》，但是我不太清楚，因為我沒有當面跟黃老師詢問過。但是看黃老師文章，特別是宋代的部分，應該是蠻有計畫，蠻有步驟的，宋代一家一家的接著寫，所以不知道黃老師是否有這方面的計畫或者已經在實踐了？想請教一下。

黃忠慎：

感謝車老師的關注。有關中國《詩經》詮釋流變史這樣的著作，它勢必要耗掉相當多的時間跟精力。這是我當年申請科技部人文薪傳研究計畫的一個主題，但是如果當年能夠通過的話，我是申請五年期的研究，五年其實也沒有絕對的把握能夠做出一部像樣的《詩經》詮釋流變史，而且這個計畫沒有通過。罕見科技部會動用那麼多的審查人，看起來初審老師們的意見普遍是肯定，也樂見我能夠專心處理這樣的一個偏大型的著作。但是複審委員那一邊並不認為這部專書是值得做的，類似那樣子。因為我也看不出複審委員比較明確的意見，我只是解讀為說，大概複審委員認為不大需要做了。所以這個暫時就擱置，當然現在有時候想起這個計畫這樣子就消失了，也是挺可惜的。偶爾也會想到是不是就乾脆利用時間來把它處理。但是現在學術資源都消失了，所以不敢有自我期許了。只能說這個是留給現在精力仍然充沛的在座的老師們來處理這樣的一個大型的著作了。好，這是我簡單的說明。

張文朝：

其實我與黃老師認識，是因為我想要對日本江戶時代學者的《詩經》學，一家一家的研究。那時候我有個疑問，就是臺灣的《詩經》學者有沒有這樣做？本所的鍾彩鈞所長告訴我說彰師大黃忠慎先生是可以請教的老師。所以我就去科技部申請了一個計畫，找黃老師指導，大概是二〇一五年的時候，於是我就去拜師。因為有這麼一個因緣，所以寫了那本《日本江戶時代古學派對朱熹《詩》觀之批評》，非常感謝黃老師不藏私的指導。所以我覺得像黃老師那樣，一家一家的研究，研究完每一家以後，譬如說宋朝，宋朝的《詩經》學學說，或者是學派，或者是宋朝的《詩經》學史，自然就能夠呈現出來。我覺得這樣是很好的，問題是我們一個人有沒有辦法研究那麼多。像楊老師那樣厲害，明代兩三百個學者，全部研究出來寫成博論。一個人是不是有那麼多的時間精力能完成，這是個大問題。如果有一個團體的話，或許更能夠來實踐。如果黃老師願意的話，也許可以指導同好來進行原來老師想要實踐的計畫。

楊晋龍：

我也是李威熊（1940-）老師的學生，李老師告訴我，他一直想要完成《中國經學史》的寫作。以黃大師兄在《詩經》學方面的研究表現，我覺得可能比我們李老師更專業、更專門，如果由黃大師兄來寫中國《詩經》學史，應該會比大陸現有的那兩本《詩經》學史更加深入。我們可以發現大陸寫作《詩經》學史的作者，事實上對《詩經》專業性的掌握，遠遠不如黃大師兄。至於年齡的問題，我舉一個例子，就是我們的程元敏（1931-）老師，現在已經九十幾歲了，但還一直在寫書。所以黃大師兄說因為年齡沒辦法寫成，程老師聽了一定會罵你的啦。

黃忠慎：

　　他是活到老寫到老，他的精力太充沛、太嚇人了啦。我能不能給車老師一些小小的建議？車老師，你給我們的簡報，因為看出來你是臨時整理出來的文件。我覺得在措辭很明顯是臨時性的，但是我這樣一看都沒有辦法根據你的一個文字的標題而知道標題的內容。譬如說「自成天地的小學派」，我覺得這個，類似的後面還有，我完全不曉得哪些人的研究，可以歸到這「自成天地的小學派」裡頭去。再來就是「人多勢眾的《詩經》學史派」，我總覺得「人多勢眾」這四個字，看起來有點刺眼。因為看起來就是說第六類的著作成果是相對比較多，對不對？我跟楊晋龍、侯美珍、賀廣如、張寶三、林慶彰，都被歸到「人多勢眾」這一邊，總覺得有點像，雖然它並不是負面的用詞，但不知為什麼會想到雙方要打架，有這種錯覺吧。我覺得這個都可以調整。又例如「兩極化境遇」，這個沒有辦法從你的文字去理解，到底什麼屬於「兩極化境遇」，看不太出來。這裡提到的是何定生，像這一些的，當然因為你的發言稿，有新稿舊稿之分，開會之前還在做文字的修正，對吧？

車行健：

　　謝謝。所謂「自成天地的小學派」，我想講的是，譬如說研究《詩經》古韻的話，應是屬於聲韻學或古音學領域的，我們現在舉辦《詩經》研討會，這種論文大概不會拿來發表。或如是剛去世的戴璉璋（1932-2022）教授所做的《詩經》文法研究，我們不會因此把戴璉璋當作是《詩經》學界的，我的意思大概是這樣。聲韻、語法之類的當然跟《詩經》有關，但是語法、聲韻的獨立性、特殊性比較強，跟文字、訓詁，可能還不太一樣。所以他們有他們自己的圈子，跟一般研究《詩經》的圈子不太一樣，他們有自己的天地，我的意思大概

是這個樣子。至於說「兩極化的境遇」，其實我想要表達的是說曾經有一段時間，《詩經》復古是當時人們的普遍需求與意識。我們看《古史辨》的論文，很少有去研究《毛詩正義》，或者是研究《毛傳》、《鄭箋》，他們目的都是要回到《詩經》原始本來的面目。可是曾幾何時，臺灣的主流《詩經》學界，對這類問題反而關注很少。反之，大多數研究的關注點，會去研究《詩集傳》，會去研究清代的《詩經》學，甚至會去研究《五經大全》之類的，或者是像楊老師去研究官學等等，作的全都是我稱之為《詩經》學史的研究。但這沒有褒貶的意思，只是說學風的改變是非常大的。以前他們要復古解放，我們現在所研究的東西，就是要被他們解放的東西，但是現在反而大量的研究成果還都是展現在這方面，可以感覺到學風的變化，其中的對比真的是蠻大的。

張文朝：

好，謝謝。簡老師，楊老師說妳的研究非常的有特殊性，要不要回應一下。

簡良如：

謝謝楊老師。我看到賀老師在會議室留言板上留言，希望我用剛剛說的，按詩人寫作順序，先讀意象、再讀人事的方式，講一下〈樛木〉。因時間有限，我試著講快一點，也藉此回應楊老師。

我們看〈樛木〉：

> 南有樛木，葛藟纍之。樂只君子，福履綏之。
> 南有樛木，葛藟荒之。樂只君子，福履將之。
> 南有樛木，葛藟縈之。樂只君子，福履成之。

如果我們按一般讀法，先讀後半部分，可以約略知道詩人對這位君子的態度是正向的，對他擁有福履是樂見其成的，不過，因為君子是什麼人，以及寫作時機是事前，還是事後，是祝福君子以後會有福履，還是在說這些福履已經在君子身上實現了，單從詩文後半沒有辦法確定，學者因此各有主張。但實際上，不管君子具體指誰，得到福履之前，還是之後寫的，誠懇來說，都不太重要，都不至於根本改變這首詩的內容深度、情感素質和吟詠境界──按上述讀法，這首詩就是表達對一個特定的個人得福的肯定，只是一種表態，雖然善意，但不要說距離「經」常道性的教育意義很遠，連要從中找出較深沉的思想內涵，都不太可能。相對地，如果循詩人原本寫作次第閱讀，意思就不一樣了。由於詩人希望讀者一開始看到的是關於樛木和葛藟的描述，它們和人事的差異就是詩人堅持先意象、後人事的主要理由。那麼，差別在哪裡？明顯地，就算樛木和葛藟正在詩人眼前，就是眼前這棵樹和攀附在上面的藤蔓植物，但作為萬有，它們還是不具有特殊性和個別性──任何一棵樹都有可能被葛藟或其他藤蔓所附著，並且在後者長得太茂盛時受到影響；此依存關係不是眼前這棵樹獨特、獨有之特質，它只是這一依存關係的呈現者。這和我們必先假定君子是后妃、是某某上位者等某一個人，乃至於縱然沒有辦法考據出他是誰，都不會改變這一假定，大異其趣。換句話說，物作為意象，正以它的普遍性別於一般人事的特殊性。也因此，當詩咏始於草木名物，不僅意味著詩志是對向普遍層次而咏；名物意象的先行存在，也讓接下來的人事必須拉升到普遍義來理解。這是為什麼必須先意象、後人事，也是為什麼人事敘述可以如此簡略，幾乎不須交代人物背景與現況的原因──一個人只要合乎意象所表象的內容，都可以代入詩中「君子」這個角色，他的出身、性格、人生際遇等標誌他之所以是他的所有特徵，自然可以褪去。相反地，詩如果不從名物意象開始，或像後

世詩歌的做法那樣將名物融入人事，物將反被人事所吸收，從而由萬有轉變為特殊情景、特定情物。《詩經》這一寫法因而是必要且必然的。這是按詩文先後來讀時，首先帶來的整體作用。

那麼，樛木和葛藟表述了什麼內容？觀察每章前、後寫法，「葛藟纍之」和「福履綏之」句型相同，「葛藟」因此對應「福履」，「樛木」對應「君子」。至於「樛」，樹木枝幹下曲的樣子，鄭玄基於《毛詩》「逮下」說，這樣解釋它：「木枝以下垂之故，故葛也、藟也得纍而蔓之而上。」孔穎達（574-648）《正義》應該也同意這種說法，所以更引申詮釋為「能恩意逮下」。不過，這一系列說法都不夠準確。樹木天性向陽，更何況「南有樛木」——在日照相對充足的南方，直上生長才是樹木的自然與應然。這棵樹的下曲因此是違背本來預期的，而且如果造成下曲的原因不可能是天性，可想而知，這只能是因為外力壓迫導致的結果。詩人因此接著說「葛藟纍之」，壓迫樹木、使之變形的外力，正是葛藟。鄭、孔之說因而明顯顛倒了因果。事實上，詩三章都在形容樹木與它的依附者葛藟的關係，就葛藟如何附生、又附生到何種境地（令樹木受到何種影響），藉每章替換的三個字來說明。細節這裡就不談了，但可以知道，詩人越強調葛藟生長茂盛，就越顯示出樛木的承擔與犧牲——就像現實中許多人為了承擔家庭重荷，導致放棄原本志向，一生庸庸碌碌，毫無成就那樣，樛木最終無能伸展，卻成就了葛藟的欣欣向榮。這承擔他者而無我的生命，才是後半「君子」之所指。如此一來，整首詩的主題就不一樣了，特別當主人翁是這樣的承擔者，詩人卻提到與他的犧牲剛好相反的「福履」時，詩真正關注的問題才躍然紙上——詩人關心的是，對這樣一種承擔他者的生命來說，他的幸福是什麼？他的安定、生命的伸展實踐，以及生命最終的成果在哪裡？他的快樂又應該是怎麼樣的？而詩人的答案，從與「福履」對應的正是「葛藟」，可以知道：問題的答

案就是葛藟。我的意思是：像這樣承擔他者的生命，他的快樂、安定，他生命的擴大和完整，已經不再是向陽直上這類自我實現和圓滿了；把個人幸福、成就侷限在這樣的想像中，只是人固執自我時的想法。相對地，就像母親見子女茁壯成人時的心境般，承擔他人者的福履，承擔他人者所體驗的快樂與平靜，承擔他人者所明白的生命踐履和生命的開揚豐盛，全在被承擔者的生生不息、繁茂不已上，是後者安定了他，是後者讓他明白了自己生命的真正意義。像這樣的人格與情感體驗，以及跳出狹窄的自我格局對生命價值的重新思索，才是這首詩如果存在詩意，雖然極簡，卻仍然懿美深沉的原因。當我們這樣解讀，君子就不一定是上位者，而是任何承擔他人的人；這首詩則是對所有承擔他人者，他的生命價值的思索和肯定。《孔子詩論》也為這首詩歸結了她的關鍵——「時也」：人在長久承擔後，終於見到所承擔的人長成了、昌盛了，那既感慨卻又極喜悅之幸福，這是不以時間為代價不能見證其犧牲之意義的生命之詩。

張文朝：

好，謝謝。賀老師，這樣可以嗎？

賀廣如：

這樣很好，謝謝簡老師和張老師。

張文朝：

還有沒有其他要跟老師交流的？我們時間差不多剩下十分鐘。接下來我們的時間都留下來給參與者提問，一直到四點半為止。每個提問者跟回答者只有五分鐘，這樣至少有三、四位可以提問。現在開放提問的時間。現場有任何問題的，可以提出來。

謝顥：

老師你好，我是東海大學的博士生。想要請教幾位老師，就是高本漢的《詩經注釋》是非常重要的《詩經》研究的著作，我們也知道董先生翻譯的中譯本。請問原來的英譯本，目前有哪位老師有看過，或聽過關於這個部分的。想請教幾位老師，謝謝。

車行健：

我記得高本漢的東西好像並不是一本專書，而是論文，登在瑞典的《遠東博物館館刊》（*Bulletin of the Museum of Far Eastern Antiquities*）上面，它是長篇的論文，共有三篇。董同龢（1911-1963）翻譯的時候，將其合成一本書。不是原來在西方，像 Arthur Waley 那樣子的有專書的存在。

張文朝：

聊天板有一個留言：請問各位老師，大陸的《詩經注析》，水平如何？入門可以讀嗎？除了老師剛才提的屈萬里跟王靜芝的著作，還有其他的嗎？

黃忠慎：

我覺得《詩經注析》是我見過的對岸《詩經》讀本中，應該算是比較理想的一部。但是在閱讀《詩經注析》之前，要先有一個比較合理的觀念。因為程俊英（1901-1993）跟蔣見元他們兩位對於這個漢宋學者的解釋，也是偏向不太肯定的這種態度。當然不會像高亨那麼極端，但能夠不用舊說，他們就不用了。事實上，有時候詮釋得很不錯，就是說，他們還是不太願意採用，這是我的發現。不過整體來說，作為當代《詩經》讀本，《詩經注析》依然是可以推薦閱讀的著作。

車行健：

我同意黃老師的說法，而且要評價這種教科書或者普及性質的書的話，其實你看它的出版就知道，《詩經注析》一直都有再版，而且還有新的版本出版。所以它是有市場的，表示它這個書在大陸很受歡迎。我覺得作為基礎或初學的讀本，的確是蠻好的入門書籍。程俊英是屬於五四新文化運動時代的知識分子，胡適（1891-1962）、魯迅（1881-1936）、鄭振鐸（1898-1958）都是他的老師，或他同時代的人。他們對傳統經學、儒學，本來就不是多麼遵從，這也有其時代背景。

楊晉龍：

我想到的是如果要說臺灣比較好的《詩經》入門的閱讀著作，我覺得吳宏一（1943-）老師的《詩經》著作，很值得推薦，吳老師不但把陳子展（1898-1990）先生的意見引進他的書中，同時吳老師本身就是文學理論的研究者。吳老師有好幾部涉及《詩經》方面討論的書，後來有統合形成一部《詩經》白話翻譯和說明的專書。我覺得若是一般大學生想要讀《詩經》的話，我認為吳老師的書很值得讀，所以我會建議讀這一部《詩經》的書。至於《詩經》學研究的話，龍宇純（1928-）老師的書也很值得參考，《詩經》的研究者似乎比較沒有注意到龍老師在《詩經》方面的一些想法。

賀廣如：

剛才有人問說，如果是大陸的讀者，有哪些注本值得推薦。我覺得陳子展《詩經直解》是相當有水準的著作。如果是初學者，屈萬里先生的《詩經釋義》、王靜芝先生的《詩經通釋》、裴普賢老師的《詩經評注讀本》，也很值得參考。

楊晉龍：

裴普賢老師的書部頭太大了，讀完頭都大了，所以我推薦吳宏一老師的書。

張文朝：

因為我先讀了各位老師的發言稿，我想請教一下簡老師，就是詩式的獨特設計，妳很強調它的非自然性，它是一個刻意的安排。那我們也知道詩是作出來的，所以才會說是作詩，我的意思是說既然是作的話，一定是人為刻意的安排，所謂推敲推敲嘛，刻意地安排這些文辭。如果是這樣的方式作出來的，一定是非自然的，可想而知。然後形成我們現在可以看到的詩這個形式。簡老師妳認為作者原來就這個樣子呢？還是編者，或者說大師們他們所刻意的來這樣一個編輯？妳覺得如何。

簡良如：

《詩經》包含這樣多主題，歷史跨度這樣長，必然需要經過相當的編輯功夫，才有可能像現在這樣分類清楚，而且在價值取向和形式上大體一致。

張文朝：

如果是這樣地被編輯出來，跟原來的詩，也許沒有辦法找到原來的詩長成什麼樣子。如果這也是一種刻意的編輯的話，那他的用意何在？就像妳說，他可以不用三章，用五章、六章、十章都可以，那他特意用這個特殊形式編出來，有什麼目的在？

簡良如：

這個問題很大，這裡只簡單提幾點想法。

第一個是：《詩經》主題眾多、內容涵蓋各種層次，所以，勾勒世界的完整面貌本身就是它最重要的編纂目標。《詩經》分〈風〉、〈雅〉、〈頌〉，顯示它進行過內部梳理和分類；而《詩經》裡面的任何一個主題，比如「情感」，既有個人獨自之情，也有人與人之間的情感，面向公共的對象，如邦國、天下、弱勢、歷史傳統等，也有各自對應的情愫，對整個存在世界、上帝神靈、山川土地、乃至對抽象的典型或德性，更有各種截然不同於私人間的超越情感……，要能夠如此周全，是不可能不投注相當程度的編纂工夫，而僅僅仰賴材料搜集或一般的創作活動來實現。

第二個是：這各式各樣的主題，全以「詩」形式呈現，換句話說，《詩經》不只要勾勒一個完整世界，更要體現一個詩性的世界。從「詩言志」或「思無邪」等說法可以知道，詩性世界所展示的是人直面其志、思無邪的世界，由人自己主體地成就的世界；而能直面其志、思無邪，亦是人所盼望的存在狀態，《詩經》做出了示範。

接下來的問題，就是什麼樣的詩咏才可以說是「詩言志」、才是「思無邪」。由於《詩經》作品和後世詩歌有不小差異，牽涉的詩學問題很複雜，這裡沒有辦法充分討論。不過，就像《孔子詩論》教人從「賢於其初」總結詩志，或是剛剛提到的先草木意象、後人事的寫法，讓詩旨抬升到普遍層次，使更多人生體驗與反思能夠注入人事的形式設計，都可以讓我們對什麼樣的心思出自心志、什麼樣的想法堪稱無邪，有所體會。這不是用經世之志就可以草率定義的。至於文朝老師問到的重章疊唱為什麼是三章，也屬於這一範圍的問題。簡單說，三章，從重章疊唱替換三字可以知道，它代表主要構成元素有三，以此和單線思維以及二元思維區隔開來。前面提到絕大部分的思

維形態都不出一、二元兩種,就算表面上看起來複雜,也可收攝在這兩種之下,所以能提出第三種,已經是極難得的了。就像絕句雖然有四句,但頂多只能在單線思路外增加對仗;而律詩有八句,但其實只是絕句的膨脹,並沒有因為詩是四句或八句,便締造出四元、八元思維;而長篇幅的詩篇,如敘事詩,更反而常以單線推進;連《詩經》那些重章疊唱多了變化、分章超過三章的作品,如〈關雎〉,事實上也只有上述三種思維模式交替運用。表面的章數、句數,跟我這裡指出重章疊唱以三章為基本所代表的思維構想,不是同一件事,後者是不可能任意擴充的。那麼,《詩經》用三元素來推進思維,跟其他兩種做法有什麼不同?可以想見,單線推進的思想,固然井井有條,但正因為它條理有序,反而暴露出一定程度的虛構性,或說概念性,就像學術論述和現實間往往不可避免的落差一樣,實際世界中事物更多以雜多、混亂、偶然之際合構成關聯,它們沒有辦法被收攝在一個明確的本末因果與推論方向上。也因此有二元思維的出現,後者才將事物間的矛盾、分合、相對性、變形,乃至均衡、並行不悖的多種可能,表述出來。然而,二元仍然不夠真實,它將事物的構成元素推向兩個極端,而依舊是抽象概念,以至於可以從此端到彼端相互推論、相互形塑。可是析分為三就不一樣了。一方面,思維無法再將事物元素化約為相對概念,所以內容必須具體化;另一方面,因為三是奇數,如果沒有辦法做到讓三元素確實對等,它的偏斜失衡將立刻暴露出來,思維者自己的偏好或主觀取向也昭然若揭。這使得三元思維能夠運行,即已保證它作為思維的具體性與客觀性。〈風〉、〈小雅〉選擇用它作為詩歌基本形式,也就在詩咏需要建立在這樣具體、客觀的思維上的緣故。

張文朝：

謝謝。還有其他的問題嗎？

楊晉龍：

良如，我對你的研究思維，非常的敬佩。有一個小問題想請教，你認為《詩經》的那種表現樣式，是自然形成，還是人為建構？就是說我們現在看到《詩經》的樣式，譬如說三句，三章或是幾章，你認為是自然形成的，還是先有人為建構？是先有建構，然後再依照那個固定形式來寫，還是說本來就是這樣子的自然呈現。就是說一開始創作的時候，並沒有固定形式，只是作者的自由發揮而形成現在這樣子的樣式。不曉得良如的觀點是怎麼樣？

簡良如：

《詩經》詩詠形式是不是在創作當下就確立，現在無從確定。不過，就完成品來說，她一定經過整體的編作，才能夠產生目前可見的一致性，比如韻部系統、四言句式等。由於時空跨度很大，要形成這樣的一致性，不可能單靠自然發展。尤其是這些形式本身也不完全自然，需要有意識地創造和執行，才可能呈現。比如前面提到的先名物意象、後人事的寫法，如果只是偶然或自然形成，不可能如此規律。又或者是重章疊唱基本有三章，背後如果不涉及對思維理路的自覺構想，光只是用為複誦，是沒有非多少次不可的，它不應該像現行文本那樣多是三章。在自然狀態下，時空跨度一定會使形式出現破格、演變，甚至革新，但《詩經》沒有這些跡象。又或是像《詩經》的四言形式，她的字數較後世詩歌的五言、七言為少，體現的情調也比較平正，但如果把這個現象解釋成「《詩經》是早期詩歌，所以無論形式或情愫都相對簡單」，將四言看作是自然形成的結果，恐怕低估了這

些作品。原因在：不僅人們在前後時期就已經有能力操作四言以上文句與長篇，如《尚書》，更重要的是，如果從人的情感實況來說，保持平正是不如自由抒情來得自然的。後世詩歌雖然也有嚴格規範，但五言、七言卻仍然以最精約方式保留情感自然起伏的空間，奇數讓一句當中字詞組成的音節長短，永遠不平均，例如「種豆南山下」分成「種豆」、「南山下」兩個不同音節，它們造成的緩急、鬆緊節奏，呈現出言說背後的情感波動。但四言的字詞音節組成，卻做不出這種不齊的效果。四言顯然轉化了人的自然情緒，甚至因為整本書絕大多數作品都是四言，四言傳達的平正心境已經成為超主題的背景情調，以至於無論原本是哪種主題，哪種規模、深淺的情感，面對哪種事件和場合，都被這樣的平正心境所覆蓋，建構程度和範圍超乎想像，已經不只是文字、配樂層次的刪修問題而已。

黃忠慎：

車老師曾經研究過羅倬漢（1898-1985）的《詩樂論》，我印象中羅先生曾經對這個問題做過分析。另外，徐復觀（1904-1982）先生也有推測性的文字。再來屈萬里研究〈國風〉的時候，也有強調〈風〉詩經過多次的加工。當然結論比較簡單，主要是說現在的〈國風〉並不是當年詩歌採回來的，但其中的加工過程，屈萬里先生他也不能談得那麼細膩。因為這個部分涉及史官、樂官編纂的問題。所以我覺得相關的問題，還有很多可以研究的空間。

車行健：

我最後想問一下楊公，因為我知道你跟楊牧老師共事了很多年。楊牧先生兩年前去世了，現在有人在編他的全集。我剛才的報告有提到楊牧，我最近也都在看他的東西。他對《詩經》的一些看法，就我

個人來講的話，還是蠻佩服的。但是我所接觸到臺灣的《詩經》研究者的社群，好像比較少看到專門針對楊牧的研究。不曉得楊公對楊牧《詩經》的成果，有什麼樣的看法或者評價？

楊晉龍：

楊牧老師有一篇相當有深度的臺灣《詩經》學研究方面的論文，我跟老師提過，老師沒有什麼反應。但楊牧老師曾說《鐘與鼓》的大陸翻譯本很爛，叫我重新翻譯，但我能力不足，因此沒有機會跟他討論《詩經》的問題。

張文朝：

好的，剛好三十分，我們這場剛好可以結束。如果還有問題，可以在聊天板留言。非常謝謝五位老師擔任這場引言人，我們這場座談會到此結束。謝謝。

經學研究叢書・臺灣經學叢刊 0505009

臺灣學者論經學研究方法・紀要卷 上冊

主　　　編	蔣秋華、張文朝
責任編輯	林涵瑋
特約校稿	謝宜庭
發 行 人	林慶彰
總 經 理	梁錦興
總 編 輯	張晏瑞
編 輯 所	萬卷樓圖書股份有限公司
排　　版	林曉敏
印　　刷	百通科技股份有限公司
封面設計	黃筠軒

發　　行　萬卷樓圖書股份有限公司
　　臺北市羅斯福路二段 41 號 6 樓之 3
　　電話 (02)23216565
　　傳真 (02)23218698
　　電郵 SERVICE@WANJUAN.COM.TW

香港經銷　香港聯合書刊物流有限公司
　　電話 (852)21502100
　　傳真 (852)23560735

ISBN 978-626-386-050-6
2024 年 12 月初版
定價：新臺幣 480 元

如何購買本書：

1. 劃撥購書，請透過以下郵政劃撥帳號：
　　帳號：15624015
　　戶名：萬卷樓圖書股份有限公司

2. 轉帳購書，請透過以下帳戶
　　合作金庫銀行　古亭分行
　　戶名：萬卷樓圖書股份有限公司
　　帳號：0877717092596

3. 網路購書，請透過萬卷樓網站
　　網址　WWW.WANJUAN.COM.TW

大量購書，請直接聯繫我們，將有專人為您服務。客服：(02)23216565 分機 610

如有缺頁、破損或裝訂錯誤，請寄回更換

版權所有・翻印必究

Copyright©2024 by WanJuanLou Books CO., Ltd.
All Rights Reserved　　Printed in Taiwan

國家圖書館出版品預行編目資料

臺灣學者論經學研究方法. 紀要卷 / 蔣秋華, 張文朝主編. -- 初版. -- 臺北市：萬卷樓圖書股份有限公司, 2024.12-
　　冊；　公分. -- (經學研究叢書. 臺灣經學叢刊 ; 0505009)
ISBN 978-626-386-050-6(上冊：平裝)

1.CST: 經學　2.CST: 文集

090.7　　　　　　　　　　　　113003337